普通高等教育"十二五"规划教材

电工技术（第二版）

主　编　任振辉　李东明
副主编　夏志华　程　曼　于拴道

中国水利水电出版社
www.waterpub.com.cn

内容提要

本书从工程实际和教学需要出发，主要介绍了交直流电路的基本理论和分析方法、电机电器的原理和使用、节约用电与安全用电等内容。全书共8章：直流电路及基本定律、正弦交流电路、三相交流电路、电路的时域分析、磁路与变压器、电动机、电气控制线路、安全用电和节约用电。每章均有典型例题和习题。

本书参考学时为40～60学时，可作为高等院校非电类专业本科、专科、高职用《电工技术》教材，也可供有关工程技术人员学习与参考。

图书在版编目（CIP）数据

电工技术 / 任振辉，李东明主编. -- 2版. -- 北京：中国水利水电出版社，2015.1
 普通高等教育"十二五"规划教材
 ISBN 978-7-5170-2703-4

Ⅰ. ①电… Ⅱ. ①任… ②李… Ⅲ. ①电工技术－高等学校－教材 Ⅳ. ①TM

中国版本图书馆CIP数据核字(2014)第279124号

书　　名	普通高等教育"十二五"规划教材 **电工技术（第二版）**
作　　者	主编 任振辉 李东明　副主编 夏志华 程曼 于拴道
出版发行	中国水利水电出版社 （北京市海淀区玉渊潭南路1号D座　100038） 网址：www.waterpub.com.cn E-mail：sales@waterpub.com.cn 电话：（010）68367658（发行部）
经　　售	北京科水图书销售中心（零售） 电话：（010）88383994、63202643、68545874 全国各地新华书店和相关出版物销售网点
排　　版	中国水利水电出版社微机排版中心
印　　刷	北京瑞斯通印务发展有限公司
规　　格	184mm×260mm　16开本　11.75印张　279千字
版　　次	2008年1月第1版　2008年1月第1次印刷 2015年1月第2版　2015年1月第1次印刷
印　　数	0001—3000册
定　　价	**25.00元**

凡购买我社图书，如有缺页、倒页、脱页的，本社发行部负责调换
版权所有·侵权必究

编写人员

主　编　任振辉　李东明
副主编　夏志华　程　曼　于拴道
参　编　刘振宇　苏海锋　邹彩虹
　　　　　张丽娟　王学军

前　言

　　《电工技术》是在全国高等院校电学科教材研究会的指导下编写的，是高等学校"十二五"精品规划教材之一。本书的基本内容符合全国高等院校电学科教材研究会审定的"电工技术"课程教学大纲，可作为高等院校非电类专业本科、专科、高职教材，也可供有关工程技术人员学习与参考。

　　教材在编写过程中，总结和吸收了各院校教学和教学改革的有益经验，注重理论的系统性和实用性，删除了以往陈旧过时或不适用的内容，增补了新的知识和技术，修改了对一些问题的分析思路和解答方法，使之更适合于组织教学和学生自学。书中例题、习题丰富，图形、符号均采用最新国家标准。

　　参加教材编写的单位有：河北农业大学、华北电力大学、石家庄铁道大学、山西农业大学、河南农业大学、河北经贸大学、河北科技学院、保定职业技术学院等院校。李东明负责编写第一章；夏志华负责编写第二章；苏海锋负责编写第三章；任振辉、张丽娟负责编写第四章；刘振宇、王学军负责编写第五章；程曼负责编写第六章；于拴道负责编写第七章；邹彩虹负责编写第八章。全书由任振辉负责统稿。在编写过程中，编者借鉴和参考了书后所列参考文献，在本书出版之际，向文献的作者致以衷心的感谢！

　　由于编者水平有限，书中疏漏和不足之处在所难免，恳请读者批评指正。

编　者
2014 年 9 月

目 录

前言
第一章 直流电路及基本定律 ·· 1
  第一节 电路及基本物理量 ·· 1
  第二节 电路的工作状态 ·· 6
  第三节 电压源与电流源及等效变换 ································ 7
  第四节 基尔霍夫定律 ·· 12
  第五节 支路电流法 ·· 13
  第六节 节点电压法 ·· 14
  第七节 叠加定理 ·· 16
  第八节 戴维南定理与诺顿定理 ···································· 18
  习题 ·· 21

第二章 正弦交流电路 ·· 26
  第一节 正弦交流电的基本概念 ···································· 26
  第二节 正弦量的相量表示法 ······································ 30
  第三节 单一参数的交流电路 ······································ 32
  第四节 串联交流电路 ·· 39
  第五节 并联交流电路 ·· 44
  第六节 电路的功率因数 ·· 46
  第七节 复杂正弦电路的分析与计算 ······························ 48
  第八节 电路中的谐振 ·· 51
  习题 ·· 55

第三章 三相交流电路 ·· 61
  第一节 三相交流电源 ·· 61
  第二节 负载星形连接的三相电路 ································ 64
  第三节 负载三角形连接的三相电路 ······························ 67
  第四节 三相电路的功率 ·· 70
  习题 ·· 72

第四章 电路的时域分析 ·· 74
  第一节 过渡过程的概念 ·· 74
  第二节 RC 电路的时域响应 ······································ 77
  第三节 RL 电路的时域响应 ······································ 83
  第四节 微分电路和积分电路 ······································ 88
  习题 ·· 90

第五章 磁路与变压器 … 92
- 第一节 磁路的基本概念 … 92
- 第二节 变压器的基本结构和工作原理 … 97
- 第三节 变压器的运行特性及变压器绕组极性与测定 … 102
- 第四节 三相变压器及特殊用途变压器 … 104
- 习题 … 108

第六章 电动机 … 110
- 第一节 三相异步电动机的结构和工作原理 … 110
- 第二节 三相异步电动机的电磁转矩与机械特性 … 115
- 第三节 三相异步电动机的使用 … 121
- 第四节 单相异步电动机 … 131
- 第五节 同步电动机简介 … 133
- 第六节 直流电机简介 … 134
- 习题 … 139

第七章 电气控制线路 … 141
- 第一节 常用低压电器 … 141
- 第二节 继电器—接触器控制的基本电路 … 147
- 第三节 电气控制的基本方法 … 151
- 第四节 可编程控制器 … 158
- 习题 … 168

第八章 安全用电和节约用电 … 170
- 第一节 触电及其预防 … 170
- 第二节 保护接地和保护接零 … 174
- 第三节 电气火灾、爆炸的预防及静电防护 … 177
- 第四节 节约用电 … 179
- 习题 … 180

参考文献 … 181

第一章 直流电路及基本定律

本章是电工学课程的基础,并且为后面的电子电路、电机电路以及控制与测量电路打基础。本章首先介绍电路的基本知识,包括电路的基本物理量、电路模型以及电路的基本定理、定律和分析方法。这些基本规律和分析方法只要辅以适当的数学工具,就可以适用于交流电路以及其他各种线性电路。

第一节 电路及基本物理量

一、电路的组成及电路模型

电路是电流的通路,它是为了实现某种功能或者某种需要,由若干电工设备或电气元件按一定方式连接起来。任何一个实际电路无论其复杂程度如何,都无一例外地包括电源、负载和中间环节这三个要素。

电源是电路中电能的提供者,其作用是将其他形式的能量转换成电能。作为直流电源的有干电池、蓄电池、直流发电机、整流电源等,作为交流电源的有交流发电机。

负载是电路的能量消耗者,其作用是将电能转化成所需要形式的能量。例如,将电能转化成机械能的电动机、转换成光能的电灯、转换成热能的电炉等用电设备。

中间环节主要包括连接导线和一些控制器件,它们连接于电源和负载之间,起电能的传递、控制、分配和保护等作用。

实际电路的种类有很多,按功能分为两大类:电力电路(即强电电路)和信号电路(即弱电电路)。

电力电路主要用来实现电能的传输和转换。复杂的有电力系统,比如在发电厂内,发电机可把热能、水能或核能等其他形式的能量转换为电能,然后通过变压器和输电线等这些中间环节来传输和分配电能。简单的电路如手电筒电路,如图1-1所示。

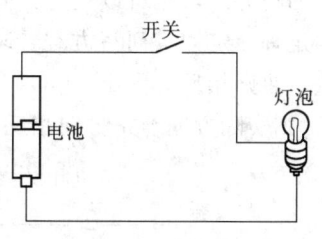

图1-1 手电筒电路

信号电路主要用来实现信号的传递和处理。如扩音器电路,先由话筒把语言或音乐(通常称为信息)转换为相应的电压和电流,它们就是电信号;而后通过放大电路的转换和放大处理传递到扬声器,把电信号还原为语言或音乐。话筒是输出信号的设备,称为信号源,相当于电源,但与上述的发电机、电池这种电源不同,信号源输出的电信号(电压和电流)的变化规律是取决于所加的信息。扬声器是接受和转换信号的设备,也就是负载。

不论电能的传输和转换,或者信号的传递和处理,其中电源或信号源的电压与电流均称为激励,它推动电路工作;由激励在电路各部分产生的电压和电流称为响应。所谓电路分析,就是在已知电路的结构和元件参数的条件下,讨论电路的激励与响应之间的关系。

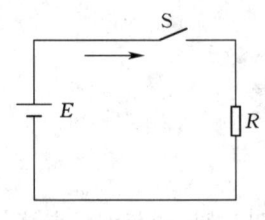

图 1-2 用电路符号绘制的电路图

实际生活和生产中的电气元件有很多,性能又很复杂。为了研究电路的基本规律,掌握电路元件最本质的物理特性,就需要对实际电路元件进行科学的概括和抽象,形成一些具有特定的电磁性质的理想元件,即模型元件,由理想元件组成的电路叫做电路模型,简称电路图。在电路图中,各种模型元件都用相应的符号表示。例如手电筒电路用电路符号表示即构成电路图,如图 1-2 所示。

二、电路中的基本物理量及其正方向

1. 电流

(1) 电流的大小。单位时间内通过导线横截面积的电荷量称为电流,可表示为

$$i=\frac{dQ}{dt} \tag{1-1}$$

若单位时间内通过导线横截面积的电荷量不变,称为直流,可表示为 $I=\dfrac{Q}{t}$。

我国法定计量单位中电流的单位是安培(A),简称安,较小的电流可用毫安(mA)或微安(μA)等单位。

(2) 电流的正方向。习惯上人们规定正电荷的移动方向为电流的实际方向,但在分析较复杂的电路时,往往难以判断某支路电流的实际方向,而且有时电流的方向还会随时间交变,更难以表示其实际方向。为了解决这一问题,我们在分析电路之前,可以完全不考虑电流的实际方向,而给它假设一个方向。这个假定的电流方向称为电流的正方向,或称为参考方向。

正方向可以任意选定,电流的正方向可用箭头或双下标表示。图 1-3 所示为箭头表示的正方向,也可以用正方向 I_{ab} 表示,显然 $I_{ab}=-I_{ba}$。当确定了正方向之后,就可以根据定理、定律等列写方程,求解该量,若结果为正,则表示电流的实际方向与正方向一致,否则相反。图 1-3(a)中,$I>0$,则实际方向与正方向相同;图 1-3(b)中,$I<0$,则实际方向与正方向相反,或者用图 1-3(c)表示。

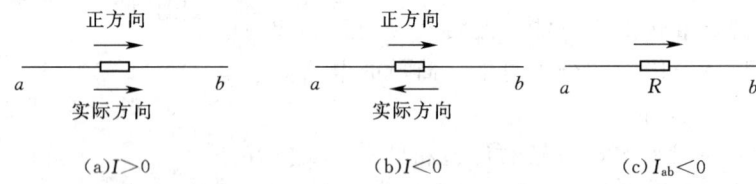

(a) $I>0$ (b) $I<0$ (c) $I_{ab}<0$

图 1-3 电流的正方向与实际方向表示方式

需要指出的是,未标正方向时,电流的正负值是毫无意义的,本书中所标注的电流方向也都是正方向(特殊说明除外)。

2. 电压及电位

(1) 电位。电位是相对于确定的参考点来说的,电路中某点的电位是指单位正电荷在电场力作用下,自该点沿任意路径移动到参考点所做的功,用 V 表示。参考点的选择是任意的,但在一个电路中参考点只能有一个。参考点的选用通常有两种方法:在电力工程

中以大地为参考点，用符号⏚表示；在电子电路中，通常取若干导线的交汇点或机壳作为电位的参考点，用符号⊥表示。规定参考点的电位为零。

电路中任何一点的电位值都是与参考点相比较而得出的，比其高者为正，比其低者为负。

（2）电压。电路中两点之间的电位差称为这两点间的电压，用 U 表示。例如电路中 A、B 两点间的电压为

$$U_{AB}=V_A-V_B \tag{1-2}$$

我国的法定计量单位中，电压的单位是伏特（V），简称伏，常用的单位还有微伏（μV）、毫伏（mV）和千伏（kV）。

电压的实际方向规定为由高电位端指向低电位端，即电位降的方向。在分析电路时，和电流一样，为了简化分析，我们也要假定电压的正方向。电压的正方向有三种表示方法，如图 1-4 所示。图 1-4（a）用"+"、"-"分别表示假定的高电位端和低电位端；图 1-4（b）则用箭头的指向表示，箭头由高电位端指向低电位端；图 1-4（c）用双下标来表示，电压的正方向即从下角标的第一个字母指向第二个字母，如 U_{AB}，即表示 A 点高电位，B 点低电位。

当电压的正方向确定后，分析计算出的电压若为正值，说明电压的实际方向与正方向一致；若为负值，说明电压的实际方向与正方向相反。

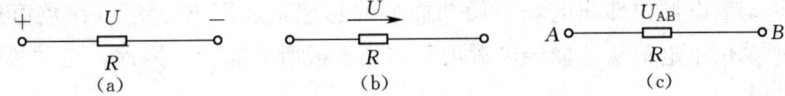

图 1-4 电压正方向的三种表示方式

电位与电压在表达形式上虽有区别，但从本质上讲是相同的。电路中两点之间的电压就是这两点之间的电位差。例如 A、B 两点间的电压是 U_{AB}，那么 $U_{AB}=V_A-V_B$。电位从形式上是指一点的电位，实际上仍然是两点间的电压，不过另一点是参考点而已。所以电压又叫电位差，它是一个绝对量，与参考点的选择无关。电位是一个相对量，它与参考点的选取有关。

在简化电路图的时候也常常用电位值来代替电源。如图 1-5 所示，图 1-5（a）是电源表示方式，图 1-5（b）是电位表示方式。

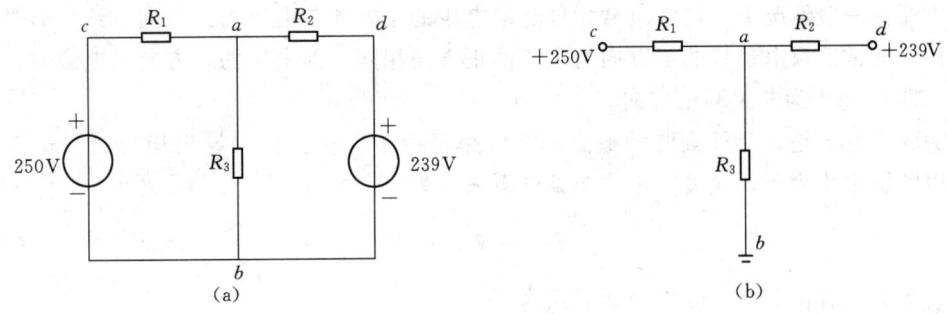

图 1-5 电路图的两种表示方式

【例1-1】 求图1-6所示电路中 a、b、c 点的电位及电阻 R。

解：根据图示电路，设 d 点为参考点。

$V_a = -9V$，即 a 点电位比 d 点电位低 9V；

$V_b = V_a + V_2 = -9 + 3 = -6$ （V），即 b 点电位比 d 点电位低 6V；

$V_c = V_3 = 4V$，即 c 点电位比 d 点电位高 4V。

$$U_{bc} = V_b - V_c = -6 - 4 = -10(V)$$

$$R = \frac{U_{bc}}{I} = \frac{-10}{-2} = 5(\Omega)$$

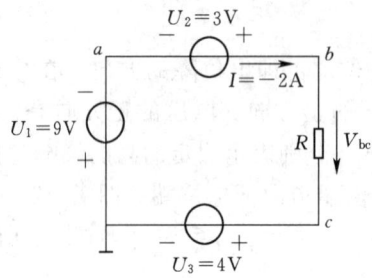 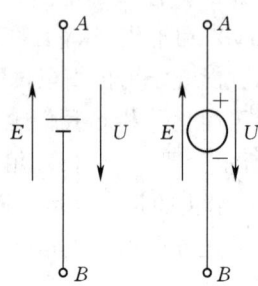

图1-6　[例1-1]的电路图　　图1-7　电压与电动势的正方向关系

3. 电动势

电动势是衡量电源内部非电场力做功能力的物理量，用 E 表示。在数值上电动势等于非电场力把单位正电荷从负极经电源内部移到正极所做的功。因此，电动势的单位也是伏特（V）。

电动势的实际方向规定为电源力推动正电荷运动的方向，即电位升高的方向，所以电动势与电压的实际方向相反。电动势的正方向规定为从低电位指向高电位，与电压规定的正方向相反，如图1-7所示。

4. 关联正方向

电压、电流的正方向在标定时都具有任意性，因而两者间应该相互独立，互不限制。如果在同一段电路中，两者的正方向取向一致，称之为关联正方向或关联参考方向；两者的正方向取向不一致，称之为非关联正方向。但是对于电阻元件来说，实际电压是从高电位端指向低电位端，实际电流是从高电位端流入，从低电位端流出。因此，为了分析、计算的方便，一般情况下，通常负载元件选取电压的正方向与电流的正方向一致。而对于电源元件，常常选取电动势的正方向与电流的正方向相同，即电压的正方向与电流的正方向相反，即 U 与 I 为非关联正方向。

关联正方向是一个很重要的概念，在电路理论中许多公式的导出均与关联正方向有关。以欧姆定律为例，在关联正方向条件下表示为

$$I = \frac{U}{R} \text{ 或 } U = IR \tag{1-3}$$

若为非关联正方向，欧姆定律表示为

$$I = -\frac{U}{R} \text{ 或 } U = -IR \tag{1-4}$$

【例1-2】 应用欧姆定律对图1-8中的电路列写公式，并求出电阻。

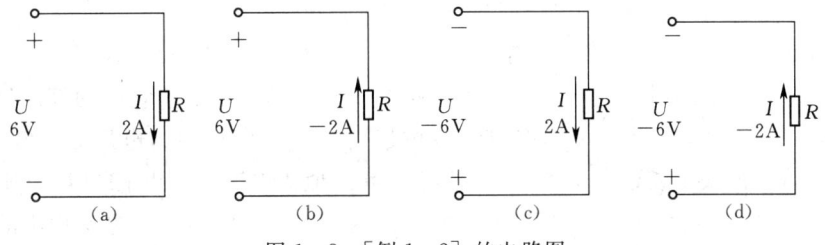

图1-8 [例1-2]的电路图

解: (a) $R = \dfrac{U}{I} = \dfrac{6}{2} = 3$ （Ω）; (b) $R = -\dfrac{U}{I} = -\dfrac{6}{-2} = 3$ （Ω）

(c) $R = -\dfrac{U}{I} = -\dfrac{-6}{2} = 3$ （Ω）; (d) $R = \dfrac{U}{I} = \dfrac{-6}{-2} = 3$ （Ω）

5. 功率

我们把单位时间内电流所做的功称为电功率，简称功率，用 P 表示。在法定计量单位中，功率的单位是瓦特（W）（简称瓦），常用单位还有kW和MW。

对于一个元件，若电压、电流为关联正方向时，则

$$P = UI$$

若电压、电流为非关联正方向时，则

$$P = -UI$$

$P>0$ 时元件吸收功率，为负载性元件；$P<0$ 时元件发出功率，为电源性元件。在电能计量中，如果功率 P 的单位用千瓦（kW），时间 t 的单位用小时（h），则从公式 $W = UIt = Pt$ 可知，电能的单位为千瓦小时（kW·h），习惯称为度。

6. 额定值

各种电气设备的电压、电流及功率等都有一个额定值，例如一盏电灯的电压是220V、功率是60W，这就是它的额定值。额定值是制造厂家为了使产品能在给定的工作条件下正常运行而规定的正常容许值。大多数电气设备（例如电机、变压器等）的寿命与绝缘材料的耐热性能及绝缘强度有关。当电流超过额定值过多时，由于发热过甚，绝缘材料将遭受损坏；当所加电压超过额定值过多时，绝缘材料也可能被击穿。反之，如果电压和电流远低于其额定值，不仅得不到正常合理的工作情况，而且也不能充分利用设备的能力。此外，对电灯及各种电阻器来说，当电压过高或电流过大时，其灯丝或电阻丝也将被烧毁。因此，制造厂家在制定产品的额定值时，要全面考虑使用的经济性、可靠性以及寿命等因素，特别要保证设备的工作温度不超过规定的容许值。

电气设备或元件的额定值常标在铭牌上或写在其他说明中，在使用时应充分考虑额定数据。例如一把电烙铁，标有220V 45W，这就是额定值。使用时就不能接到380V的电源上。额定电压、额定电流和额定功率分别用 U_N、I_N 和 P_N 表示。

额定电压 U_N，即电气设备规定的正常使用的电压。当电压过高或过低时，设备不能正常工作，而且可能损坏。

额定电流 I_N，即设备长期（或规定时间内）允许通过的最大电流。当电流超过额定

值时称为过载；小于额定电流时称为轻载或欠载；达到额定值时称为额定工作状态或满载。一般电路允许短时过载，但长时间过载是不允许的。

额定功率 P_N，即电气设备在额定电压时允许的最大输出或输入功率。

此外，在实际使用时，电压、电流和功率的实际值不一定等于它们的额定值，这也是一个重要的概念。究其原因，一是受到外界的影响。例如电源额定电压为220V，但电源电压经常波动，稍低于或稍高于220V。这样，额定值为220V 40W的电灯上所加的电压不是220V，实际功率也就不是40W了。另一原因是，在一定电压下电源输出的功率和电流决定于负载的大小，就是负载需要多少功率和电流，电源就给多少，所以电源通常不一定处于额定工作状态，但是一般不应超过额定值。

第二节 电路的工作状态

一、有载运行状态与额定值

将电源和负载连接起来形成闭合通路，就称负载运行或有载运行状态，如图1-9所示。此时电路中的电流为

$$I = \frac{E}{R_0 + R} \quad (1-5)$$

负载电阻两端的电压为

$$U = RI = E - R_0 I \quad (1-6)$$

由上式可见，由于内阻的作用，电源端电压 U 总小于电动势 E。

把上式各项乘以电流 I，则得功率平衡式

$$UI = RI^2 = EI - R_0 I^2$$

即

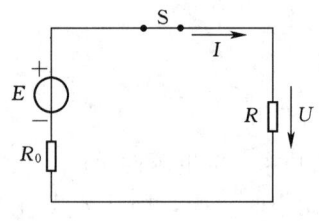

图1-9 有载运行状态

$$P = P_E - P_0 \text{ 或 } P_E = P + P_0 \quad (1-7)$$

式中：P_E 为电源发出的总功率，$P_E = EI$；P 为负载消耗的功率，$P = UI = I^2 R$；P_0 为电源内阻消耗的功率，$P_0 = I^2 R_0$。

在一个实际电路中，功率总是平衡的，即

$$P_{out} = P_{in} \quad (1-8)$$

式中：P_{out} 为发出的功率；P_{in} 为吸收的功率。

二、开路状态

如图1-10所示，当开关S打开，电路就处于开路状态（对电源而言，又称为空载状态）。

开路时电路的电阻相当于无穷大，电路中电流为零。此时电源的端电压（空载电压）等于电源电动势，即 $U_{OC} = E$。电源对外不输出功率。

三、短路状态

电流不经过负载而直接流回电源，我们称之为短路，如图1-11所示。

一般来说，电源内阻很小，导线电阻可视为零，短路电流 I_S 必然很大，这时电源所发出的功率全部消耗在电源内阻 R_0 上，因此会产生大量的热而烧毁电源。

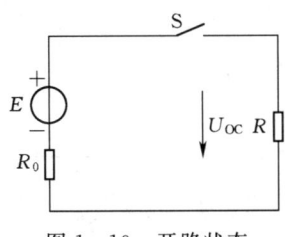
图 1-10 开路状态
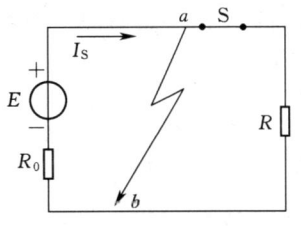
图 1-11 短路状态

短路通常是一种事故，应竭力避免。为了防止短路事故所引起的后果，实际电路中应接入熔断器或断路器，一旦发生短路能迅速将故障电路与电源自动断开。

有时候根据需要，将电路中的某一部分或某一元件短路，常称为短接，应该把它与事故短路区分开。

第三节 电压源与电流源及等效变换

在实际应用中，电源的种类很多，它们的共同点是向电路提供电压和电流，因此可以把电源分成两大类：电压源和电流源。

一、实际电源的两种模型

一个实际电源，其端电压一般会随其供电电流的增大而有所下降。通常把电源电压和电流间的这种关系称为伏安特性或电源的外特性。在 I—U 坐标平面里，伏安特性通常是一根呈下降趋势的曲线，如图 1-12 所示。为了简化分析，常常把它近似成一根直线，直线方描述如下：

$$U = U_S - IR_0 \tag{1-9}$$

式中：R_0 称为电源的内电阻，简称内阻。

当电源开路时，$I=0$，$U=U_S=E$；当短路时，$U=0$，$I=I_{SC}=\dfrac{U_S}{R_0}$。内阻越小，直线越平。

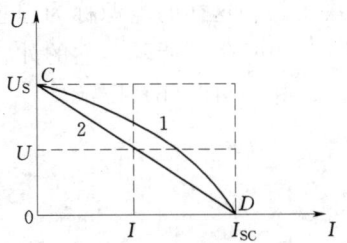
图 1-12 电源的伏安特性曲线
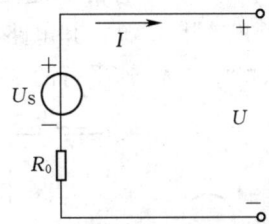
图 1-13 电压源表示的实际电源

根据式（1-9）我们可以把实际电源描述成一个电压值为开路电压 U_S（或电源电动势 E）的恒定电压和内阻为 R_0 的串联电路，我们称之为电压源模型，如图 1-13 所示。

当内阻 $R_0=0$ 时，电压 U 恒等于电源电压 U_S，是一定值，而电流 I 是由外电路决定的。这样的电源称为理想电压源或恒压源，其电路模型如图 1-14（a）所示。它的外特性曲线将是与横轴平行的一条直线，如图 1-14（b）所示。

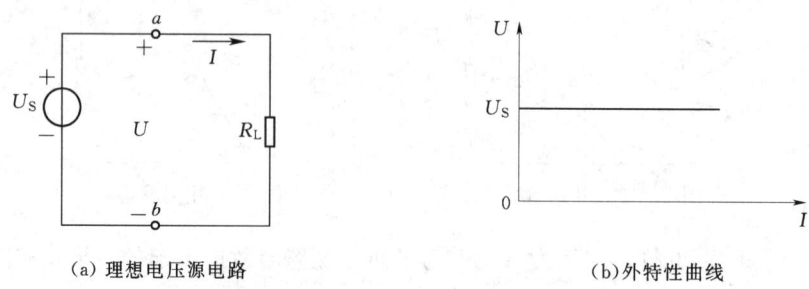

(a)理想电压源电路　　　　　　　(b)外特性曲线

图 1-14　理想电压源电路与外特性曲线

实际中，如果一个电源的内阻远小于负载电阻，即 $R_0 \ll R_L$ 时，则内阻压降 $R_0 I \ll U$，于是 $U \approx U_S$，负载端电压基本恒定不变，可以认为是理想电压源。通常用的稳压电源可认为是一个理想电压源。

式（1-9）两边除以内阻 R_0，则得

$$\frac{U}{R_0} = \frac{U_S}{R_0} - I = I_S - I$$

即

$$I_S = \frac{U}{R_0} + I$$

式中：$I_S = \frac{U_S}{R_0}$ 为电源的短路电流；I 为负载电流；$\frac{U}{R_0}$ 为引出的另一个电流。用电路图表示如图 1-15 所示。

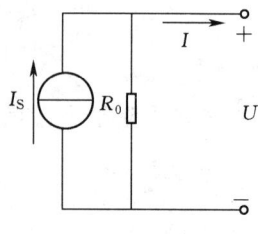

图 1-15　电流源表示的实际电源

这就是实际电源的电流源模型。两条支路并联，对负载来讲，其上的电压和电流都没有改变。

当电流源开路时，$I=0$，$U=U_{OC}=R_0 I_S$；当短路时，$U=0$，$I=I_S$。内阻越大，直线越陡。

当 $R_0=\infty$ 时电流 I 恒等于电流 I_S，是一定值，而其两端的电压 U 是由外电路决定的。这样的电源称为理想电流源或恒流源，其电路模型如图 1-16（a）所示。它的外特性曲线是与纵轴平行的一条直线，如图 1-16（b）所示。

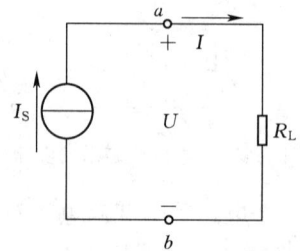　　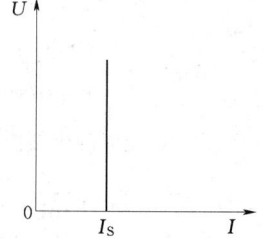

(a)理想电流源电路　　　　　　　(b)外特性曲线

图 1-16　理想电流源电路与外特性曲线

实际中,如果一个电源的内阻远大于负载电阻,即 $R_0 \gg R_L$ 时,则 $I \approx I_S$,负载电流基本恒定不变,可以认为是理想电流源。例如晶体管可以近似地认为是一个理想电流源。

二、电压源与电流源的等效变换

同一个实际电源可以用两种不同形式的电路模型,由于它们的伏安特性是相同的,我们可以把具有相同伏安特性的不同电路称为等效电路,或者说它们互为等效。但是这种等效仅仅是相对于外电路而言的。如图 1-17 所示,一个恒压源 $U_S(E)$ 与内阻 R_0 串联的电路可以等效为一个恒流源 I_S 与内阻 R_0 并联的电路。因为对外接负载来说这两个电源提供的电压和电流完全相同,即 $U=U'$,$I=I'$,所以对负载来说,这两个电源是相互等效的,它们之间可以互变。变换的条件是 $R_0=R_0'$,$U_S=I_S R_0'$,$I_S=U_S/R_0$。

变换时要注意 I_S 与 U_S 的正方向必须保持一致,即 I_S 的方向对应从 U_S 的负极指向正极。

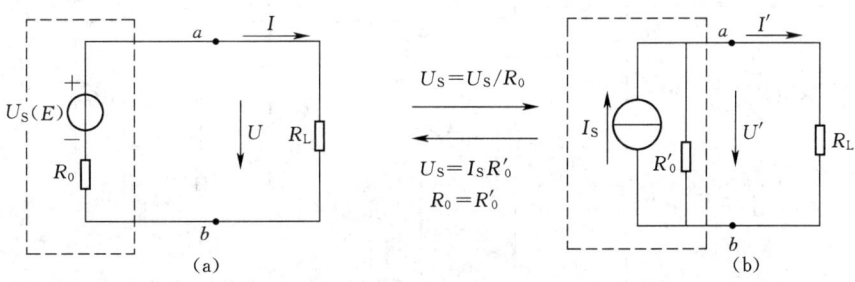

图 1-17 电压源与电流源的等效变换

【**例 1-3**】 试求如图 1-18(a)所示电路的等效电流源模型,并求出流经 15Ω 电阻的电流。

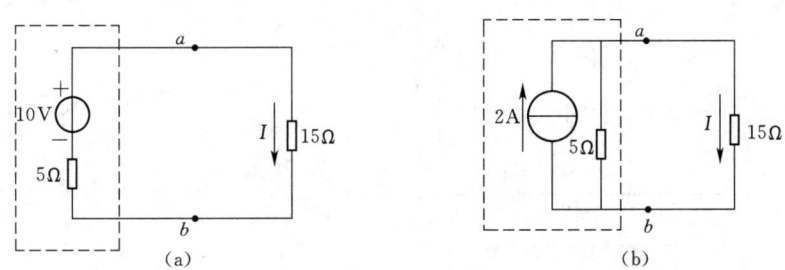

图 1-18 [例 1-3] 的电路图

解:图 1-18(a)中的 $U_S=10V$,$R_0=5Ω$,则 $I_S=2A$,I_S 的箭头方向向上,再把 5Ω 的电阻与 I_S 并联即可,如图 1-18(b)所示。

现在来检验这两种模型分别对 15Ω 电阻提供的电流。

图 1-18(a)中

$$I = \frac{U_S}{R_0 + R_L} = \frac{10}{5+15} = 0.5 \text{(A)}$$

图 1-18(b)中

$$I=\frac{R_0}{R_0+R_L}=\frac{5}{5+15}\times 2=0.5(\text{A})$$

若要求出两种模型中流过 5Ω 电阻的电流，则图 1-18（a）中 $I=0.5\text{A}$，图 1-18（b）中 $I'=2-0.5=1.5(\text{A})$；假如 15Ω 电阻断开，图 1-18（a）所示电路中无电流流过，功率损耗为零；而图 1-18（b）所示电路中电流为 2A，则功率损耗为 $P=I_S^2R_0$。

从这里可以看出，这种等效是针对外电路（如 15Ω 电阻）而言的，对电源内部来说，这种等效是不成立的。

需要指出，理想电压源与理想电流源之间没有等效关系，因为它们的伏安特性不一样。

电源的等效变换可以作为分析电路的一种方法。

【例 1-4】 试用电压源和电流源等效变换的方法计算图 1-19（a）中 1Ω 电阻上的电流 I。

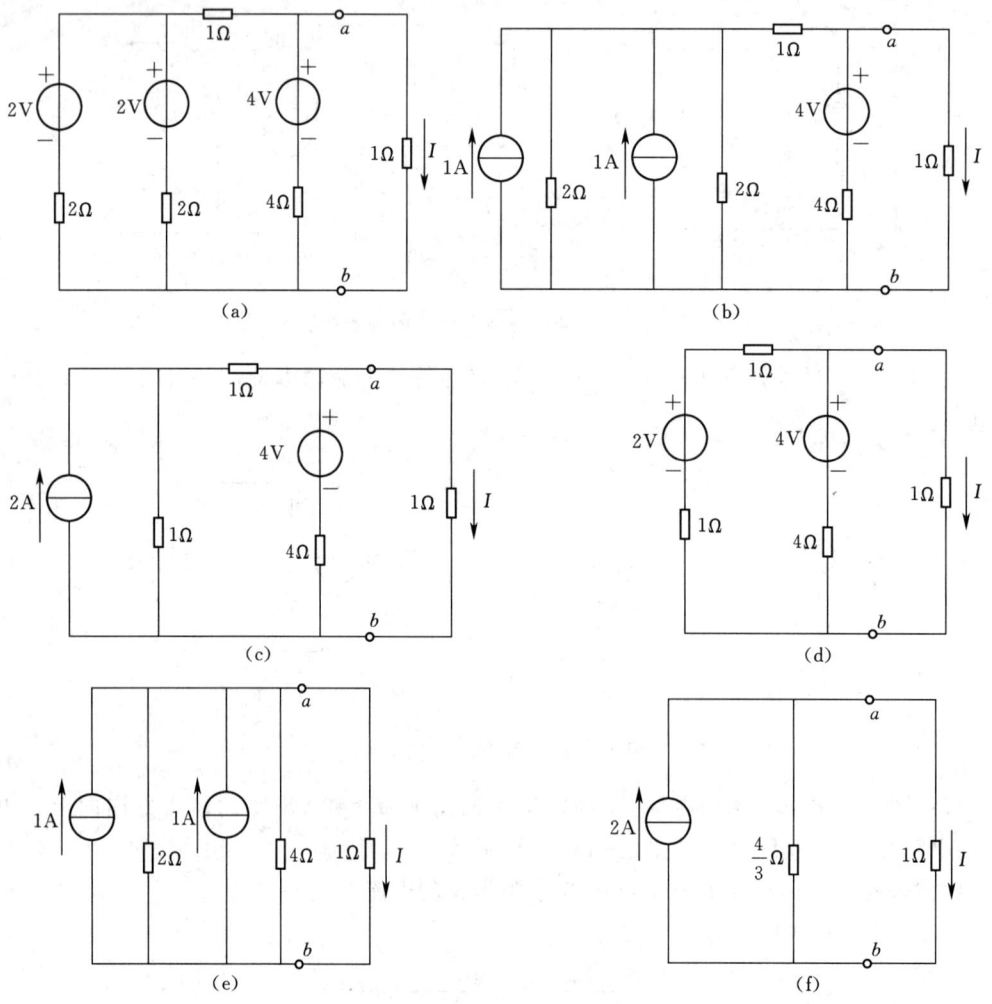

图 1-19 [例 1-4] 的电路图

解： 根据图 1-19 的变换次序，最后化简为图 1-19（f）的电路，由此可得

$$I = \frac{\frac{4}{3}}{\frac{4}{3}+1} \times 2 = \frac{8}{7}(\text{A})$$

【例 1-5】 电路如图 1-20（a）所示，$U_1 = 10\text{V}$，$I_S = 2\text{A}$，$R_1 = 1\Omega$，$R_2 = 2\Omega$，$R_3 = 5\Omega$，$R = 1\Omega$。（1）求电阻 R 中的电流 I；（2）计算理想电压源 U_1 中的电流 I_{U1} 和理想电流源 I_S 两端的电压 U_{IS}；（3）分析功率平衡。

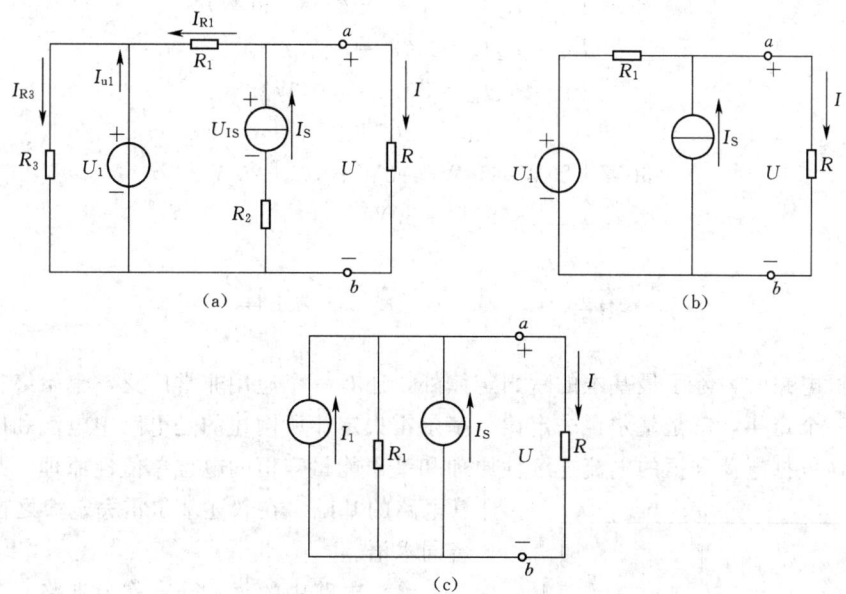

图 1-20 [例 1-5] 的电路图

解：（1）可将与理想电压源 U_1 并联的电阻 R_3 除去（断开），并不影响该并联电路两端的电压 U_1；也可将与理想电流源串联的电阻 R_2 除去（短接），并不影响该支路中的电流 I_S。这样简化后得出图 1-20（b）的电路。而后将电压源（U_1，R_1）等效变换为电流源（I_1，R_1），得出图 1-20（c）的电路。由此可得

$$I_1 = \frac{U_1}{R_1} = \frac{10}{1} = 10(\text{A})$$

$$I = \frac{I_1 + I_S}{2} = \frac{10+2}{2} = 6(\text{A})$$

（2）应注意，求理想电压源 U_1 和电阻 R_3 中的电流、理想电流源 I_S 两端的电压以及电源的功率时，相应的电阻 R_3 和 R_2 应当保留。在图 1-20（a）中

$$I_{R1} = I_S - I = 2 - 6 = -4(\text{A})$$

$$I_{R3} = \frac{U_1}{R_3} = \frac{10}{5} = 2(\text{A})$$

于是，理想电压源 U_1 中的电流为

$$I_{U1} = I_{R3} - I_{R1} = 2 - (-4) = 6(\text{A})$$

理想电流源 I_S 两端的电压为
$$U_{IS}=U+R_2I_S=RI+R_2I_S=1\times6+2\times2=10(\text{V})$$
（3）本例中，理想电压源 U_1 和理想电流源 I_S 都是电源，它们发出的功率分别为
$$P_{U1}=U_1I_{U1}=10\times6=60(\text{W})$$
$$P_{IS}=U_{IS}I_S=10\times2=20(\text{W})$$
各个电阻所消耗或者取用的功率分别为
$$P_R=RI^2=1\times6^2=36(\text{W})$$
$$P_{R1}=R_1I_{R1}^2=1\times(-4)^2=16(\text{W})$$
$$P_{R2}=R_2I_S^2=2\times2^2=8(\text{W})$$
$$P_{R3}=R_3I_{R3}^2=5\times2^2=20(\text{W})$$
两者平衡
$$60\text{W}+20\text{W}=36\text{W}+16\text{W}+8\text{W}+20\text{W}$$
$$80\text{W}=80\text{W}$$

第四节 基尔霍夫定律

在分析电路时，除了最基本的欧姆定律外，还有一个应用非常广泛，也始终贯穿在分析之中的一个定律，就是基尔霍夫定律。基尔霍夫定律所阐述的是电路中电流和电压应遵循的定律，依据电荷守恒的电流连续性原理和基于能量守恒的电位单值性原理，是分析和计算电路的基础。在叙述基尔霍夫定律之前介绍几个名词术语。

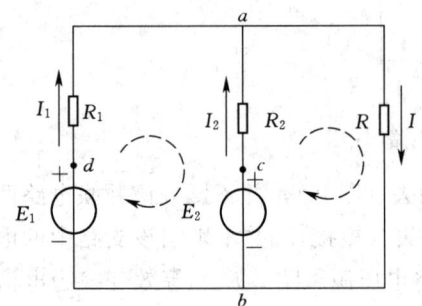

图 1-21 具有 3 条支路两个节点的电路

支路：电路中的每一分支称为支路，支路上连接有负载。一条支路流过一个电流，即支路电流。在图 1-21 中共有 3 条支路：ab、adb、acb。其中，ab 支路不含电源，称为无源支路。adb、acb 含有电源，称为有源支路。

节点：电路中 3 条或 3 条以上的支路相连接的点称为节点。在图 1-21 中共有两个节点：a 和 b。

回路：是由一条或多条支路所组成的闭合电路。图 1-21 中共有三个回路：$adbca$、$adba$ 和 $acba$。

网孔：闭合回路内部不含有其他支路的回路。图 1-21 中 $adbca$、$acbea$ 是网孔。

一、基尔霍夫电流定律

基尔霍夫电流定律（KCL）又称基尔霍夫第一定律，是用来确定连接在同一节点上的各支路电流之间的关系的。由于电流的连续性，电路中任何一点都不能堆积电荷。因此它的内容是：对于电路中的任何一个节点，在任何瞬间，流入节点的电流之和，必然等于流出节点的电流之和，即

$$\sum I_\text{入}=\sum I_\text{出} \tag{1-10}$$

如果规定流入节点的电流为正，则流出节点电流为负，即规定两个电流的正方向相

反。故此定律又可描述为

$$\sum I = 0 \tag{1-11}$$

基尔霍夫电流定律通常应用于节点,但也可以将节点推广至一个闭合面(广义节点)所包围的部分电路。

【例 1-6】 在图 1-22 中,已知 $I_3 = -1A$,$I_4 = 2A$,$R_8 = 10\Omega$,计算 R_8 上的端电压 U_8。

解: 对节点 a 列 KCL 方程

$$I_1 = I_2 = I_3 + I_4 = -1 + 2 = 1(A)$$

根据 KCL 的推广应用,a、b 间的电路可以看作一个闭合面,即

$$I_1 + I_8 = 0$$
$$I_8 = -I_1 = -1A$$

故

$$U_8 = I_8 R_8 = -1 \times 10 = -10(V)$$

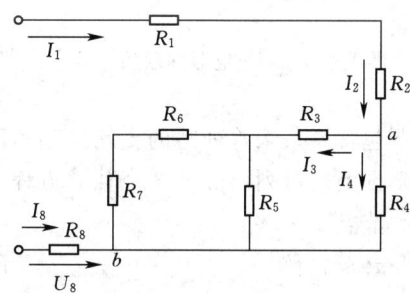

图 1-22 [例 1-6] 的电路图

二、基尔霍夫电压定律

基尔霍夫电压定律(KVL)又称基尔霍夫第二定律,是用于确定回路中各段电压之间的关系的。如果从回路中任意一点出发,以顺时针方向或逆时针方向沿回路循行一周,则在这个方向上的电位降之和应该等于电位升之和。回到原来的出发点时,该点的电位是不会发生变化的。此即电路中任意一点的瞬时电位具有单值性的结果。其内容可描述为:对电路中的任一回路,沿任一规定的方向(顺时针或逆时针)绕行一周,在任何瞬间,各部分电压降的代数和恒等于零,即

$$\sum U = 0 \tag{1-12}$$

式中电压 U 的正方向与绕行方向一致时若取正号,则相反就取负号。

在图 1-21 的电路中,若以顺时针方向作为绕行方向,对回路 $acbda$ 列 KVL 方程为

$$U_{ac} + U_{cb} + U_{bd} + U_{da} = 0$$

如果用电动势和电阻来描述方程,得到

$$U_{ac} = -I_2 R_2,\ U_{cb} = E_2,\ U_{bd} = -E_1,\ U_{da} = I_1 R_1,\ 则$$
$$-I_2 R_2 + E_2 - E_1 + I_1 R_1 = 0$$
$$E_1 - E_2 = I_1 R_1 - I_2 R_2$$

即

$$\sum E = \sum (IR) \tag{1-13}$$

上式是 KVL 方程在电阻电路中的表达形式。它表明:在任一瞬间,电路中任一回路中电动势的代数和等于各个电阻元件上的电压的代数和。式(1-13)中正负号可以这样确定:在绕行方向上电动势的极性若是从低电位端升向高电位端(电位升),则电动势取正值,否则取负值;电阻两端的电压若按绕行方向下降(电位降),则该电压取正值,否则取负值。

第五节 支 路 电 流 法

支路电流法是求解电路最基本的方法。该方法是以支路电流为未知量,直接应用

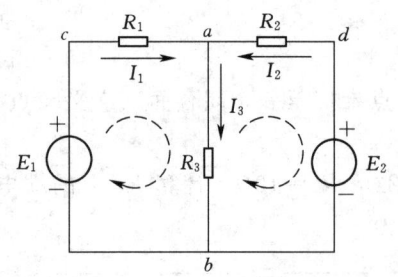

图 1-23 两个电源并联的电路

KCL 和 KVL 分别对节点和回路列出所需要的方程组，然后联立求解出各未知电流。

现以图 1-23 电路为例，说明支路电流法的应用。电动势和电流的参考方向以及绕行方向如图 1-23 所示。

对于具有 n 个节点、b 条支路的电路，应用 KCL 只能得到 $n-1$ 个独立方程。本例中，节点数 $n=2$，所以只能列出一个独立方程。其余的独立方程应采用 KVL 列写，需列写出 $b-(n-1)$ 个，每个方程中至少要包含一条未曾列写的支路。列写网孔的 KVL 方程一定是独立方程。

据上述可列出如下 3 个独立方程：

节点 a $I_1+I_2-I_3=0$

$abca$ 回路 $I_1R_1+I_3R_3=E_1$

$adba$ 回路 $-I_2R_2-I_3R_3=-E_2$

上式称为支路电流方程式，联立求解，便可求得 3 个支路电流，由支路电流就可求出相应的电压和功率。

通过讨论，用支路电流法求解电路的步骤可归纳如下：

(1) 假定各支路电流的正方向。

(2) 用 KCL 列出 $n-1$ 个电流方程。

(3) 用 KVL 列出独立回路方程，一般可取网孔列写方程。

(4) 联立求解各方程，求出各未知电流。

【例 1-7】 在图 1-23 所示电路中，已知 $E_1=250\text{V}$，$E_2=239\text{V}$，$R_1=1\Omega$，$R_2=0.5\Omega$，$R_3=30\Omega$，试求各支路电流。

解：将已知数据代入前述方程组得

$$I_1+I_2-I_3=0$$

$$I_1+30I_3=250$$

$$0.5I_2+30I_3=239$$

联立求解得：$I_1=10\text{A}$，$I_2=-2\text{A}$，$I_3=8\text{A}$。

第六节 节点电压法

以节点电压为未知量，列写 KCL 方程，然后求解电路的方法称为节点电压法。其步骤如下：

(1) 在电路中任选一节点作为参考点，参考点电位为零。

(2) 应用 KCL 列出其余 $(n-1)$ 个节点电流方程。

(3) 用 KVL 和欧姆定律列出节点电压与支路电流的关系式，并将其代入节点电流方程，得出 $(n-1)$ 个节点电压方程。

(4) 联立求解方程组,得各节点电压。

(5) 利用节点电压与支路电流的关系式,求出各支路电流及其他待求量。

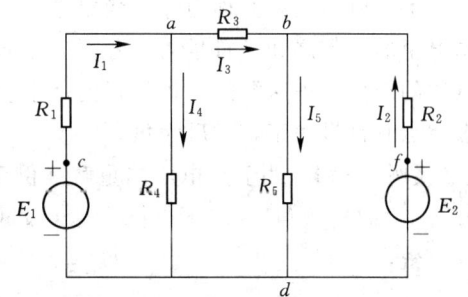

图 1-24 [例 1-8] 的电路图

【例 1-8】 如图 1-24 所示电路,已知 $E_1=12\text{V}$, $E_2=-12\text{V}$, $R_1=2\text{k}\Omega$, $R_2=4\text{k}\Omega$, $R_3=1\text{k}\Omega$, $R_4=4\text{k}\Omega$, $R_5=2\text{k}\Omega$,用节点电压法求各支路电流。

解: 先选定 d 点作为参考节点,设 $V_d=0$。根据各支路电流正方向就节点 a、b 列出电流方程。

节点 a $\qquad\qquad I_1-I_3-I_4=0 \qquad\qquad (1-14)$

节点 b $\qquad\qquad I_2+I_3-I_5=0 \qquad\qquad (1-15)$

由图 1-24 可知,$V_c=E_1$,$V_f=E_2$,所以

$$I_1=\frac{V_c-V_a}{R_1}, I_2=\frac{V_f-V_b}{R_2}, I_3=\frac{V_a-V_b}{R_3}, I_4=\frac{V_a-V_d}{R_4}=\frac{V_a}{R_4}, I_5=\frac{V_b-V_d}{R_5}=\frac{V_b}{R_5}$$

将各电流值代入式 (1-14) 和式 (1-15) 中,整理得

$$V_a\left(\frac{1}{R_1}+\frac{1}{R_3}+\frac{1}{R_4}\right)-V_b\left(\frac{1}{R_3}\right)=E_1\left(\frac{1}{R_1}\right) \qquad (1-16)$$

$$-V_a\left(\frac{1}{R_3}\right)+V_b\left(\frac{1}{R_2}+\frac{1}{R_3}+\frac{1}{R_5}\right)=E_2\left(\frac{1}{R_2}\right) \qquad (1-17)$$

将数值代入式 (1-16) 和式 (1-17) 中,可求出 a、b 两节点的电压为

$$V_a=3.64\text{V},\ V_b=0.363\text{V}$$

求出 a、b 两节点的电压后,利用节点电压与支路电流的关系可求出各支路电流为

$I_1=4.18\text{mA}$,$I_2=-3.09\text{mA}$,$I_3=3.28\text{mA}$,$I_4=0.91\text{mA}$,$I_5=0.183\text{mA}$

节点电压法特别适用于分析节点数少而支路数较多的电路。如图 1-23 所示,选 b 点为参考点,设 $V_b=0$,对节点 a 列出 KCL 方程

$$I_1+I_2-I_3=0$$

各支路电流与节点电压的关系为

$$I_1=\frac{E_1-V_a}{R_1},\ I_2=\frac{E_2-V_a}{R_2},\ I_3=\frac{V_a}{R_3}$$

将各电流代入电流方程并解得

$$V_a=\frac{\dfrac{E_1}{R_1}+\dfrac{E_2}{R_2}}{\dfrac{1}{R_1}+\dfrac{1}{R_2}+\dfrac{1}{R_3}}$$

将上述结论加以归纳,可以得到任意两节点网络的节点电压表达式为

$$U=\frac{\sum(E/R)}{\sum(1/R)}=\frac{\sum I_S}{\sum(1/R)} \qquad (1-18)$$

上式所示关系亦称为弥尔曼定理，仅适用于节点数的电路。式中分母各项是所有支路总电阻的倒数之和，符号为正号；分子各项为含源支路的电源电流，其符号取决于该支路电源的极性。恒压源的电动势指向待求节点时符号为正，相反为负；恒流源的电流指向待求节点时符号为正，相反为负。

【例 1-9】 用节点电压法重解 [例 1-7]。

解：
$$U_{ab}=\frac{\frac{250}{1}+\frac{239}{0.5}}{\frac{1}{1}+\frac{1}{0.5}+\frac{1}{30}}=240(\text{V})$$

$$I_1=\frac{E_1-U_{ab}}{R_1}=\frac{250-240}{1}=10(\text{A})$$

$$I_2=\frac{E_2-U_{ab}}{R_2}=\frac{239-240}{0.5}=-2(\text{A})$$

$$I_3=\frac{240}{30}=8(\text{A})$$

【例 1-10】 用节点电压法计算图 1-25 中的电压 U_{A0} 和电流 I_{A0}。

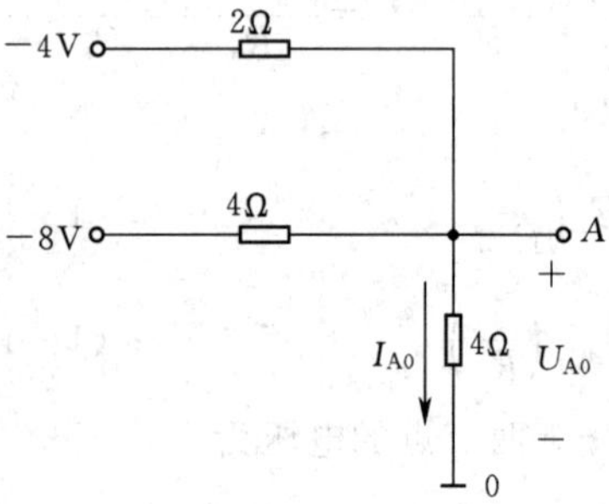

解： 该电路只有两个节点：A 和 0。U_{A0} 即为节点电压或 A 点的电位 V_A。

$$U_{A0}=\frac{-\frac{4}{2}-\frac{8}{4}}{\frac{1}{2}+\frac{1}{4}+\frac{1}{4}}=-4(\text{V})$$

$$I_{A0}=-\frac{4}{4}=-0.1(\text{A})$$

图 1-25 [例 1-10] 的电路图

第七节 叠 加 定 理

叠加定理是线性电路的一个重要定理，它反映出线性电路中各电源作用的独立性原理。而电源独立作用的重要原则就是电源置零原则：电压源置零就是将理想电压源短接，即其电动势为零；电流源置零就是将理想电流源开路，即其电流为零。

现在看如图 1-26（a）所示电路，该电路有一个实际电压源和电流源，现在求电流 I_2。

根据 KCL、KVL 不难得出

$$I_1=I_2-I_S$$
$$E=I_1R_1+I_2R_2$$

联立方程求解可得

$$I_2=\frac{E}{R_1+R_2}+\frac{R_1}{R_1+R_2}I_S \tag{1-19}$$

从上式可以看出，I_2 含有两个分量，即

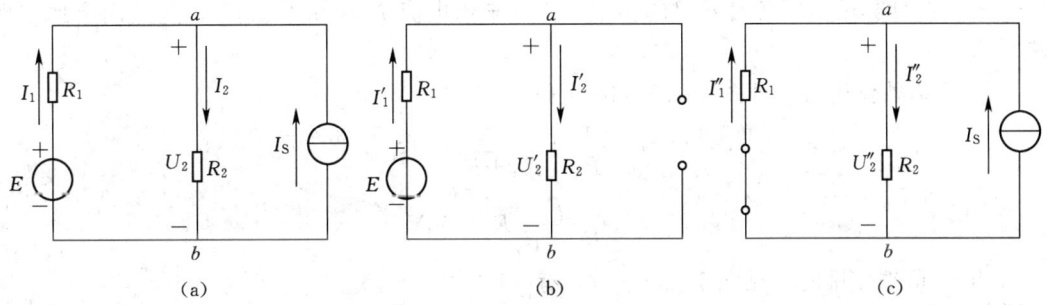

图 1-26 叠加定理分析图

$$I_2 = I_2' + I_2'' \tag{1-20}$$

其中 $I_2' = \dfrac{E}{R_1+R_2}$ 为电压源单独作用于电路时（此时电流源不作用，处于开路状态），在 R_2 支路上产生的电流，见图 1-26（b）。而 $I_2'' = \dfrac{R_1}{R_1+R_2}I_S$ 为电流源单独作用于电路时（此时电压源不作用，处于短路状态），在 R_2 支路上产生的电流，见图 1-26（c）。也就是说，R_2 支路中的电流为各电源单独作用时，在该支路上产生的电流的代数和。

由此可看出在线性电路中，任何一条支路中的电流（或两点之间的电压）等于各个电源单独作用时，在该支路中所产生的电流（或两点之间的电压）的代数和，此即叠加定理。

应用叠加定理时需要注意以下几点：
(1) 叠加定理仅适合于线性电路。
(2) 叠加时，电路的连线以及电路中所有的受控源都不予更动。
(3) 电源置零原则是对理想电源所言的，也就是实际电源的内阻（如果给出的话）仍应计及。
(4) 叠加时要注意电流和电压的参考方向。
(5) 不能用叠加定理直接求解功率。这是因为功率不是电压或电流的一次函数，它们之间不是线性关系。

【例 1-11】 图 1-27（a）所示电路中，已知恒压源 $E=100\text{V}$，电流源 $I_S=1\text{A}$，各电阻 $R_2=R_3=R_4=50\Omega$，求两电源各自发出的功率。

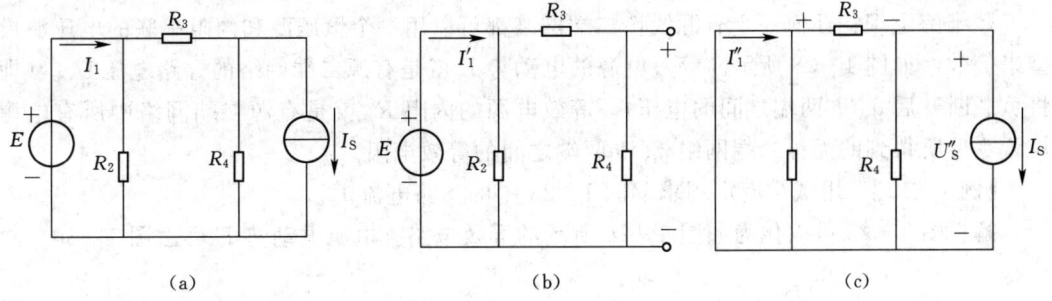

图 1-27 ［例 1-11］的电路图

解：要计算两电源各自发出的功率，必须求出电流 I_1 和端电压 U_S，这里用叠加定理来计算。

当 E 单独作用时，见图 1-27（b），有

$$I_1' = \frac{E}{R_2} + \frac{E}{R_3+R_4} = 3\text{A}$$

$$U_S' = \frac{E}{R_3+R_4}R_4 = 50\text{V}$$

当 I_S 单独作用时，见图 1-27（c），有

$$I_1'' = \frac{R_4}{R_3+R_4}I_S = 0.5\text{A}$$

$$U_S'' = -I_1''R_3 = -0.5 \times 50 = -25\text{V}$$

则

$$I_1 = I_1' + I_1'' = 3.5\text{A}$$

$$U_S = U_S' + U_S'' = 25\text{V}$$

$$P_E = -EI_1 = -100 \times 3.5 = -350(\text{W})（发出功率）$$

$$P_{IS} = U_S I_S = 25 \times 1 = 25(\text{W})（消耗功率）$$

第八节　戴维南定理与诺顿定理

在对复杂电路的分析中，有时只需求解某一支路的电流或电压，如果用前面几节所述的方法来计算，必然会引出一些不需要的电流来。为了使计算简便些，常常应用等效电源的方法。现在说明一下什么是等效电源。

任何一个电路，不论多复杂，内部结构如何，只要它有两个出线端，都称为二端网络。依据二端网络内部是否含有电源，又将二端网络分为有源二端网络和无源二端网络。如果二端网络中的元件是线性元件，则称之为线性二端网络。本书仅讨论有源线性二端网络和无源线性二端网络。

任何有源二端网络，无论它的繁简程度如何，它对所要计算的这个支路而言，仅相当于一个电源，因为它对这个支路供给电能。因此这个有源二端网络就可以等效为一个电源。而一个电源有两种电路模型，因此有下面两个定理。

一、戴维南定理

戴维南定理：任何一个有源线性二端网络都可以用一个恒压源和内阻串联的电压源模型来等效，如图 1-28 所示。等效电源的电动势 E 就是有源二端网络的开路电压 U_{OC}（即将负载断开后 a、b 两端之间的电压）。等效电源的内阻 R_0 就是有源二端网络中所有电源均置零后所得到的无源二端网络 a、b 两端之间的等效电阻。

【**例 1-12**】　用戴维南定理求解图 1-23 中的支路电流 I_3。

解：图 1-23 可以化为如图 1-29 所示的等效电路。电源电动势 E 可由图 1-30（a）求得

$$I = \frac{E_1 - E_2}{R_1 + R_2} = \frac{250 - 239}{1 + 0.5} = \frac{22}{3}(\text{A})$$

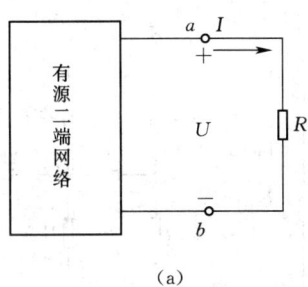
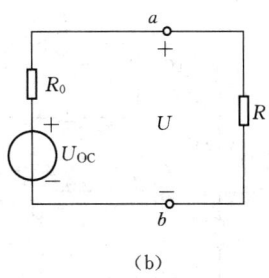

(a)   (b)

图 1-28 戴维南定理

于是 $E=U_{OC}=E_1-IR_1=250-\dfrac{22}{3}\times 1=\dfrac{728}{3}(\mathrm{V})$

或 $E=U_{OC}=E_2+IR_2=239+\dfrac{22}{3}\times 0.5=\dfrac{728}{3}(\mathrm{V})$

等效电压源的内阻可由图 1-30（b）求得。对 a、b 两端讲，两个电阻是并联的，因此

$$R_0=\dfrac{R_1R_2}{R_1+R_2}=\dfrac{1\times 0.5}{1+0.5}=\dfrac{1}{3}(\Omega)$$

由图 1-29 求出

$$I_3=\dfrac{E}{R_0+R_3}=\dfrac{\dfrac{728}{3}}{\dfrac{1}{3}+30}=8\ (\mathrm{A})$$

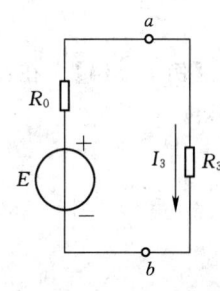

图 1-29 ［例 1-12］中图 1-23 的等效电路

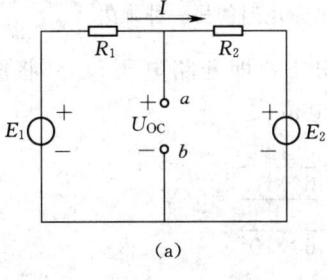
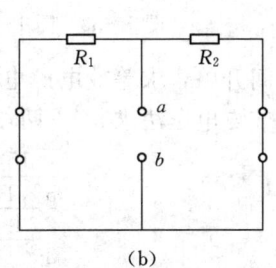

(a)   (b)

图 1-30 计算等效电压源的 E 和 R_0 的电路

【例 1-13】 用戴维南定理求解流过图 1-31 中的电流 I。

解： 将 a、e 间开路得到开路电压 U_{ae}，则

$$U_{ae}=U_{ab}+U_{bc}+U_{cd}+U_{de}=-2\times 1+0+\dfrac{\dfrac{6}{3}+\dfrac{12}{6}}{\dfrac{1}{3}+\dfrac{1}{6}}+0=6(\mathrm{V})$$

a、e 间的等效电阻为

$$R_0=1+1+3//6+1=5(\Omega)$$

则 $I=6/(1+5)=1(\mathrm{A})$

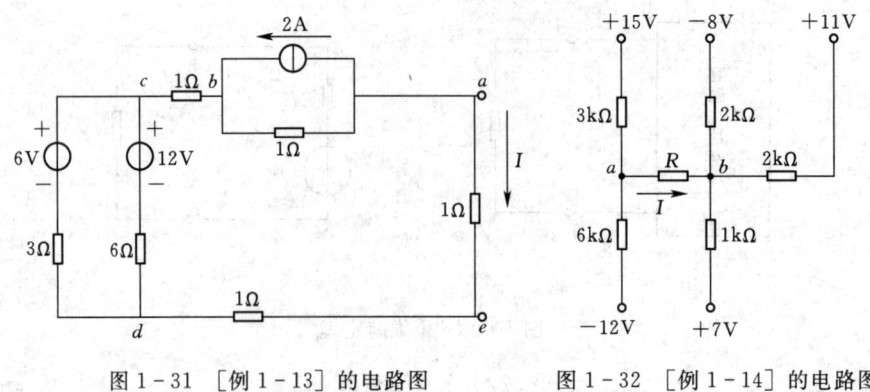

图 1-31 [例 1-13] 的电路图　　图 1-32 [例 1-14] 的电路图

【例 1-14】 在图 1-32 所示电路中，试用戴维南定理求电阻 R 中的电流 I。$R = 2.5\text{k}\Omega$。

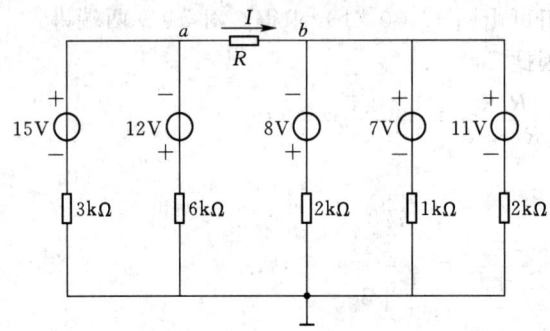

图 1-33　图 1-32 所示电路的另一种画法

解：将 a、b 间开路，求等效电源电动势 E，即开路电压 U_{ab}。将图 1-32 画成如图 1-33 所示，应用节点电压法求 a、b 两点的电位：

$$V_a = \frac{\dfrac{15}{3\times 10^3} - \dfrac{12}{6\times 10^3}}{\dfrac{1}{3\times 10^3} + \dfrac{1}{6\times 10^3}} = 6(\text{V})$$

$$V_b = \frac{-\dfrac{8}{2\times 10^3} + \dfrac{7}{1\times 10^3} + \dfrac{11}{2\times 10^3}}{\dfrac{1}{2\times 10^3} + \dfrac{1}{1\times 10^3} + \dfrac{1}{2\times 10^3}} = 4.25(\text{V})$$

$$E = U_{ab} = V_a - V_b = (6 - 4.25) = 1.75(\text{V})$$

将 a、b 间开路，求等效电阻 R_0：

$$R_0 = 3 /\!/ 6 + 2 /\!/ 1 /\!/ 2 = 2.5(\text{k}\Omega)$$

求电阻 R 中的电流 I：

$$I = \frac{E}{R_0 + R} = \frac{1.75}{(2.5 + 2.5)\times 10^3} = 0.35\times 10^{-3}(\text{A}) = 0.35\text{mA}$$

二、诺顿定理

诺顿定理指出：任何一个有源线性二端网络都可以用一个电流为 I_S 的恒流源和内阻

R_0 并联的电流源来等效，如图 1-34 所示。等效电流源的电流 I_S 等于有源二端网络的短路电流，即将 a、b 两端短接后其中的电流。等效电流源的内阻 R_0 等于有源二端网络中所有电源均置零后所得到的无源网络 a、b 两端之间的等效电阻。

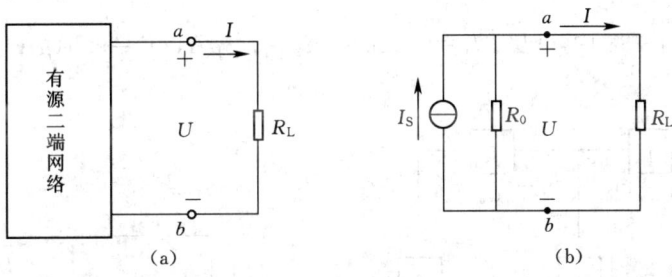

图 1-34 诺顿定理

【例 1-15】 用诺顿定理计算图 1-23 中的支路电流 I_3。

解： 图 1-23 的电路可以化简为图 1-35 所示的等效电路。

等效电流源的电流可由图 1-36 求得，即

$$I_S = \frac{E_1}{R_1} + \frac{E_2}{R_2} = \left(\frac{250}{1} + \frac{239}{0.5}\right) = 728(\text{A})$$

等效电源的内阻
$$R_0 = \frac{1}{3}\Omega$$

于是
$$I_3 = \frac{R_0}{R_0 + R_3} I_S = \frac{\frac{1}{3}}{\frac{1}{3} + 30} \times 728 = 8(\text{A})$$

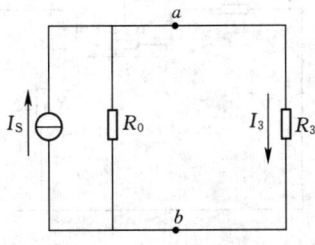   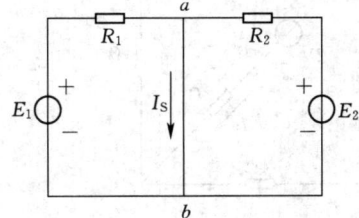

图 1-35 图 1-22 的等效电路   图 1-36 计算 I_S 的电路

习　题

1-1　在图 1-37 中，五个元件代表电源或负载。电流和电压的参考方向如图中所示，今通过试验测得：

$I_1 = -4\text{A}$，$I_2 = 6\text{A}$，$I_3 = 10\text{A}$；$U_1 = 140\text{V}$，$U_2 = -90\text{V}$，$U_3 = 60\text{V}$，$U_4 = -80\text{V}$，$U_5 = 30\text{V}$。

(1) 试求出各电流的实际方向和各电压的实际极性。
(2) 判断哪些元件是电源，哪些元件是负载。

（3）计算各元件的功率，电源发出的功率和负载取用的功率是否平衡？

1-2 有一台直流稳压电源，其额定输出电压为 30V，额定输出电流为 2A，从空载到额定负载，其输出电压的变化率为 $\Delta U = \dfrac{U_0 - U_N}{U_N} = 0.1\%$，试求该电源的内阻。

1-3 在图 1-38 中，已知 $I_1 = 0.01 \mu A$，$I_2 = 0.3 \mu A$，$I_5 = 9.61 \mu A$，试求电流 I_3、I_4 和 I_6。

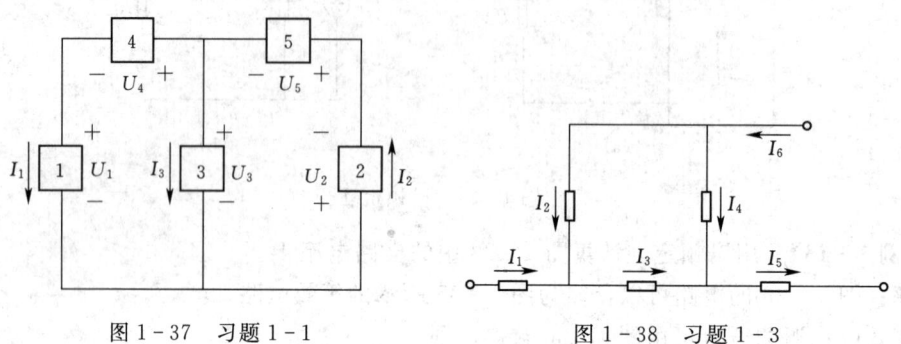

图 1-37 习题 1-1　　　　　图 1-38 习题 1-3

1-4 试求图 1-39 所示电路的电流 I、I_1 和电阻 R。设 $U_{ab} = 0$。

1-5 计算图 1-40 中电路的电流 I_3。

1-6 求如图 1-41 所示电路的各理想电流源的端电压、功率及各电阻上消耗的功率。

1-7 计算图 1-42 中的电压 U_5。

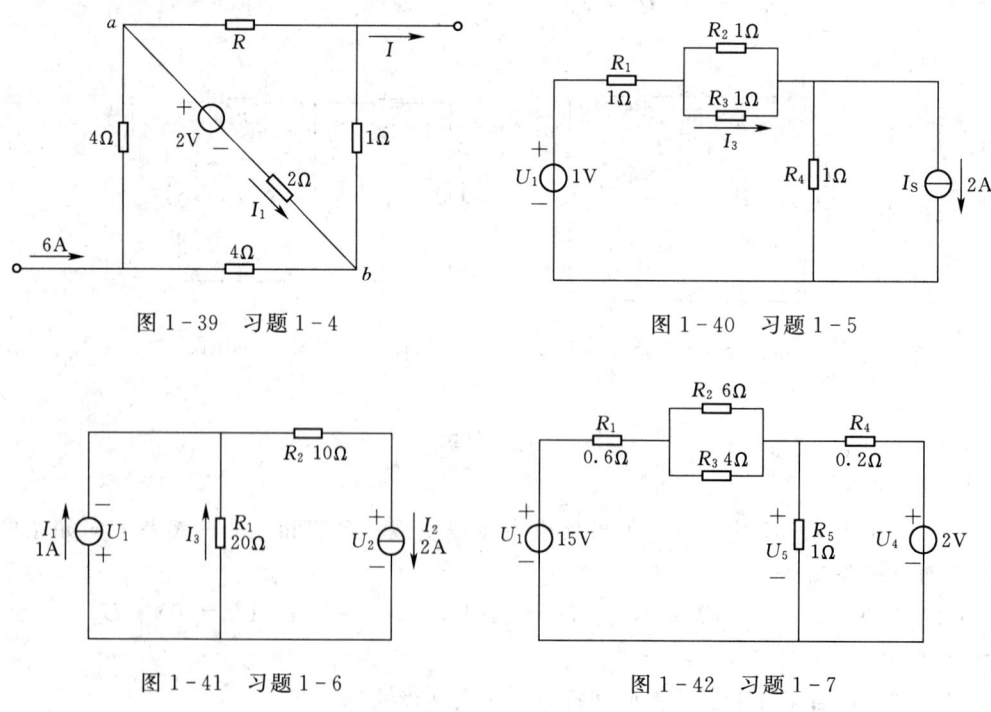

图 1-39 习题 1-4　　　　　图 1-40 习题 1-5

图 1-41 习题 1-6　　　　　图 1-42 习题 1-7

1-8 图 1-43 是两台发电机并联运行的电路。已知 $E_1 = 230V$，$E_2 = 226V$，$R_{01} =$

0.5Ω,$R_{02}=0.3\Omega$ 负载电阻 $R_L=5.5\Omega$,试分别用支路电流法和节点电压法求各支路电流。

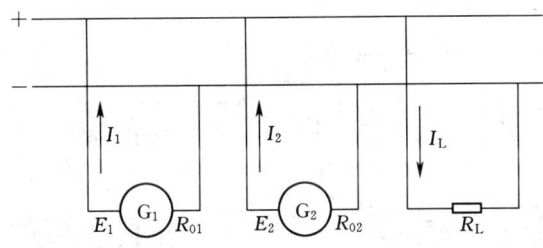

图1-43 习题1-8

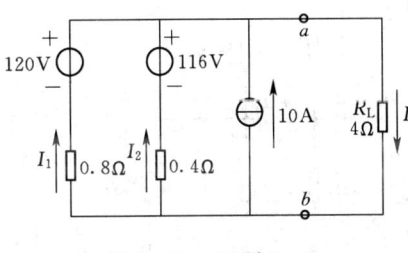

图1-44 习题1-9

1-9 试用支路电流法和节点电压法求图1-44中电路的各支路电流,并求三个电源的输出功率和负载电阻 R_L 取用的功率。0.8Ω 和 0.4Ω 分别为两个电源的内阻。

1-10 试用电源等效变换计算图1-45电路的电压 U。

1-11 在图1-46中,(1)当将开关S合在 a 点时,求电流 I_1、I_2 和 I_3;(2)当将开关合S在 b 点时,利用(1)的结果,用叠加定理计算电流 I_1、I_2 和 I_3。

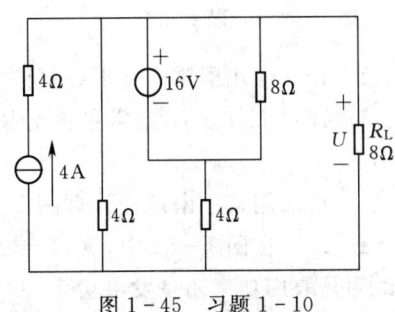

图1-45 习题1-10

1-12 试用节点电压法求图1-47中电路的各支路电流。

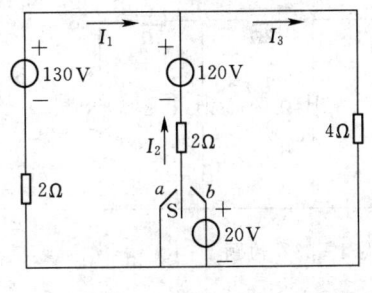

图1-46 习题1-11

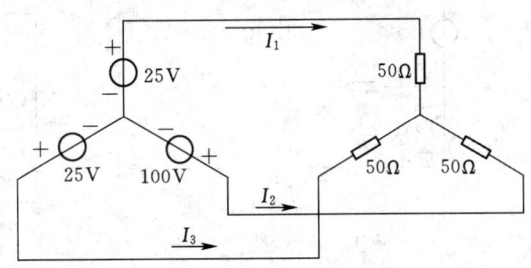

图1-47 习题1-12

1-13 电路如图1-48(a)所示,$E=12V$,$R_1=R_2=R_3=R_4$,$U_{ab}=10V$。若将理想电压源除去后 [图1-48(b)],试问这时 U_{ab} 等于多少?

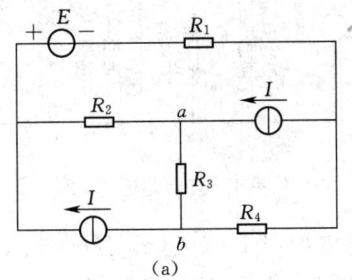
(a)

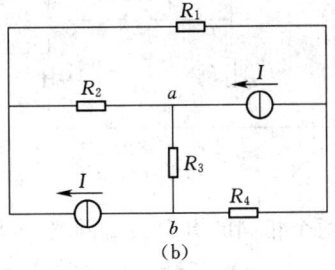
(b)

图1-48 习题1-13

1-14 试求如图1-49所示电路中的电流 I。

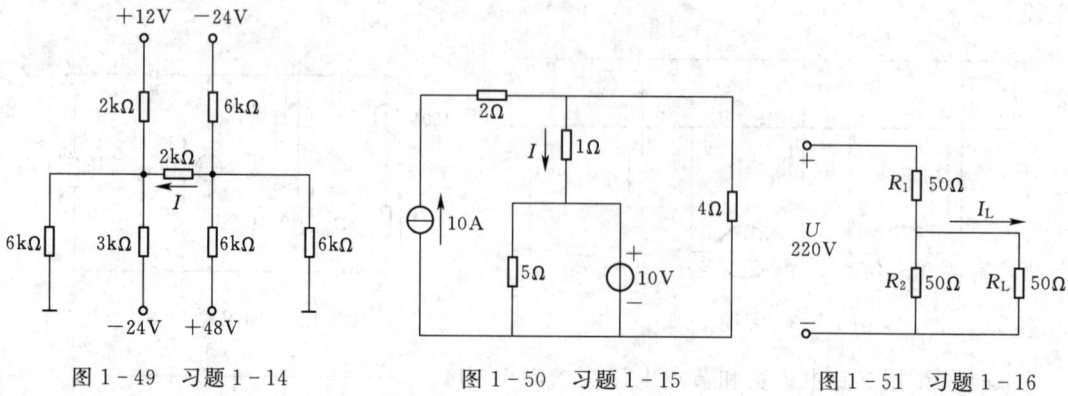

图 1-49 习题 1-14　　　　图 1-50 习题 1-15　　　　图 1-51 习题 1-16

1-15 应用戴维南定理计算图 1-50 中 1Ω 电阻的电流 I。

1-16 图 1-51 是常见的分压电路，试用戴维南定理和诺顿定理分别求解负载电流 I_L。

1-17 用戴维南定理计算图 1-52 中的电流 I。

1-18 在图 1-53 中，(1) 试求电流 I；(2) 计算理想电压源和理想电流源的功率，并说明是取用功率还是发出功率。

1-19 电路如图 1-54 所示，分别用戴维南定理和诺顿定理计算电流 I_L。

1-20 电路如图 1-55 所示，当 $R=4\Omega$ 时，$I=2A$。求当 $R=9\Omega$ 时，I 等于多少？

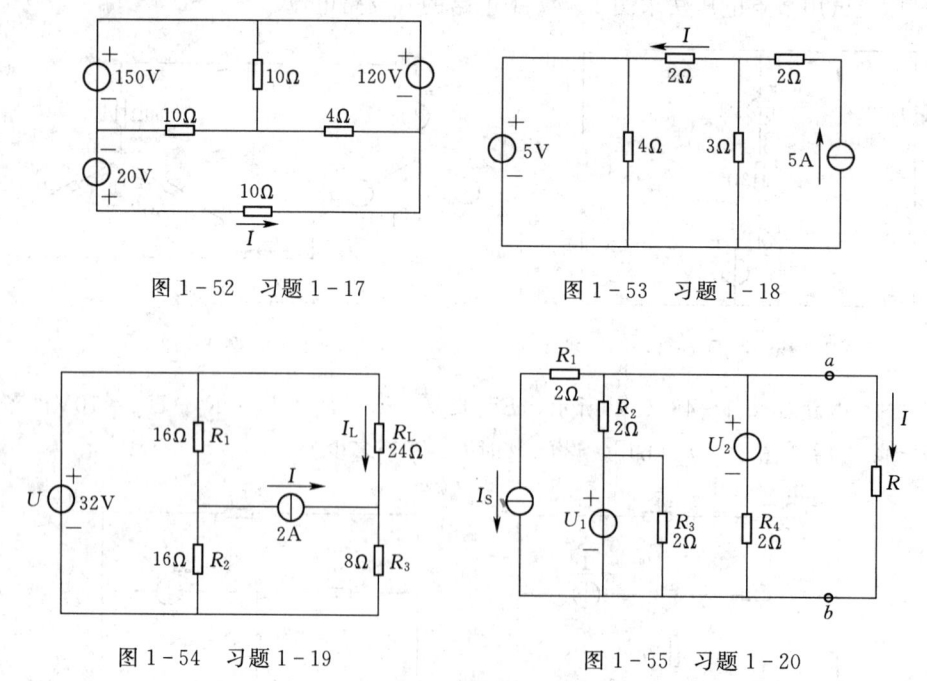

图 1-52 习题 1-17　　　　图 1-53 习题 1-18

图 1-54 习题 1-19　　　　图 1-55 习题 1-20

1-21 两个相同的有源二端网络 N 与 N′ 连接如图 1-56 (a) 所示，测得 $U_1=4V$。若连接如图 1-56 (b) 所示，则测得 $I_1=1A$。试求连接如图 1-56 (c) 所示时的电流 I_1

为多少?

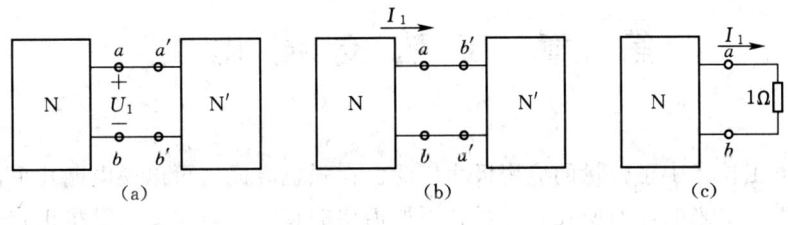

图 1-56 习题 1-21

第二章 正弦交流电路

在近代电工技术中正弦量的应用极为广泛。在强电方面,可以说电能几乎都是以正弦交流的形式生产出来的,即使在有些场合下所需要的直流电,主要也是将正弦交流电通过整流设备变换得到的。在弱电方面,也常用各种正弦信号发生器作为信号源。

正弦交流电的基本概念和基本分析方法是学习电机、电器和电子技术的重要理论基础。交流电路具有直流电路的概念无法理解和无法分析的物理现象,因此,在学习本章的时候,必须建立交流的概念,否则容易引起错误。

第一节 正弦交流电的基本概念

所谓正弦交流电路,是指含有正弦电源(激励)而且电路各部分所产生的电压和电流(响应)等物理量的大小和方向均随时间按正弦规律变化的电路,其中,按正弦规律变化的电压、电流、电动势等物理量称为正弦量,其一般数学表达式为

$$i = I_\mathrm{m} \sin(\omega t + \psi_\mathrm{i}) \tag{2-1}$$

$$u = U_\mathrm{m} \sin(\omega t + \psi_\mathrm{u}) \tag{2-2}$$

$$e = E_\mathrm{m} \sin(\omega t + \psi_\mathrm{e}) \tag{2-3}$$

正弦电压和电流是按照正弦规律周期性变化的,其波形如图 2-1 所示。由于正弦电压和电流的方向是周期性变化的,在电路图上所标的方向是指它们的参考方向,即代表正半周时的方向。在负半周时,由于所标的参考方向与实际方向相反,则其值为负。图中的虚线箭标代表电流的实际方向;"⊕"、"⊖"代表电压的实际方向(极性)。

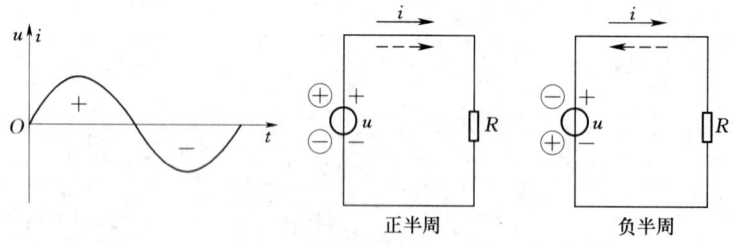

图 2-1 正弦电压和电流

一、正弦量的三要素

正弦量的特征表现在变化的快慢、大小及起始位值三个方面,它们分别由频率(或周期)、幅值(或有效值)和初相位来确定。所以频率、幅值和初相位称为正弦量的三要素,现分述于下。

1. 频率与周期

正弦量变化一次所需的时间（s）称为周期 T。每秒内变化的次数称为频率 f，单位是赫［兹］(Hz)。频率是周期的倒数，即

$$f = 1/T$$

在我国和大多数国家都采用 50Hz 作为电力标准频率，有些国家（如美国、日本等）采用 60Hz。这种频率在工业上应用广泛，习惯上也称为工频。通常的交流电动机和照明负载都用这种频率。

在其他各种不同的技术领域内使用着各种不同的频率。例如，高频炉的频率是 200～300kHz；中频炉的频率是 500～800kHz；通常收音机中波段的频率是 530～1600kHz；短波段是 2.3～23MHz；移动通信的频率是 900MHz 和 1800MHz；在无线通信中使用的频率可高达 300GHz。10Hz～20kHz 范围内的频率称为音频。通常以 200kHz 为界限来划分高频和低频。

正弦量变化的快慢除用周期和频率表示外，还可用角频率 ω 表示。因为一周期内经历了 2π 弧度，所以角频率为单位时间内变化的角度和 f 以及 T 的关系为

$$\omega = \frac{2\pi}{T} = 2\pi f \tag{2-4}$$

ω 的单位是弧度每秒（rad/s）。

在电路分析中，ω 出现的机会比 f 更多，故俗称 ω 为频率。以 ωt 为横坐标的优点是不必考虑 ω 的具体数值，使所画出的波形具有通用性。

2. 幅值与有效值

正弦量在任一瞬间的值称为瞬时值，用小写字母表示，如 i、u 及 e 分别表示电流、电压及电动势的瞬时值。瞬时值中最大的值称为幅值或最大值，反映了正弦量可能变化的范围。最大值是个确定的数值，用带下标 m 的大写字母表示，如 I_m、U_m 及 E_m 分别表示电流、电压及电动势的幅值。

正弦量的最大值在某种意义上虽然可以反映正弦交流电的大小，但只能说明其变化范围；而瞬时值只能作逐点的描述。从做功的观点来看，它不能反映交流电的整体效果（平均效果）。因为在电工技术中，电流常表现出其热效应。不论是周期性变化的电流还是直流，只要它们在相等的时间内通过同一电阻而两者的热效应相等，就把它们的安［培］值看作是相等的。就是说，如果某一个周期电流 i 通过电阻 R 在一个周期内产生的热量，和另一个直流 I 通过同样大小的电阻在相等的时间内产生的热量相等，这个周期变化的电流 i 的有效值在数值上就等于这个直流 I。用公式表示为

$$\int_0^T Ri^2 \, dt = RI^2 T$$

由此可得出周期电流的有效值为

$$I = \sqrt{\frac{1}{T} \int_0^T i^2 \, dt}$$

上式适用于周期性变化的量,但不能用于非周期量。当周期电流为正弦量时,即 $i=I_m\sin(\omega t+\psi_i)$,则

$$I=\sqrt{\frac{1}{T}\int_0^T I_m^2\sin^2(\omega t+\psi_i)dt}$$

$$=\frac{E_m}{\sqrt{2}}$$

同理可得

$$U=\frac{U_m}{\sqrt{2}}, E=\frac{E_m}{\sqrt{2}} \tag{2-5}$$

在电工领域中,一般说到正弦量的数值以及常用的仪表指示值,无特殊说明都是指有效值,用不带下标 m 的大写字母来表示,如 I、U、E 等。在形式上,它们与直流电的表示符号相同,但它们的意义不同,不能混淆。

3. 初相位

$(\omega t+\psi)$ 称为正弦量的相位角或相位,单位可用弧度或角度表示。角度 $(\omega t+\psi)$ 说明了在 t 时刻正弦处于周期变化中的"位置",或者说它表示出周期量的变化进程。因为随着 t 的增长,$(\omega t+\psi)$ 发生连续变化,i 也要随之变化。当相位角随时间连续变化时,正弦量的瞬时值随之作连续变化。

$t=0$ 时的相位称为正弦量的初相位角或初相。初相有正负之分,为了理解初相位的正负,首先明确如下两个概念:计时起点和零点。$t=0$ 的点取为计时起点或称时间起点,这个起点可以任意选取,但只能选一点。选取的计时起点不同,正弦量的初始值就不同,到达幅值或某一特定值所需的时间也就不同;为了符合数学中正弦函数的有关习惯,常以正弦量由负变正与横轴的交点(称正弦量的零点)作为一周的零点。在一个周期内只有一个零点。计时起点和零点的关系能反映出周期量的变化进程。计时起点和零点对初相正负的影响如下:

若正弦量零点在计时起点左边,则初相为正,即 $\psi>0$;

若正弦量零点在计时起点右边,则初相为负,即 $\psi<0$;

若正弦量零点与计时起点重合,则初相为零,即 $\psi=0$($|\psi|<180°$)。

正弦交流电的幅值、频率和初相,称为正弦量的三要素。由这三要素,可以唯一地确定一个正弦量;反过来,要描述一个正弦量,必须知道其三要素。

【例 2-1】 已知正弦电流 $i=31.1\sin\left(1570t+\frac{\pi}{3}\right)$A。试求:(1)频率、周期;(2)有效值;(3)当 $t=\frac{1}{10}$s 时的瞬时值。

解:(1) $\omega=1570$rad/s,则

$$f=\frac{\omega}{2\pi}=\frac{1570}{2\times 3.14}=250(\text{Hz})$$

$$T=\frac{1}{f}=\frac{1}{250}=0.004(\text{s})=4\text{ms}$$

(2) $I = \dfrac{I_m}{\sqrt{2}} = \dfrac{31.1}{\sqrt{2}} = 22(A)$

(3) 当 $t = \dfrac{1}{10}$ s 时，$i = 31.1\sin\left(1570 \times \dfrac{1}{10} + \dfrac{\pi}{3}\right) = 31.1\sin\left(50\pi + \dfrac{\pi}{3}\right) = 27(A)$

二、同频率正弦量的相位差

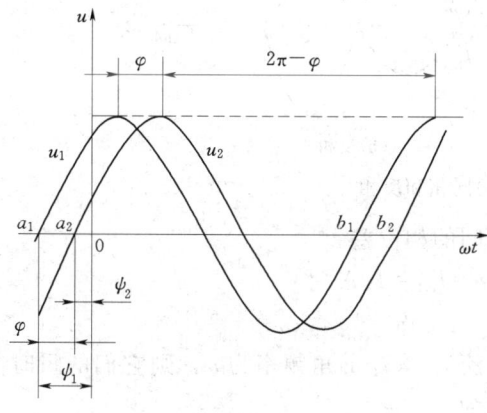

图 2-2 正弦量的相位差

在正弦交流电路的分析中，常常会出现多个同频率的正弦量，为了正确区别它们，除了研究它们的数值关系外，还必须考虑它们之间的差别，这是一个十分有意义的问题。图 2-2 所示为两个幅值和频率均相同的正弦电压，由于初相不同，很明显地看到，它们的状态在任何时刻都是不一样的，即

$$u_1 = U_m \sin(\omega t + \psi_1)$$
$$u_2 = U_m \sin(\omega t + \psi_2)$$

因为初相不同，相位就不一样。即 $(\omega t + \psi_1) \neq (\omega t + \psi_2)$。也就是说，在同一时刻，这两个正弦量的变化进程是不同的。

对于两个同频率的正弦量，它们之间的相位之差称为相位差。

上述两个正弦量的相位差为

$$(\omega t + \psi_1) - (\omega t + \psi_2) = \psi_1 - \psi_2 \qquad (2-6)$$

上式说明，它们的相位差与时间无关，与计时起点无关，恒等于两者的初相位差值。相位差角常用 φ 表示，则电压 u_1 与 u_2 之间的相位差为

$$\varphi_{12} = \psi_1 - \psi_2 = -\varphi_{21} \qquad (2-7)$$

需要强调指出的是：同频率的正弦量之间的相位差是一个常数，不同频率的正弦量之间的相位差是没有意义的（此时相位差是时间的函数），这是因为在一周内变化速率不一样。

式 (2-7) 中的两个正弦量之间的相位差关系不外乎以下几种情形：

(1) $\varphi_{12} > 0$，即 $\psi_1 > \psi_2$，称 u_1 超前于 u_2（或 u_2 滞后于 u_1）。在波形图上常用达到最大值的时间先后作为判断超前、滞后的依据。

(2) $\varphi_{12} < 0$，即 $\psi_1 < \psi_2$，称 u_1 滞后于 u_2（或 u_2 超前于 u_1）。

(3) $\varphi_{12} = 0$，两个正弦量变化状态完全相同，称为同相。

(4) $\varphi_{12} = \pm 180°$，两个正弦量的瞬时值完全相反，称为反相。

(5) $\varphi_{12} = \dfrac{\pi}{2}$，称为正交。

正弦量的同相与反相分别如图 2-3 所示。

【例 2-2】 两正弦交流电流的波形如图 2-4 所示，试写出各自的瞬时值表达式，并

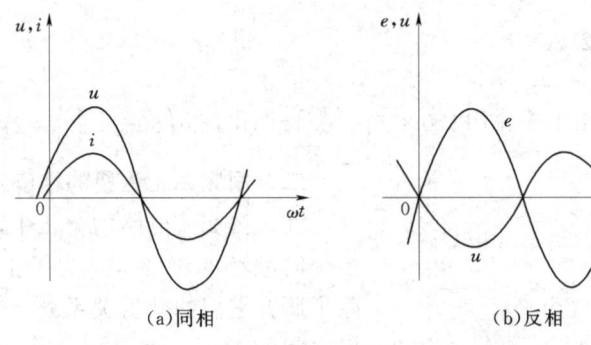

(a) 同相　　　　　　　　　(b) 反相

图 2-3　正弦量的同相和反相

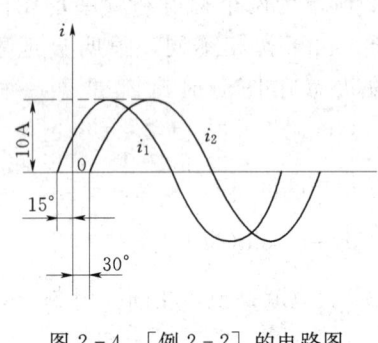

图 2-4　[例 2-2] 的电路图

求出它们之间的相位差。

解：$I_{m1} = I_{m2} = 10\text{A}$

$$\psi_1 = 15°, \quad \psi_2 = -30°$$

若设电流 i_1 及 i_2 的角频率为 ω，则它们的瞬时值表达式分别为

$$i_1 = 10\sin(\omega t + 15°)(\text{A})$$
$$i_2 = 10\sin(\omega t - 30°)(\text{A})$$

相位差为

$$\varphi = \psi_1 - \psi_2 = 15° - (-30°) = 45°\ (i_1\ 超前于\ i_2\ 45°)$$

第二节　正弦量的相量表示法

通过前面的学习可知，正弦量可以用三角函数表示，也可以用波形图表示。但这两种表示方法在分析和计算交流电路时都很不方便。为了方便分析和计算正弦交流电路，可采用相量来表示正弦量的方法。因为在同频率的正弦交流电路中，正弦量实际只有两个要素，一是最大值，二是初相角。这与复数中模值和幅角的概念正好相对应。由于该方法与复数相关，所以先简单复习一下复数概念。

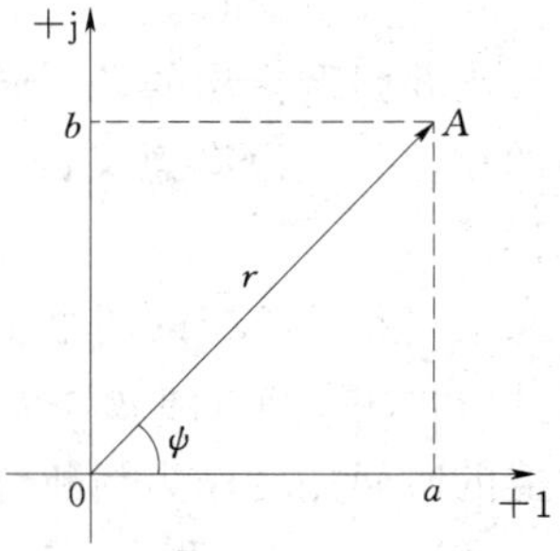

一、复数的概念及运算

设复平面中有一复数 A，其模为 r，辐角为 ψ（图 2-5），它可用代数式和三角函数式表示为：

$$A = a + jb = r\cos\psi + jr\sin\psi = r(\cos\psi + j\sin\psi) \quad (2-8)$$

由也可采用指数式：

$$A = re^{j\psi} \quad (2-9)$$

图 2-5　复数

或极坐标式：

$$A = r\angle\psi \quad (2-10)$$

式（2-8）和式（2-9）中的 j 是复数的虚数单位（字母 i 已经用来表示电流了），即 $j = \sqrt{-1}$，并由此得 $j^2 = -1$，$\dfrac{1}{j} = -j$。

因此，一个复数可用上述几种复数式来表示，它们可以互相转换。复数的加减运算可用代数式，复数的乘除运算可用指数式或极坐标式。

二、正弦量的相量表示

在分析线性电路时，正弦激励和响应均为同频率的正弦量，频率是已知的，可不必考虑。因此，一个正弦量由幅值（或有效值）和初相位就可确定。一个复数由模和辐角两个特征来确定。因此正弦量与复数之间存在着一一对应的映射关系，则正弦量可以用复数来表示，正弦量的运算可以借助复数的运算进行。为了与一般的复数区别，我们把表示正弦量的复数称为相量。复数的模对应正弦量的幅值或有效值，复数的辐角对应正弦量的初相位。把以正弦量的幅值为模的复数称为最大值相量，如 $\dot{I}_m$、$\dot{U}_m$、$\dot{E}_m$。把以正弦量有效值为模的复数称为有效值相量，简称相量，如 $\dot{I}$、$\dot{U}$、$\dot{E}$。显然，最大值相量等于有效值相量乘以 $\sqrt{2}$。一般所说的相量即指有效值相量。

正弦量的相量书写规定为：在大写字母上打"·"。于是表示正弦电压 $u=U_m\sin(\omega t+\psi)$ 的相量式为

$$\dot{U}=Ue^{j\psi}=U\angle\psi \qquad (2-11)$$

注意，相量只是表示正弦量，而不是等于正弦量。正弦量是时间的实函数，具有明确的物理意义，相量则是一种复数形式。正弦量的相量形式仅是分析交流电路中各电量关系的一种符号。在进行正弦量运算时，首先应把正弦量用复数表示成相量，然后根据复数运算（相量运算）所得的相量结果，再对应的写出正弦量。

按照各个正弦量的大小和相位关系画出的若干个相量的图形，称为相量图。我们规定：相量与实轴的正方向之间的夹角为初相角，该相量逆时针旋转时夹角为正，顺时针旋转时夹角为负。在相量图上能形象地看出各个正弦量的大小和相互间的相位关系。

只有正弦周期量才能用相量表示，相量不能表示非正弦周期量。只有同频率的正弦量才能画在同一相量图上，不同频率的正弦量不能画在一个相量图上，否则就无法比较和计算。

由上可知，表示正弦量的相量有两种形式：相量图和复数式（相量式）。

【例 2-3】 已知 $i_1=10\sin(314t-30°)$A，$i_2=-8\sin(314t+60°)$A，$i_3=5\cos(314t+30°)$A，试用相量表示法表示各正弦电流，并作相量图 2-6。

解： 首先将瞬时值表达式化成标准形式：

$$i_2=-8\sin(314t+60°)=8\sin(314t-120°)\text{A}$$
$$i_3=5\cos(314t+30°)=5\sin(314t+120°)\text{A}$$

则 $\dot{I}_1=\dfrac{10}{\sqrt{2}}\angle-30°$A，$\dot{I}_2=\dfrac{8}{\sqrt{2}}\angle-120°$A，$\dot{I}_3=\dfrac{5}{\sqrt{2}}\angle120°$A

【例 2-4】 已知 $u_1=311\sin314t$V，$u_2=100\sqrt{2}\sin(314t+60°)$V，试用相量法求两正弦量之和。

解：
$$\dot{U}_1=\dfrac{311}{\sqrt{2}}\angle0°\text{V}, \quad \dot{U}_2=\dfrac{100\sqrt{2}}{\sqrt{2}}\angle60°\text{V}$$

$$\dot{U}=\dot{U}_1+\dot{U}_2=220\angle0°+100\angle60°=220+100(\cos60°+j\sin60°)$$

$$= 220 + \left(\frac{1}{2} + j\frac{\sqrt{3}}{2}\right)$$

$$= 270 + j50\sqrt{3} = 283.5\angle 17.8°\text{V}$$

则 $u = u_1 + u_2 = 283.5\sqrt{2}\sin(314t + 17.8°)\text{V}$

三、基尔霍夫定律的相量形式

基尔霍夫定律不仅适用于直流电路，对任意电路都适用。在正弦交流电路里，KCL 和 KVL 这两个定律在具体形式为

$$\sum i = 0$$

$$\sum u = 0$$

如果用相量形式表示，可得

$$\sum \dot{I} = 0 \tag{2-12}$$

$$\sum \dot{U} = 0 \tag{2-13}$$

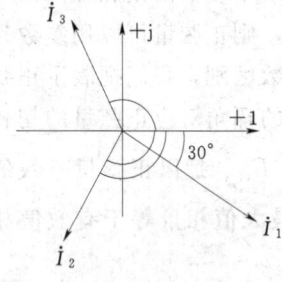

图 2-6 [例 2-3] 相量图

上面两式说明，在正弦交流电路中，任一节点处各电流的相量和等于零，任一回路中各电压的相量和等于零。这就是相量形式的基尔霍夫定律。需要注意的是，这是相量的代数和，而不是数值的代数和。

第三节　单一参数的交流电路

分析各种正弦交流电路，不外乎要确定电路中电压与电流之间的关系（大小和相位），并讨论电路中能量的转换和功率问题。通常实际器件中的电阻、电感和电容参数会不同程度地同时对电路产生影响，但这种影响往往有主次之分。当电路或元器件中仅有一个参数对电路起主要作用，而其他两个参数的影响可以忽略不计时，就可以把这种元件看作只具有一种参数的理想元件，与之相应的电路称为单一参数的电路，它们是交流电路中最简单的电路，也是分析复杂交流电路的基础。下面分别讨论。

一、电阻电路

1. 电压与电流的关系

如图 2-7（a）所示为一电阻元件的交流电路，由于元件为线性元件，故电路中电压和电流在图示正方向下服从欧姆定律，即

$$u = iR$$

为了分析方便，假设电流 i 的初相等于零，则

$$i = I_m \sin\omega t$$

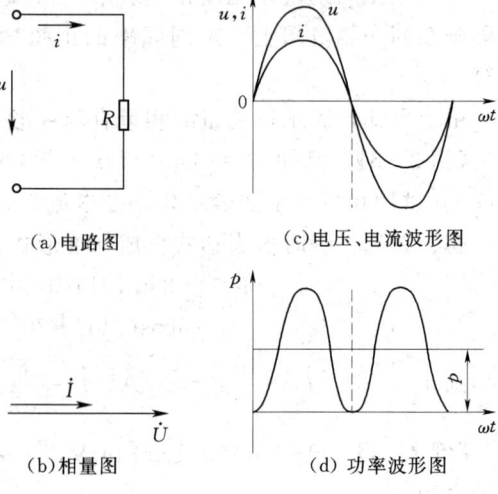

图 2-7　交流电阻电路

并以此为参考相量，故
$$u = iR = I_m R\sin\omega t = U_m \sin\omega t \quad (2-14)$$

式（2-14）说明，电阻元件上的电压也按正弦规律变化，它的最大值与电流的最大值成正比，频率和初相角均与电流相同，其波形见图2-7（c）。

对于正弦交流电路中的电阻电路（又称纯电阻电路），一般结论如下：

(1) 电压、电流均为同频率的正弦量。
(2) 电压与电流初相位相同，即两者同相。
(3) 电压与电流的有效值成正比，即
$$U_m = I_m R$$
$$U = IR$$

上述结论，可用相量形式表示为
$$\dot{U} = \dot{I} R \quad (2-15)$$

式（2-15）实质是电阻元件欧姆定律的相量形式，电压、电流的相量图见图2-7（b）。

2. 功率关系

在任一瞬间，电压的瞬时值 u 与电流瞬时值 i 的乘积，称为瞬时功率，用小写字母 p 表示，即
$$p = p_R = ui = \sqrt{2}U\sqrt{2}I\sin^2\omega t = UI(1-\cos2\omega t) \quad (2-16)$$

由上式可知，瞬时功率由两部分组成，第一部分是常量 UI，第二部分是幅值为 UI，并以角频率为 2ω 随时间而变化的交变量 $UI\cos2\omega t$。p 随时间而变化的波形见图2-7（d）。

在电阻交流电路中，由于 u 与 i 是同相位的，所以瞬时功率总是正的，这表明具有电阻元件的交流电路总是从电源取用电能，它在一个周期内取用的电能为
$$W = \int_0^T p\,dt$$

这相当于在图2-7（d）中，功率波形与横轴所包围的那块面积。

通常衡量元件消耗的功率，可取瞬时功率在一个周期内的平均值，称为平均功率或有功功率，用大写字母 P 来表示。那么在电阻元件上消耗的平均功率为
$$P = \frac{1}{T}\int_0^T p\,dt = \frac{1}{T}\int_0^T UI(1-\cos2\omega t)\,dt$$
$$= UI = I^2 R = \frac{U^2}{R} \quad (2-17)$$

可见有功功率不随时间变化，这与直流电路中计算电阻元件的功率在形式上是一样的。但上式中的 U 和 I 均表示正弦电压、电流的有效值。

【例2-5】 一个电阻接在 $\dot{U} = 220\angle 0°$ V 电源上，消耗的功率是200W，求电流 $\dot{I}$ 和电阻值 R。

解：由 $P = \dfrac{U^2}{R} = \dfrac{220^2}{R} = 200(W)$ 得

$$R = 242\,\Omega$$

$$\dot{I} = \frac{\dot{U}}{R} = \frac{220\angle 0°}{242} \approx 0.91\angle 0°\,(\text{A})$$

二、电感电路

1. 电压与电流的关系

图 2-8 所示的电路中，线性电感元件中的自感电动势为

$$e = -L\frac{\mathrm{d}i}{\mathrm{d}t}$$

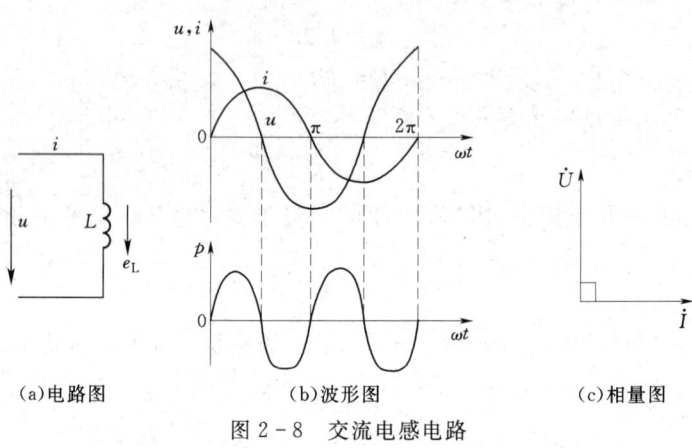

(a)电路图　　　　　(b)波形图　　　　　(c)相量图

图 2-8　交流电感电路

设流入的交流电流为

$$i = I_\mathrm{m}\sin\omega t$$

根据 KVL 得

$$u = -e_\mathrm{L} = L\frac{\mathrm{d}i}{\mathrm{d}t} = L\frac{\mathrm{d}I_\mathrm{m}\sin\omega t}{\mathrm{d}t} = I_\mathrm{m}\omega L\cos\omega t = U_\mathrm{m}\sin\left(\omega t + \frac{\pi}{2}\right) \tag{2-18}$$

式（2-17）说明，电感电压也是正弦量，且与电流同频率，但在相位上电压超前于电流 90°，在大小关系上

$$U_\mathrm{m} = I_\mathrm{m}\omega L,\quad U = I\omega L$$

由上式可知，当 ω 一定时，电感两端的电压有效值正比于电流。当 $\omega = 0$ 时，电感电压恒为零，即电感元件在直流电路中相当于短路。当 ω 趋于 ∞ 时，电感元件的作用相当于开路元件。

由上述讨论，可得出关于电感元件的一般结论：

(1) 电感元件中的电压和电流均为同频率的正弦量。

(2) 电感元件的电压超前于电流 90°，波形见图 2-8 (b)。

(3) 电压与电流的有效值关系为

$$I = \frac{U}{\omega L}$$

令

$$X_\mathrm{L} = \omega L = 2\pi f L$$

则

$$I = \frac{U}{X_\mathrm{L}} \tag{2-19}$$

从上式可知，电压一定时，X_L 越大，电流越小。可见 X_L 具有阻碍电流的性质，所以称 X_L 为电感电抗，简称感抗。

当 ω 的单位用弧度/秒（rad/s），L 的单位用亨利（H）（简称亨）时，X_L 的单位为欧姆（Ω）（简称欧）。

感抗 X_L 与电感 L、频率 f 成正比，这是因为线圈的电感越大，或通过线圈的电流频率越高，则线圈中的自感电动势也就越大。由于自感电动势对电流起阻碍作用，该作用通过 X_L 来体现。

若用相量形式来表示，则

$$\dot{U} = jX_L \dot{I} \qquad (2-20)$$

或

$$\dot{I} = -j\frac{\dot{U}}{X_L}$$

电感电路的相量图见图 2-8（c），或式（2-20）中的 jX_L 可视为电感参数的复数形式，该式说明了电压电流的有效值之比等于感抗，同时也说明了电压超前于电流 90°的相位关系。

需要注意的是：$\frac{u}{i} \neq X_L$，因为 u 与 i 的瞬时值关系并非线性关系，而是导数关系。

$\dot{U} \neq \dot{I} X_L$，因为 $\dot{U}$ 与 $\dot{I}$ 并非同相，而电压超前于电流 90°。

2. 功率关系

电感交流电路中的瞬时功率关系为

$$p = ui = I_m \sin\omega t \, U_m \sin\left(\omega t + \frac{\pi}{2}\right) = U_m I_m \cos\omega t \sin\omega t$$

$$= \frac{U_m I_m}{2}\sin 2\omega t = UI\sin 2\omega t \qquad (2-21)$$

可见，电感电路中的瞬时功率是幅值为 UI 的 2 倍于电流、电压频率的正弦函数，其波形见图 2-8（b）。电感电路中的瞬时功率正负交替变化的原因是电感线圈是一个储能元件，当电流增加时，线圈中磁场能量增加（磁场能量的表达式为 $W_L = \frac{1}{2}Li^2$），它从电源取用能量，其功率为正。当电流减小时，线圈中磁场能量也减小，由于电路中没有耗能元件，磁场释放的能量全部回送给电源，故 p 为负。也就是说虽然电路中有电压，也有电流，但从一周的整体效果上来看，它既不消耗电能，也不输出电能。这一点可以从平均功率得到验证。

$$P = \frac{1}{T}\int_0^T p\,dt = \frac{1}{T}\int_0^T UI\sin 2\omega t\,dt = 0$$

上式说明，在电感元件的交流电路中，没有任何能量消耗，只有电源与电感元件之间的能量交换，其能量交换的规模用无功功率 Q 来衡量，它的大小等于瞬时功率的幅值，即

$$Q = UI = I^2 X_L = \frac{U^2}{X_L} \qquad (2-22)$$

无功功率的计量单位为乏（var）或千乏（kvar）。

需要注意的是，无功功率并非无用功率，例如后面我们要讨论的变压器、交流电机等电气设备需要依靠磁场传递能量，而其中电感性负载与电源之间的能量互换规模就得用无功功率来描述。

【例2-6】 今有一电感量$L=0.1H$的线圈，线圈电阻甚小，可以忽略不计。现将其接在220V、50Hz的正弦交流电源上，试求：

(1) 通过线圈中的电流和无功功率；

(2) 若电源电压不变，将频率变成1000Hz，重新计算线圈中的电流。

解： (1) $X_L = \omega L = 2\pi f L = 2\pi \times 50 \times 0.1 = 31.4(\Omega)$

$$I = \frac{U}{X_L} = \frac{220}{31.4} = 7(A)$$

设电源电压为参考相量，且电压电流为关联正方向，则

$$\dot{I} = 7\angle-90°A$$

则

$$i = 7\sqrt{2}\sin(314t - 90°)A$$

$$Q = U I = 220 \times 7 = 1540(\text{var})$$

(2) 当$f=1000Hz$时，则

$$X_L = \omega L = 2\pi f L = 628\Omega$$

$$I = \frac{U}{X_L} = \frac{220}{628} = 0.35A$$

$$i = 0.35\sqrt{2}\sin(6280t - 90°)A$$

可见同一个电感线圈，对低频限流作用较小，而对高频限流作用较大。

三、电容电路

1. 电压与电流的关系

线性电容元件在如图2-9(a)所示的联正方向的条件下

$$i = C\frac{du}{dt}$$

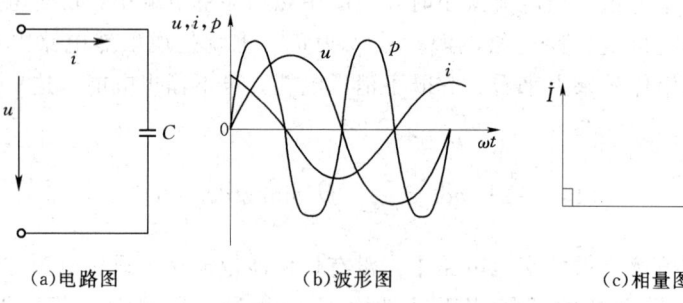

(a)电路图　　　(b)波形图　　　(c)相量图

图2-9　交流电容电路

假定$u = U_m \sin\omega t$，则

$$i = C\frac{du}{dt} = C\frac{dU_m\sin(\omega t)}{dt} = U_m\omega C\cos(\omega t) = U_m\omega C\sin\left(\omega t + \frac{\pi}{2}\right) \qquad (2-23)$$

上式说明，电容两端加上正弦交流电压后，电容中的电流也是同频率的正弦量，但在相位上超前于电压 90°，或者说电压落后于电流 90°，对应的电压、电流波形见图 2-9 (b)。

根据式 (2-23) 令

$$I_m = U_m\omega C$$

或

$$I = U\omega C$$

令 $X_C = \dfrac{1}{\omega C}$，则

$$I = \frac{U}{X_C} \qquad (2-24)$$

X_C 称为容抗，它反比于通过电容元件的电流的频率和电容元件的电容量。当 ω 的单位用弧度/秒 (rad/s)，电容 C 的单位用法拉 (F)（简称法）时，X_C 的单位用欧姆 (Ω)。

当电容元件加上直流电压时（$\omega = 0$）时，电容电流恒为零，相当于开路元件，也就是说电容元件有隔断直流电的作用。当电容元件被施加一定频率的交流电压时，由于电压的变化，电容极板上的电荷也发生增减，电荷的增减使得电容中有交变的电流流过，ω 越高，电容极板上的电荷变化也就越快，电流也就越大，当 ω 趋于 ∞ 时，电容元件可用短路元件来替代。

据此可得出关于电容元件电压与电流关系的一般结论：

(1) 电容元件两端的电压及流过电容中的电流均为同频率的正弦量。

(2) 电容元件上电压滞后于电流 90°的相位角。

(3) 电压与电流的有效值关系为

$$I = \frac{U}{X_C}$$

电容元件上电压电流关系的相量形式为

$$\dot{I} = j\frac{1}{X_C}\dot{U}$$

或

$$\dot{U} = -jX_C\dot{I} \qquad (2-25)$$

相量图如图 2-9 (c) 所示。

式 (2-25) 中 ($-jX_C$) 可以看作电容参数的复数形式。

2. 功率关系

电容元件交流电路的瞬时功率为

$$p = ui = U_m\sin(\omega t)I_m\sin\left(\omega t + \frac{\pi}{2}\right) = U_mI_m\sin(\omega t)\cos(\omega t) = UI\sin(2\omega t)$$

可见电容元件中的瞬时功率是幅值为 UI、以 2ω 为角频率随时间而变化的交变量。这是因为电容是一个储能元件，当电容电压增高时，电容中的电场能量（$W_C = \dfrac{1}{2}Cu^2$）将增加；它将从电源获取电能，则 $p > 0$；当电容电压降低时，电容中电场能量减小，而将剩

余的能量送回给电源,则 $p<0$。其能量变化的波形见图 2-9 (b)。

电容元件在交流电路中的平均功率为

$$P = \frac{1}{T}\int_0^T p\,dt = \frac{1}{T}\int_0^T UI\sin2(\omega t)\,dt = 0$$

与电感元件一样,电容元件也不消耗任何能量,在电容元件与电源之间只有能量变换,其互换的规模与电感电路一样,用无功功率 Q 来表示,该值等于瞬时功率的幅值,即

$$Q = UI = I^2 X_C = \frac{U^2}{X_C} \tag{2-26}$$

【例 2-7】 一只容量为 $15\mu F$ 电容器,将其接在有效值为 220V、50Hz 的正弦电压上,试求:

(1) 电容中流过的电流和无功功率;
(2) 当电源电压不变,将频率变为 1000Hz 时,重求电容中的电流。

解:(1) $X_C = \dfrac{1}{\omega C} = \dfrac{1}{314\times 15\times 10^{-6}} = 212(\Omega)$

$$I = \frac{U}{X_C} = \frac{220}{212} = 1.03(A)$$

以电压为参考相量,则

$$i = 1.03\sqrt{2}\sin(314t+90°)\,A$$

$$Q_C = UI = 220\times 1.03 = 226.6(\text{var})$$

(2) $f = 1000\text{Hz}$

$$X_C = \frac{1}{\omega C} = \frac{1}{2\pi\times 1000\times 15\times 10^{-6}} = 10.6(\Omega)$$

$$I = \frac{U}{X_C} = \frac{220}{10.6} = 20.75(A)$$

所以

$$i = 20.75\sqrt{2}\sin(6280t+90°)\,A$$

可见,当电压一定时,频率升高,容抗就变小,电流增大。

为了同电感元件电路的无功功率相比较,同样设通入电容元件的电流为

$$i = I_m\sin\omega t$$

则

$$u = U_m\sin(\omega t - 90°)$$

于是得出瞬时功率

$$p = p_C = ui = -UI\sin2(\omega t)$$

由此可见,电容元件电路的无功功率为

$$Q = -UI = -I^2 X_C = -\frac{U^2}{X_C}$$

即电容性无功功率取负值,而电感性无功功率取正值,以资区别。

电阻、电容、电感在正弦交流电流电路中的作用和性质见表2-1。

表2-1　　　　　　　　R、L和C元件在正弦交流电路中的作用和性质

电路元件		电阻R	电感L	电容C
物理性质		电磁能转化为热能	表明磁场存在	表明电场存在
特征方程		$u_R - i_R$	$u_L - L\dfrac{di_L}{dt}$	$i_C - C\dfrac{du_C}{dt}$
电压与电流的关系	数量关系	$U_R = I_R$	$U_L = I_L$ $X_L = \omega L = 2\pi f L$	$U_C = I_C$ $X_C = \dfrac{1}{\omega C} = \dfrac{1}{2\pi f C}$
	相位关系	$\dot{U}_R$ 与 $\dot{I}_R$ 同相	$\dot{U}_L$ 超前于 $\dot{I}_R 90°$	$\dot{U}_C$ 滞后于 $\dot{I}_C 90°$
	相量图	→$\dot{I}_R$ →$\dot{U}_R$	↑$\dot{U}_L$ →$\dot{I}_L$	↑$\dot{I}_C$ →$\dot{U}_C$
功率关系	有功功率	$P = U_R I_R = I_R^2 = \dfrac{U_R^2}{R}$	0	0
	无功功率	0	$Q = I_R^2 X_L$	$Q = I_C^2 X_C$
能量转换特点		R为耗能元件，将电能转化为热能	L为储能（磁场能）元件，和电源只有能量交换，不消耗功率	C为储能（电场能）元件，和电源只有能量交换，不消耗功率
在不同电源频率作用下的特点		一般可以说R与频率无关	$X_L = \omega L$ 与频率成正比，有"直流无阻、高频难通"的特点	$X_C = \dfrac{1}{\omega C}$ 与频率成反比，有"隔断直流、流通交流"的特点

第四节　串联交流电路

在实际电路中经常有多种元件，而几种元件的串联形式是最简单，也是最基本的电路模型。本节将在单一参数交流电路的基础上，进一步讨论RLC串联交流电路中各电量之间的相量关系以及分析方法。

一、复阻抗及其串并联化简

1. 复阻抗

在图2-10的RLC串联电路中，由上节所述可知

$$\dot{U}_R = \dot{I} R$$
$$\dot{U}_L = jX_L \dot{I}$$
$$\dot{U}_C = -jX_C \dot{I}$$

根据基尔霍夫电压定律的相量形式，即式

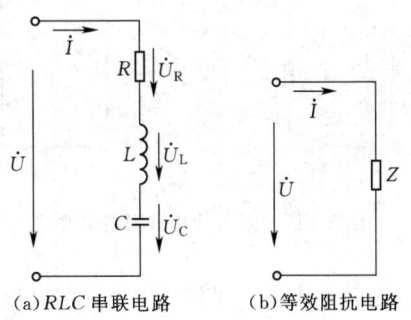

(a) RLC串联电路　　(b) 等效阻抗电路

图2-10　RLC串联电路及等效阻抗电路

(2-13)，得

$$\dot{U}=\dot{U}_R+\dot{U}_L+\dot{U}_C=\dot{I}R+\dot{I}jX_L+\dot{I}(-jX_C)$$
$$=\dot{I}[R+j(X_L-X_C)]=\dot{I}(R+jX)$$
$$=\dot{I}Z \qquad (2-27)$$

式中：$X=(X_L-X_C)=\left(\omega L-\dfrac{1}{\omega C}\right)$ 为电抗，Ω；$Z=R+j(X_L-X_C)=R+jX$ 为电路的复阻抗，简称阻抗，Ω，它的实部表示串联电路的电阻，虚部表示串联电路的电抗。

复阻抗 Z 只是联系电压相量和电流相量的复参数，而其本身并不是表示正弦量，也不是相量，所以采用不加点的 Z 来表示。它的电路符号如图 2-10（b）所示。

既然 Z 是个复数，故可以写作

$$Z=R+jX=|Z|(\cos\varphi+j\sin\varphi)=|Z|\angle\varphi=|Z|e^{j\varphi} \qquad (2-28)$$

其中 $|Z|=\sqrt{R^2+X^2}$ 为复阻抗 Z 的模值，称为阻抗模；$\varphi=\arctan\dfrac{X}{R}$ 即电路的阻抗角。由阻抗模的表达式可以看出，$|Z|$、R 和 X 三者之间成直角三角形关系，如图 2-13 所示。

由式（2-27）可以得出，$\dot{U}=\dot{I}Z$ 的形式与欧姆定律的形式很相像，它反映了交流电路中电压相量与电流相量之间的关系，故称为广义欧姆定律。因此阻抗 Z 还可以通过下式表示：

$$Z=\dfrac{\dot{U}}{\dot{I}}=\dfrac{U\angle\psi_u}{I\angle\psi_i}=\dfrac{U}{I}\angle\psi_u-\psi_i=|Z|\angle\varphi \qquad (2-29)$$

则阻抗模和阻抗角可以如下表示：

$$|Z|=\dfrac{U}{I} \quad \varphi=\psi_u-\psi_i$$

通过式（2-27）和式（2-29）可以得出这样的结论：阻抗角就是该阻抗的电压和电流之间的夹角。能反映出电压和电流之间的关系。并且通过阻抗角可以看出电路的性质。

当 $X_L>X_C$ 时，即 $X>0$，$\varphi>0$ 时，电路中电压超前于电流 φ 角度，电路呈电感性。

当 $X_L<X_C$ 时，即 $X<0$，$\varphi<0$ 时，电路中电压滞后于电流 φ 角度，电路呈电容性。

当 $X_L=X_C$ 时，即 $X=0$，$\varphi=0$ 时，电路中电压与电流同相，电路呈电阻性。

2. 复阻抗的串联化简

图 2-11（a）是两个复阻抗 Z_1、Z_2 串联的电路，直接写出 KVL 的相量形式：

$$\dot{U}=\dot{U}_1+\dot{U}_2=\dot{I}Z_1+\dot{I}Z_2=\dot{I}(Z_1+Z_2)$$

根据等效的概念，可把两个串联复阻抗等效为阻抗 Z 来表示，见图 2-11（b）。从中不难得出

$$\dot{U}=\dot{I}Z$$

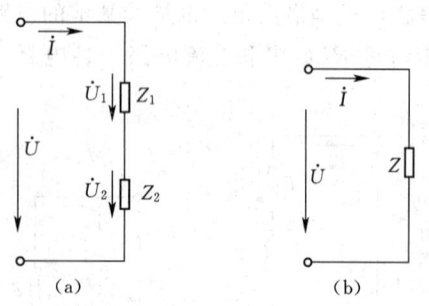

图 2-11 阻抗的串联及等效电路

$$Z=Z_1+Z_2$$

也就是说，交流串联电路中的等效复阻抗等于各个复阻抗之和，是将其实部（电阻）和虚部（电抗）分别相加减而得到的，并非阻抗的模值之和。

若把这个结论推广到有 n 个复阻抗相串联的情况，则有

$$Z=\sum_{k=1}^{n}Z_k=\sum_{k=1}^{n}R_k+\mathrm{j}\sum_{k=1}^{n}X_k-|Z|\angle\varphi \quad (2-30)$$

$$|Z|=\sqrt{(\sum R_k)^2+(\sum X_k)^2}$$

$$\varphi=\arctan\frac{\sum X_k}{\sum R_k}$$

3. 复阻抗的并联化简

图 2-12（a）是两个复阻抗 Z_1、Z_2 并联的电路，可直接对节点列 KCL 的相量形式：

$$\dot{I}=\dot{I}_1+\dot{I}_2=\frac{\dot{U}}{Z_1}+\frac{\dot{U}}{Z_2}=\dot{U}\left(\frac{1}{Z_1}+\frac{1}{Z_2}\right)$$

同样，两个并联的复阻抗，也可用一个等效复阻抗 Z 来表示，如图 2-12（b）所示。从中可见

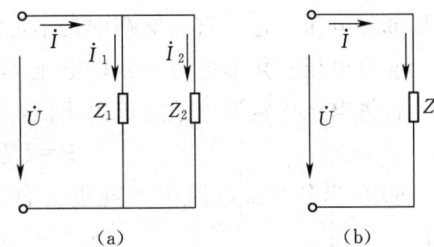

图 2-12 阻抗的并联及等效电路

$$\dot{I}=\frac{\dot{U}}{Z}$$

$$\frac{1}{Z}=\frac{1}{Z_1}+\frac{1}{Z_2}$$

$$Z=\frac{Z_1Z_2}{Z_1+Z_2}$$

同样可推广到 n 个复阻抗并联的一般情况：

$$\frac{1}{Z}=\sum\frac{1}{Z_k} \quad (2-31)$$

二、RLC 串联电路各电物理量之间的关系

由上所述可知，在 RLC 串联电路中，R、L、C 可以看作三个阻抗元件相互串联，即 $Z_1=R$、$Z_2=\mathrm{j}X_L$、$Z_3=-\mathrm{j}X_C$，而 Z 可以看作串联电路的等效复阻抗：

$$Z=Z_1+Z_2+Z_3=\sum R+\mathrm{j}\sum X$$

式中：R 为等效电阻；X 为等效电抗，若感抗取正号，则容抗取负号。

如果以电流为参考相量（$\dot{I}=I\angle 0°$），假定 $X_L>X_C$，则各电物理量之间的相量关系如图 2-13（a）所示。图中，$\dot{U}_R$、($\dot{U}_L+\dot{U}_C$) 和 $\dot{U}$ 正好组成一个直角三角形。这一三角形称为电压三角形，如图 2-13（b）所示。根据几何关系，可得

$$U=\sqrt{U_R^2+(U_L-U_C)^2}=\sqrt{U_R^2+U_X^2}=\sqrt{(IR)^2+(IX_L-IX_C)^2}$$
$$=I\sqrt{R^2+X^2}=I|Z| \quad (2-32)$$

由相量图可以看出，由于总电压是各部分电压的相量和而不是代数和，因此，当电路中同时接有电容和电感时，总电压的有效值可能小于电容或电感电压的有效值，总电压小

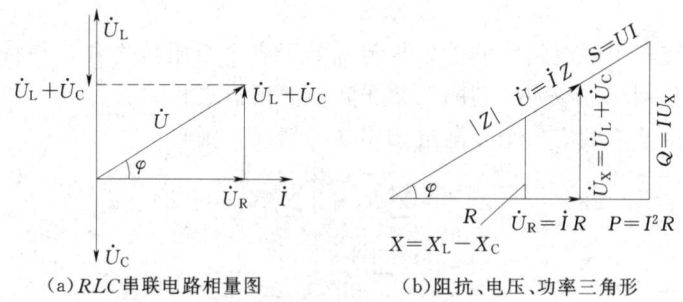

(a)RLC串联电路相量图　　(b)阻抗、电压、功率三角形

图 2-13　RLC 串联电路中各量的关系

于某部分电压,这在直流电路中是不可能出现的。

若将电压三角形各边同除以电流 I,即可得阻抗三角形,见图 2-13(b)。

若将电压三角形每条边扩大 I 倍,则得

$$P=UI\cos\varphi, \quad Q=UI\sin\varphi$$

RLC 串联交流电路中因耗能元件只有电阻,其 $P=U_RI=I^2R$,根据电压三角形,可得

$$P=I^2R=UI\cos\varphi$$

电感元件与电容元件只存在无功功率 Q,其中 $Q=I^2X_L$,$Q=I^2X_C$,考虑到 $\dot{U}_L$ 与 $\dot{U}_C$ 方向相反,得到

$$Q=(U_L-U_C)I=I^2(X_L-X_C)=UI\sin\varphi$$

斜边 UI 在交流电路中表示视在功率 S,即

$$S=UI=I^2|Z| \tag{2-33}$$

视在功率的单位是伏安(VA)或千伏安(kVA)。

许多交流电气设备,如交流发电机、变压器的容量就是以额定电压和额定电流的乘积,即用所谓的额定视在功率来表示的,记作

$$S_N=U_NI_N$$

这样 S、P、Q 也组成一个三角形,称为功率三角形,如图 2-13(b) 所示。

在串联交流电路的分析和计算中,借助于电压、阻抗和功率三角形,可以十分直观地看出各电压、阻抗及功率之间的关系。

从这个三角形中,不难得出电源电压 $\dot{U}$ 与电流 $\dot{I}$ 之间的相位差,即

$$\varphi=\arctan\frac{U_L-U_C}{U_R}=\arctan\frac{X_L-X_C}{X_R}=\arctan\frac{Q}{P}$$

φ 称为复阻抗的幅角或称为电路的阻抗角,它仅决定于电路参数和频率,与电压、电流无关。同时从三角形中还可看到

$$U_R=U\cos\varphi$$
$$U_X=U\sin\varphi$$
$$R=|Z|\cos\varphi, X=|Z|\sin\varphi$$
$$P=S\cos\varphi, Q=S\sin\varphi$$

$$S=\sqrt{P^2+Q^2}$$

上述表达式在今后会经常用到。

需要注意的是:电压三角形、阻抗三角形、功率三角形虽是相似三角形,但各自代表的意义有着原则的区别。电压三角形各边代表相量,它实质是以相量图的形式来表示正弦量。而阻抗三角形、功率三角形各边只是线段,不带箭头,不是相量,它只反映出电路中的数值关系。

【例 2-8】 一个电容器与线圈串联组成的电路中,外接电源电压为 $u=100\sin(5000t)$ V。电容器的电容量 $C=10\mu F$,线圈的电阻 $R=30\Omega$,电感 $L=12mH$。求电路中电流及各元件两端电压的瞬时表达式,并作出相量图。

解: 由给出条件,首先建立相量模型,如图 2-14(a)所示。

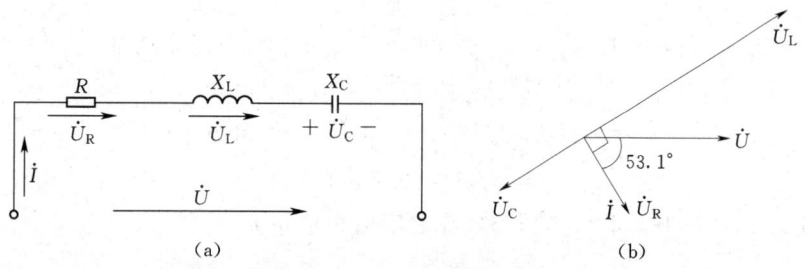

图 2-14 [例 2-8] 的电路图

(1) 已知
$$\dot{U}=\frac{100\angle 0°}{\sqrt{2}}V$$
$$X_L=\omega L=5000\times 12\times 10^{-3}=60(\Omega)$$
$$X_C=\frac{1}{\omega C}=\frac{1}{5000\times 10\times 10^{-6}}=20(\Omega)$$

(2) 复阻抗 $Z=R+j(X_L-X_C)=30+j(60-20)=30+j40=50\angle 53.1°(\Omega)$

$$\dot{I}=\frac{\dot{U}}{Z}=\frac{100\angle 0°}{\sqrt{2}50\angle 53.1°}=\sqrt{2}\angle -53.1°(A)$$

$$\dot{U}_R=\dot{I}R=30\sqrt{2}\angle -53.1°V$$

$$\dot{U}_L=j\dot{I}\omega L=\sqrt{2}\angle -53.1°\times 60j=60\sqrt{2}\angle 36.9°(V)$$

$$\dot{U}_C=\dot{I}\left(-j\frac{1}{\omega C}\right)=20\sqrt{2}\angle -143.1°V$$

(3)
$$i=2\sin(5000t-53.1°)A$$
$$u_R=60\sin(5000t-53.1°)V$$
$$u_L=120\sin(5000t+36.9°)V$$
$$u_C=40\sin(5000t-143.1°)V$$

从计算结果可以知道
$$U\neq U_L+U_R+U_C$$

(4) 作出相量图,如图 2-14(b)所示。

【例 2-9】 电路如图 2-15 所示，已知，$U_1=100\sqrt{2}$V，试求：

(1) 电压 u_1 与 i 之间的相位差。

(2) 电路的有功功率、无功功率、视在功率。

(3) 若 u_1 的频率升高时，输出电压 u_2 与 u_1 之间的相位差是增大还是减少？

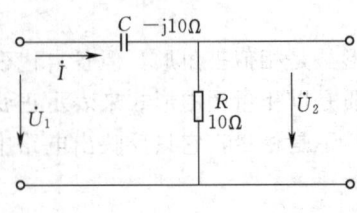

图 2-15　[例 2-9] 的电路图

解：(1)　$Z=R-j\dfrac{1}{\omega C}=10-j10=\sqrt{2}\angle -45°(\Omega)$

即 u_1 与 i 之间的相位差为 $-45°$，也就是说电路为电容性电路，电压滞后于电流 $45°$。

(2) 由于
$$\dot{I}=\dfrac{\dot{U}_1}{Z}=\dfrac{100\sqrt{2}\angle 0°}{10\sqrt{2}\angle -45°}=10\angle 45°\text{ (A)}$$

所以
$$P=U_1I\cos\varphi=100\sqrt{2}\times 10\times \cos(-45°)=1000\text{(W)}$$

或
$$P=I^2R=10^2\times 10=1000\text{(W)}$$

$$Q=U_1I\sin\varphi=U_1I\sin(-45°)=-1000\text{(var)}$$

$$S=U_1I=1000\sqrt{2}\text{(VA)}$$

(3) 当 u_1 的频率升高时，电压与电流之间的相位差为

$$\varphi=\arctan\dfrac{1}{\omega CR}$$

ω 增大时，φ 角减小，而电阻元件上电压 u_2 与电流 i 同相，所以当 u_1 频率升高时，u_1 与 u_2 之间的相位差要减小。

第五节　并联交流电路

一、RLC 并联交流电路的相量分析

图 2-16 中，R、L 和 C 组成并联电路，由于输入电压同时加在三个元件组成的三条支路上，所以选用电压为参考相量，即 $\dot{U}=U\angle 0°$V。

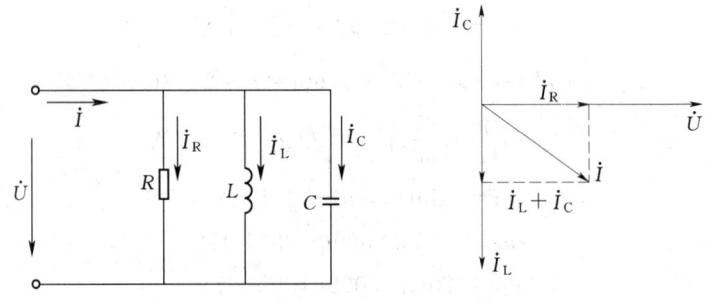

图 2-16　RLC 并联电路及电路的相量图

各支路电流为

$$\dot{I}_R=\dfrac{\dot{U}}{R},\quad \dot{I}_L=\dfrac{\dot{U}}{jX_L}=-j\dfrac{\dot{U}}{X_L},\quad \dot{I}_C=\dfrac{\dot{U}}{-jX_C}=j\dfrac{\dot{U}}{X_C}$$

根据基尔霍夫电流定律,有

$$\dot{I}=\dot{I}_R+\dot{I}_L+\dot{I}_C=\frac{\dot{U}}{R}-j\frac{\dot{U}}{X_L}+j\frac{\dot{U}}{X_C}=\dot{U}\left[\frac{1}{R}-j\left(\frac{1}{X_L}-\frac{1}{X_C}\right)\right] \quad (2-34)$$

若用有效值的形式来表示,则

$$I=\sqrt{I_R^2+(I_L-I_C)^2}=U\sqrt{\left(\frac{1}{R}\right)^2+\left(\frac{1}{X_L}-\frac{1}{X_C}\right)^2}$$

电压、电流的相位差为

$$\varphi=\arctan\frac{I_L-I_C}{I_R}=\arctan\frac{\frac{1}{X_L}-\frac{1}{X_C}}{\frac{1}{R}} \quad (2-35)$$

RLC 并联电路的相量图见图 2-16。且从式(2-35)可知:

当 $\frac{1}{X_L}>\frac{1}{X_C}$,$\varphi>0$,电压超前于电流,电路呈感性;

当 $\frac{1}{X_L}<\frac{1}{X_C}$,$\varphi>0$,电压滞后于电流,电路呈电容性;

当 $\frac{1}{X_L}=\frac{1}{X_C}$,$\varphi=0$,电压与电流同相。

二、复导纳

由复阻抗的倒数可以引出复导纳参数,用公式表示为

$$Y=\frac{1}{Z}=\frac{1}{R+jX}=\frac{R}{R^2+X^2}-j\frac{X}{R^2+X^2}=G-jB \quad (2-36)$$

在式(2-34)中,令

$$G=\frac{1}{R},\ B_L=\frac{1}{X_L}=\frac{1}{\omega L},\ B_C=\frac{1}{X_C}=\frac{1}{\omega C},\ B=B_L-B_C$$

则式(2-34)可写为

$$\dot{I}=\dot{U}[G-j(B_L-B_C)]=\dot{U}(G-jB)$$

则有

$$\dot{I}=\dot{U}Y \quad (2-37)$$

$$|Y|=\sqrt{G^2+B^2}=\sqrt{\left(\frac{1}{R}\right)^2+\left(\frac{1}{X_L}-\frac{1}{X_C}\right)^2}=\sqrt{G^2+(B_L-B_C)^2}$$

$$\varphi=\arctan\frac{B_L-B_C}{G}=\arctan\frac{B}{G}$$

式中:Y 为复导纳,S;$|Y|$ 为复导纳的模,S;G 为电导,S;B_L 为感纳,S;B_C 为容纳,S;B 为电纳,S。

式(2-37)也称广义的欧姆定律。

【例 2-10】 已知图 2-17(a)中,$U=15V$,$R=5\Omega$,$X_C=3\Omega$,求各支路电流及总电流并作相量图。

解: 以电压为参考相量,则

$$\dot{U}=15\angle0°V$$

$$\dot{I} = \dot{U}G = \dot{U}\frac{1}{R} = 15 \times \frac{1}{5} = 3(\text{A})$$

$$\dot{I}_L = \dot{U}Y_L = \dot{U}(-jB_L) = \dot{U}\left(-j\frac{1}{X_L}\right) = 15 \times \left(-j\frac{1}{5}\right) = -j3 = 3\angle -90°(\text{A})$$

$$\dot{I}_C = \dot{U}Y_C = \dot{U}(jB_C) = \dot{U}\left(j\frac{1}{X_C}\right) = 15 \times \left(j\frac{1}{3}\right) = j5 = 5\angle 90°(\text{A})$$

$$\dot{I} = \dot{U}Y = \dot{U}(Y_R + Y_L + Y_C) = \dot{U}\left(\frac{1}{5} - j\frac{1}{5} + j\frac{1}{3}\right) = 3.61\angle 33.7°(\text{A})$$

各支路电流及总电流相量图见图 2-17 (b)。

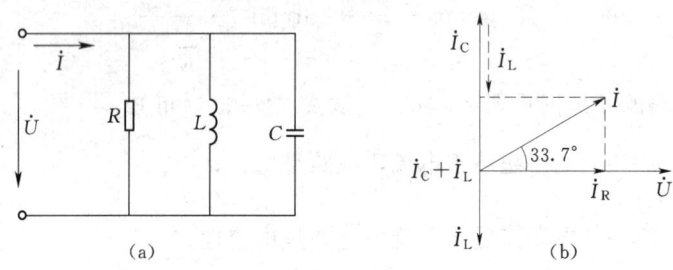

图 2-17 [例 2-10] 的电路图

第六节 电路的功率因数

在交流电路中，有功功率 $P=UI\cos\varphi$，式中 $\cos\varphi$ 为电路的功率因数。前面曾提到，功率因数仅取决于电路（负载）的参数，对电阻性负载（例如白炽灯、电阻炉等）来说，由于电压、电流同相，其功率因数为 1。除此之外，功率因数均介于 0 与 1 之间。在生产实际中，用电设备大多属于电感性负载。如电动机、电磁开关、感应炉、日光灯等，它们的功率因数比较低，交流异步电动机在轻载运行时，功率因数一般在 0.2～0.3 之间，在额定负载运行时，功率因数也只有 0.8 左右。

当电压与电流之间有相位差时，即功率因数不等于 1 时，电路中发生能量互换，出现无功功率 $Q=UI\sin\varphi$。这样就引起下面两个问题：①使发电设备的容量不能充分利用；②输电线路效率降低。

发电机（或变压器）有一定的额定容量，如 $S_N = U_N I_N$，发电机的电压和电流不容许超过额定值，所以发电机（或变压器）可提供的有功功率为 $P=UI\cos\varphi$，负载的功率因数 $\cos\varphi$ 越高，发电机可提供的有功功率越大，其容量就可以得到充分利用。如果 $\cos\varphi$ 很低，发电机发出的有功功率就很小，其容量就不能充分发挥。因为无功功率会增大，电路中能量互换的规模增大，即在发电机与负载之间进行互换。例如对于 100kVA 的发电机，当 $\cos\varphi=0.9$ 时，能发出 900kW 的有功功率；而当 $\cos\varphi=0.6$ 时，则只能发出 600kW 的有功功率。

当发电机的输出电压和有功功率一定时，$I = \dfrac{P}{U\cos\varphi}$，即发电机通过输电线路向负载提供的电流 I 与功率因数 $\cos\varphi$ 成反比，而发电机绕组和线路中的功率损耗为

$$\Delta P = I^2 R_L = \left(\frac{P}{U\cos\varphi}\right)^2 R_L = \left(\frac{P^2}{U^2}R_L\right)\frac{1}{\cos\varphi^2}$$

式中：R_L 为线路电阻和发电机绕组电阻的等效电阻。

显然，功率因数 $\cos\varphi$ 越大，所损耗的功率也就越小，输电效率也就越高。

从上述讨论可见，提高线路的功率因数既能提高发电设备的利用率，又能减少电能在输送过程中的损耗。这是一项节约能源和提高电能质量的重要措施，对国民经济的发展有着极为重要的作用。故此，电业部门规定：高压供电的工业企业的平均功率因数不低于 0.95，其他单位不低于 0.9。对于功率因数低于 0.7 的用户，不予供电；新通或新建的电力用户的功率因数不应低于 0.9；对于功率因数不合要求的用户将增收无功功率电费。

提高功率因数的常用办法是在电感性负载的两端并联电容器，其电路图如图 2-18（a）所示，这种电容器称为补偿电容。其基本原理可以简单叙述如下：

并联电路的相量图如图 2-18（b）所示。并联电容器之前，感性网络中的电流 $\dot{I}_1$（也是线路上的电流）落后于电压 $\dot{U}$ φ_1 角度。如果将电容器并入感性网络后，线路上的电流不再是 $\dot{I}_1$，而是由感性网络电流 $\dot{I}_1$ 与电容器电流 $\dot{I}_C$ 的相量和，即 $\dot{I}=\dot{I}_1+\dot{I}_C$。而并联电容器以后，流入感性网络的电流 $I_1 = \dfrac{U}{|Z|} = \dfrac{U}{\sqrt{R^2+X_L^2}}$（$Z = R+jX_L$ 表示感性网络的负载）和功率因数 $\cos\varphi_1 = \dfrac{R}{|Z|} = \dfrac{R}{\sqrt{R^2+X_L^2}}$ 均未变化，这是因为所加电压和负载参数没有改变。从相量图看出，线路电流数值减小了，电源电压与线路电流间的相位差也减小到了 φ_2，从而整个网络的功率因数得到提高。

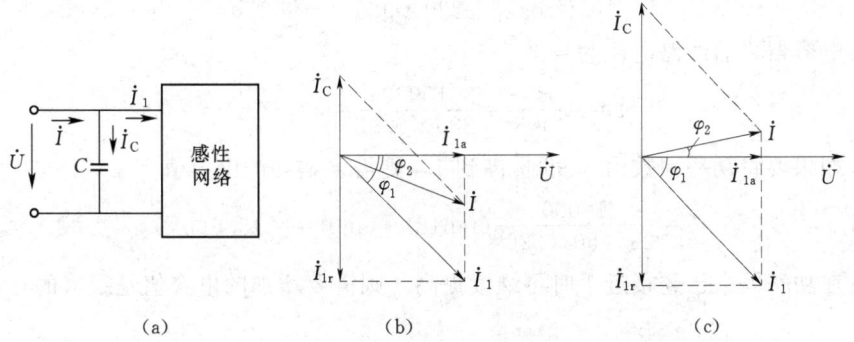

图 2-18 电容器与感性负载并联以提高功率因数

采用并联电容器提高功率因数需要注意以下几点：

（1）并联电容器以后，不影响原来负载的正常工作。所谓提高功率因数，是指提高电源或电网的功率因数，不是指提高负载的功率因数。

（2）电容器本身不消耗功率。

（3）并联电容器以后，提高了功率因数，减少了电源与负载之间的能量互换。这时电感性负载所需的无功功率，大部分或全部都是由电容器就地供给，就是说能量的互换现在主要或完全发生在电感性负载与电容器之间，因而使发电机容量能得到充分利用。

由相量图 2-18（b）可见

$$I_C = I_1\sin\varphi_1 - I\sin\varphi_2 = \frac{P}{U\cos\varphi_1}\sin\varphi_1 - \frac{P}{U\cos\varphi_2}\sin\varphi_2$$

$$= \frac{P}{U}(\tan\varphi_1 - \tan\varphi_2) = \frac{Q_C}{U} \tag{2-38}$$

式中：Q_C 为电容无功功率。

由于

$$I_C = \frac{U}{X_C} = U\omega C$$

$$U\omega C = \frac{P}{U}(\tan\varphi_1 - \tan\varphi_2)$$

故有

$$C = \frac{P}{U^2\omega}(\tan\varphi_1 - \tan\varphi_2) = \frac{Q_C}{U^2\omega} \tag{2-39}$$

【例 2-11】 有一电感性负载，其功率 $P=10\text{kW}$，功率因数 $\cos\varphi_1=0.6$，接在电压 $U=220\text{V}$ 的电源上，电源频率 $f=50\text{Hz}$。（1）如果将功率因数提高到 $\cos\varphi_2=0.95$，试求与负载并联的电容器的电容值和电容器并联前后的线路电流；（2）如果要将功率因数从 0.95 再提高到 1，试问并联电容器的电容值还需增加多少？

解：（1）$\cos\varphi_1=0.6$，即 $\varphi_1=53°$，$\cos\varphi_2=0.95$，即 $\varphi_2=18°$。

因此电容器的电容值为

$$C = \frac{10000}{2\pi\times50\times220^2}(\tan53° - \tan18°) = 656(\mu\text{F})$$

并联电容器之前线路电流为

$$I_1 = \frac{P}{U\cos\varphi_1} = \frac{10000}{220\times0.6} = 75.6(\text{A})$$

并联电容器之后线路电流为

$$I = \frac{P}{U\cos\varphi_2} = \frac{10000}{220\times0.95} = 47.8(\text{A})$$

（2）如果要将功率因数由 0.95 提高到 1，则需要增加的电容值为

$$C = \frac{10000}{2\pi\times50\times220^2}(\tan18° - \tan0°) = 213.6(\mu\text{F})$$

可见在功率因数已经接近 1 时再继续提高，则需要增加的电容值是很大的，成本会大大增加。

第七节 复杂正弦电路的分析与计算

在前面几节中，讨论了用相量表示法对简单的串、并联交流电路的分析与计算。在此基础上，进一步研究复杂交流电路的分析与计算。

一、相量图法

相量图法在正弦电路中常作为一种辅助的分析工具，依据 KCL、KVL 的相量形式，将电路中各个相量画在复平面内，借助于相量图中各电量的几何关系，求出待求量。

利用相量图法求解问题的关键是要正确画出各单一元件的电压、电流的相量图。一般

情况下，串联电路以电流作为参考相量，并联电路以电压作为参考相量。实际应用时还要结合已知条件适当选取参考相量。

【例 2-12】 在图 2-19 中 $I_1=I_2=10\text{A}$，$U=100\text{V}$，$\dot{U}$ 和 $\dot{I}$ 同相，求 I、R、X_C 和 X_L。

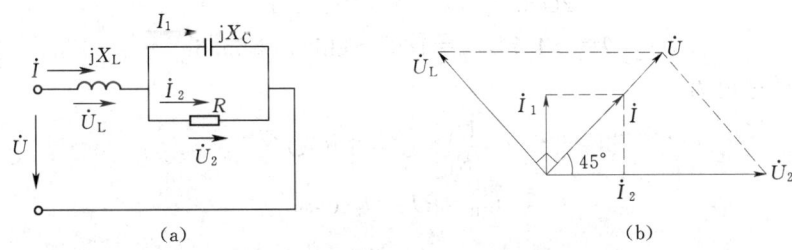

图 2-19 [例 2-12] 的电路图

解：以 $\dot{U}_R$ 为参考相量，作电路的相量图，如图 2-19（b）所示，由于 $\dot{I}_2$ 和 $\dot{U}_R$ 同相，$\dot{I}_1$ 超前 $\dot{U}_R$ 90°，故

$$\dot{I}=\dot{I}_1+\dot{I}_2=10\sqrt{2}\angle 45°\ (\text{A})$$

由已知条件得知，$\dot{U}$ 和 $\dot{I}$ 同相，而 $\dot{U}_L$ 超前于 $\dot{I}$ 90°，故

$$\dot{U}=\dot{U}_R+\dot{U}_L$$

$$I=14.1\text{A}$$

$$R=\frac{U_R}{I_2}=\frac{\sqrt{2}U}{I_2}=\frac{100\sqrt{2}}{10}=14.1(\Omega)$$

$$X_C=\frac{U_R}{I_1}=\frac{100\sqrt{2}}{10}=14.1(\Omega)$$

$$X_L=\frac{U_L}{I}=\frac{U}{I}=\frac{100}{10\sqrt{2}}=7.07(\Omega)$$

【例 2-13】 图 2-20 所示电路可以测量电感线圈的参数 R 和 L。已知三个电压表的读数分别为 $U=149\text{V}$，$U_1=50\text{V}$，$U_2=121\text{V}$，且 $R_1=5\Omega$，$f=50\text{Hz}$，试求电感的 R 和 L。

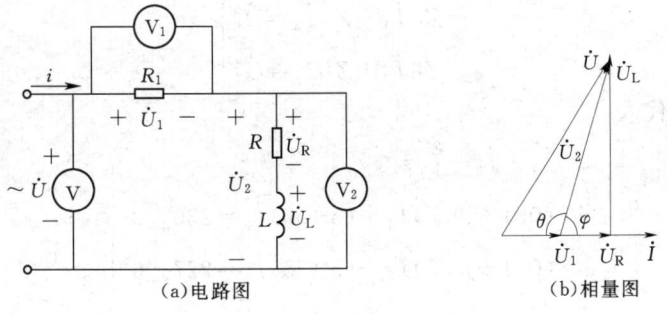

图 2-20 [例 2-13] 的电路图

解：设电路各部分以及各元件电压如图 2-20（a）所示，以 $\dot{I}$ 为参考相量，则电路相量图如图 2-20（b）所示，由相量图应用余弦定理计算：

$$U^2 = U_1^2 + U_2^2 - 2U_1U_2\cos\theta$$

$$\cos\theta = \frac{U_1^2 + U_2^2 - U^2}{2U_1U_2} = \frac{50^2 + 121^2 - 149^2}{2\times50\times121} = -0.418$$

$$\theta = 114.7°,\ \varphi = 180° - 114.7° = 65.3°$$

电路中的电流为

$$I = \frac{U_1}{R_1} = \frac{50}{5} = 10(\text{A})$$

因为

$$U_R = RI = U_2\cos\varphi$$

则

$$R = \frac{U_2\cos\varphi}{I} = \frac{121\cos65.3°}{10} = 5.06(\Omega)$$

$$X_L = \frac{U_2\sin\varphi}{I} = \frac{121\sin65.3°}{10} = 11(\Omega)$$

$$L = \frac{X_L}{2\pi f} = \frac{11}{314} = 0.035\text{H} = 35\text{mH}$$

二、应用定理、定律求解

在第一章中，学习了求解直流电路的基本定律、定理和计算方法，这些方法可以扩展到正弦交流电路中。其区别是：在正弦交流电路中，电路参数不是单一的电阻，而是复阻抗（复导纳）；电路方程式必须用相量形式。

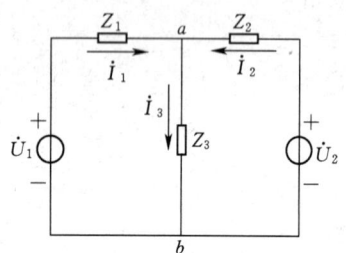

图 2-21 ［例 2-14］的电路图

【**例 2-14**】 在如图 2-21 所示电路中，已知 $\dot{U}_1 = 230\angle 0°\text{V}$，$\dot{U}_2 = 227\angle 0°\text{V}$，$Z_1 = (0.1+\text{j}0.5)\Omega$，$Z_2 = (0.1+\text{j}0.5)\Omega$，$Z_3 = (5+\text{j}5)\Omega$，试用支路电流法求解电流 $\dot{I}_3$。

解：应用基尔霍夫定律列写出下列相量方程式：

$$\left.\begin{array}{r}\dot{I}_1 + \dot{I}_2 - \dot{I}_3 = 0 \\ Z_1\dot{I}_1 + Z_3\dot{I}_3 = \dot{U}_1 \\ Z_2\dot{I}_2 + Z_3\dot{I}_3 = \dot{U}_2\end{array}\right\}$$

将已知数据代入

$$\left.\begin{array}{r}\dot{I}_1 + \dot{I}_2 - \dot{I}_3 = 0 \\ (0.1+\text{j}0.5)\dot{I}_1 + (5+\text{j}5)\dot{I}_3 = 230\angle 0° \\ (0.1+\text{j}0.5)\dot{I}_2 + (5+\text{j}5)\dot{I}_3 = 227\angle 0°\end{array}\right\}$$

解之，得

$$\dot{I}_3 = 31.3\angle -46.1°\text{A}$$

【例2-15】 应用戴维南定理计算上例中的电流 $\dot{I}_3$。

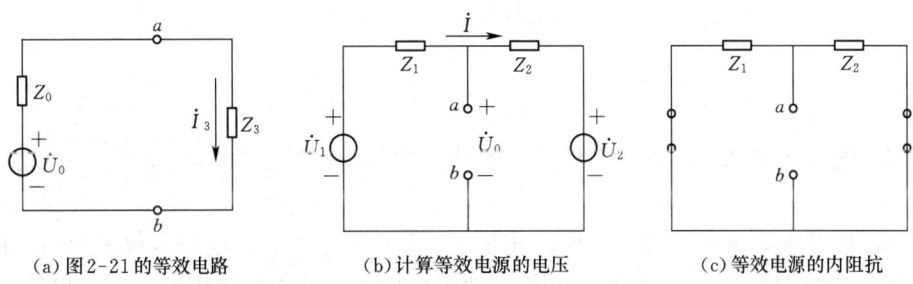

(a)图2-21的等效电路　　(b)计算等效电源的电压　　(c)等效电源的内阻抗

图2-22 [例2-15]的电路图

解：图2-21可以化为如图2-22（a）所示的等效电路。等效电源的电压可由图2-22（b）求得。

$$\dot{U}_0 = \frac{\dot{U}_1 - \dot{U}_2}{Z_1 + Z_2} Z_2 + \dot{U}_2 = \frac{230\angle 0° - 227\angle 0°}{2(0.1+j0.5)} \times (0.1+j0.5) + 227\angle 0° = 228.85\angle 0°(\text{V})$$

等效电源的内阻抗 Z_0 可由图2-22（c）求得。

$$Z_0 = \frac{Z_1 Z_2}{Z_1 + Z_2} = \frac{Z_1}{2} = \frac{0.1+j0.5}{2} = (0.05+j0.25)(\Omega)$$

而后由图2-22（a）求出

$$\dot{I}_3 = \frac{\dot{U}_0}{Z_0 + Z_3} = \frac{228.85\angle 0°}{(0.05+j0.25)+(5+j5)} = 31.3\angle -46.1°(\text{A})$$

第八节　电路中的谐振

谐振是电路中可能发生的一种特殊现象。谐振一方面在工业生产中有广泛的应用，例如工业中的高频淬火、高频加热，无线电技术中的收音机和电视机等；另一方面谐振有时会在某些元件中产生大电压或大电流，致使元件受损或破坏电力系统的正常工作。此时应极力避免。所以谐振现象有着特殊性，不管是应用还是避免，我们都得认识它、研究它。

那么什么是谐振呢？在既有电容又有电感的电路中，当电源的频率和电路的参数符合一定条件时，电路的总电压和总电流同相，整个电路呈电阻性，这种现象就是谐振。谐振时，由于电压和电流的夹角为零，所以总的无功功率就为零，也就是说此时电容中的电场能和电感中的磁场能相互转换，此增彼减，完全补偿。电场能和磁场能的总和时刻保持不变，电源不必与负载往返转换能量，只需供给电路中的电阻所消耗的电能。

由于电路有基本的串联和并联两种基本形式，所以谐振也分串联和并联两种。

一、串联谐振

如图2-23所示为一 RLC 串联电路，它的复阻抗为 $Z = R + jX = R + j(X_L - X_C)$，当 $X_L = X_C$ 时，电路将呈纯电阻性质，即发生串联谐振。

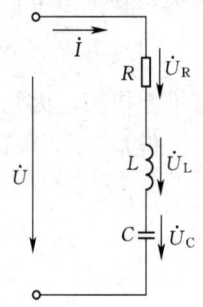

图2-23 串联谐振电路

1. 谐振条件

由于 $X_L = X_C$，则有 $\omega L = \dfrac{1}{\omega C}$ 或 $2\pi f L = \dfrac{1}{2\pi fC}$，整理后有

$$\omega = \omega_0 = \frac{1}{\sqrt{LC}}, \quad f = f_0 = \frac{1}{2\pi\sqrt{LC}} \tag{2-40}$$

可见当电路参数 L、C 为一定值时，电路产生的谐振频率就为一定值，所以 f_0 又称为谐振电路的固有频率。因此，使 RLC 串联电路发生谐振有两种方法：一是当电源频率 f 一定时，改变电路参数 L 或 C，使之满足式（2-40）；二是当电路参数不变时，改变电源频率，使之与电路的固有频率 f_0 相等。改变电路参数使电路发生谐振的过程又称调谐。

2. 谐振特征

（1）电路中电流达到最大值。谐振时，$X_L = X_C$，阻抗 Z 最小，电路呈电阻性。这时电流 $\dot{I} = \dfrac{\dot{U}}{Z} = \dfrac{\dot{U}}{R} = \dot{I}_0$ 达到最大。图 2-24 分别画出了阻抗和电流随频率变化的曲线。

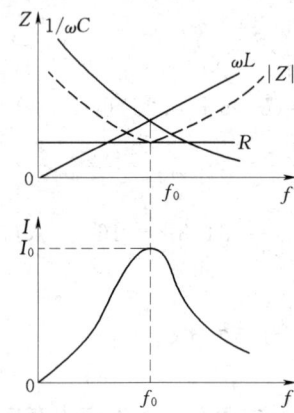
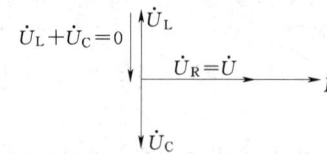

图 2-24　阻抗与电流随频率变化的曲线　　图 2-25　串联谐振相量图

（2）由于电源电压与电路中电流同相（$\varphi = 0$），因此电路对电源呈现电阻性。

（3）电源供给电路的能量全被电阻所消耗，电源与电路之间不发生能量的互换。能量的互换只发生在电感线圈与电容器之间，它们在取用功率方面的作用完全抵消，所以电源只提供有功功率，不提供无功功率。

（4）由于 $X_L = X_C$，于是 $U_L = U_C$。而 $\dot{U}_L$ 与 $\dot{U}_C$ 在相位上相反，互相抵消，对整个电路不起作用，因此电源电压 $\dot{U} = \dot{U}_R$（图 2-25）。

但是，U_L 和 U_C 的单独作用不容忽视，因为

$$\left. \begin{array}{l} U_L = X_L I = X_L \dfrac{U}{R} \\ U_C = X_C I = X_C \dfrac{U}{R} \end{array} \right\} \tag{2-41}$$

当 $X_L = X_C \gg R$ 时，U_L 和 U_C 都高于电源电压 U，故此串联谐振又称电压谐振。如果 U_L、U_C 过高，可能会击穿线圈和电容器的绝缘。因此，在电力工程中一般应避免发生串

联谐振。但在无线电工程中则常利用串联谐振以获得较高电压，电容或电感元件上的电压常高于电源电压几十倍或几百倍。

电路中如果谐振程度越高，电路中的有功功率就越少，用来交换的无功功率就越多，所以用 Q 来表示电路的谐振程度，Q 称为电路的品质因数或简称 Q 值。

$$Q = \frac{U_L}{U} = \frac{U_C}{U} = \frac{X_L}{R} = \frac{X_C}{R} = \frac{\omega_0 L}{R} = \frac{1}{\omega_0 CR} \tag{2-42}$$

式中：ω_0 为谐振角频率。

在谐振时电流最大，Q 值最大；在非谐振频率下，电流变小，Q 值也变小。这种抑制非谐振频率电流，突出谐振频率电流的能力，称为选择性。从图 2-26 可看出，谐振特性曲线越陡，选择性越好。

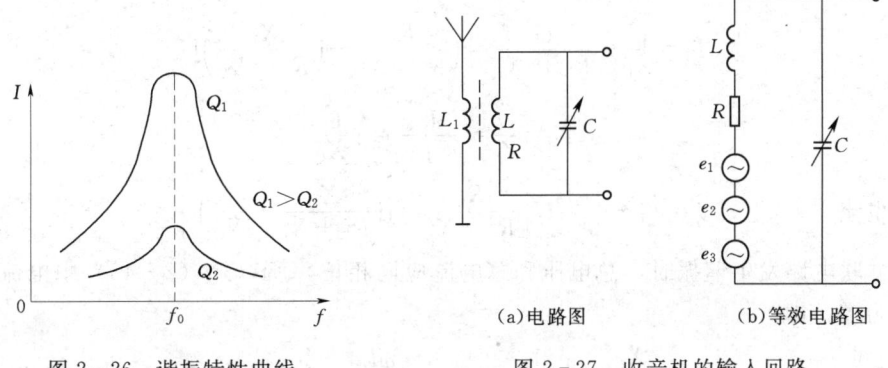

图 2-26 谐振特性曲线　　图 2-27 收音机的输入回路

3. 串联谐振的应用

串联谐振在无线电工程中的应用较多，例如在接收机里被用来选择信号。图 2-27 (a) 是接收机里典型的输入电路。它的作用是将需要收听的信号从天线所收到的许多频率不同的信号中选择出来，其他不需要的信号则尽量加以抑制。

天线输入回路主要部分是天线线圈 L_1 和由电感线圈 L 与可变电容器 C 组成的串联谐振电路。当各种不同频率的电磁波信号被天线线圈 L_1 接收后，由电磁感应作用，就会在 LC 串联谐振电路中感应出电动势 e_1、e_2、$\cdots$ [图 2-27 (b)]。当转动调谐旋钮改变电容 C，使得当电路的固有频率等于某一信号频率时，电路发生谐振，此频率的信号在回路中产生的电流将达到最大。在可变电容器两端的该频率的电压也就较高。其他各种不同频率的信号虽然也在接收机里出现，但由于它们没有达到谐振，在回路中引起的电流很小。这样就起到了选择信号的作用。

【例 2-16】 某收音机的输入电路如图 2-27 (a) 所示，线圈 L 的电感 $L=0.3$ mH，电阻 $R=16\Omega$。今欲收听 640 kHz 某电台的广播，应将可变电容 C 调到多少？如在调谐回路中感应出电压 $U=2\mu V$，试求这时回路中该信号的电流多大，并在线圈（或电容）两端得出多大电压？

解：根据 $f = \dfrac{1}{2\pi \sqrt{LC}}$ 可得 $640 \times 10^3 = \dfrac{1}{2\pi \sqrt{0.3 \times 10^{-3} C}}$，从而得出 $C=204$ pf。

此时　　　　　　　　　　$I = \dfrac{U}{R} = \dfrac{2 \times 10^{-6}}{16} = 0.13 (\mu A)$

$$X_C = X_L = 2\pi fL = 2\times 3.14\times 640\times 10^3 \times 0.3\times 10^{-3} = 1200(\Omega)$$
$$U_C = U_L = X_L I = 1200\times 0.13\times 10^{-6} = 156\times 10^{-6} = 156(\mu V)$$

二、并联谐振

在 RLC 并联电路中，当并联电路的电压与并联电路的总电流相位相同时称为并联谐振。并联谐振的结构形式很多，我们只选择比较典型的常用电路为例，对并联谐振的条件、特征和用途作一简要说明。

1. 谐振条件

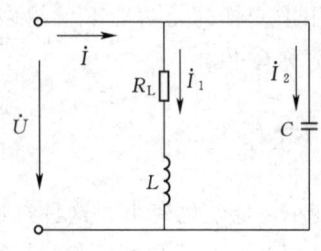

图 2-28 并联谐振电路

图 2-28 为所讨论的并联电路，其中线圈支路复阻抗 $Z_L = R_L + jX_L$，电容支路复阻抗 $Z_C = -jX_C$。各支路电流为

$$\dot{I}_1 = \frac{\dot{U}}{Z_L} = \frac{\dot{U}}{R_L + jX_L} = \left(\frac{R_L}{R_L^2 + X_L^2} - j\frac{X_L}{R_L^2 + X_L^2}\right)\dot{U}$$

$$\dot{I}_2 = \frac{\dot{U}}{Z_C} = \frac{\dot{U}}{-jX_C} = j\frac{\dot{U}}{X_C}$$

总电流
$$\dot{I} = \dot{I}_1 + \dot{I}_2 = \dot{U}\left[\frac{R_L}{R_L^2 + X_L^2} - j\left(\frac{X_L}{R_L^2 + X_L^2} - \frac{1}{X_C}\right)\right] \quad (2-43)$$

当并联电路发生谐振时，总电压和总电流应同相位，所以式（2-43）中电流的虚部分量应为零，即

$$\frac{X_L}{R_L^2 + X_L^2} - \frac{1}{X_C} = 0 \quad \text{或} \quad \frac{\omega L}{R_L^2 + (\omega L)^2} - \omega C = 0$$

经整理，可解出满足并联谐振的角频率为

$$\omega = \omega_0' = \frac{1}{\sqrt{LC}}\sqrt{1 - \frac{CR_L^2}{L}} = \omega_0 \sqrt{1 - \frac{CR_L^2}{L}} \quad (2-44a)$$

$$f = f_0' = \frac{1}{2\pi \sqrt{LC}}\sqrt{1 - \frac{CR_L^2}{L}} = f_0 \sqrt{1 - \frac{CR_L^2}{L}} \quad (2-44b)$$

式中：ω_0' 为并联谐振的角频率；f_0' 为并联谐振的频率；ω_0 为串联谐振的角频率；f_0 为串联谐振的频率。

在实际应用中，往往采用损耗较小的谐振回路，即电感线圈的电阻 R_L 很小，故可近似认为

$$\omega_0' \approx \omega_0 = \frac{1}{\sqrt{LC}}, \; f_0' \approx f_0 = \frac{1}{2\pi \sqrt{LC}} \quad (2-45)$$

2. 谐振特性

（1）并联谐振时，电路阻抗很大，且为电阻性。由式（2-43）和式（2-44a）联合整理出电路的等效阻抗 $Z_0 = \frac{L}{R_L C}$，该阻抗的虚部为零，只有实数部分，电路呈电阻性，且 R_L 很小，故 Z_0 具有很高的数值，这与串联谐振电路的特征正相反。

（2）电路中电流很小。谐振时，$\dot{I}_0 = \frac{\dot{U}}{Z_0}$，因 Z_0 很大，故 $\dot{I}_0$ 很小。理想情况下 R_L 等

于零，等效阻抗 $Z_0 = \dfrac{L}{R_L C}$ 趋于无穷大，电路总电流 $\dot{I}_0$ 等于零，各支路的电流为 $I_1 = \dfrac{U}{\omega_0' L}$，$I_2 = \omega_0' C U$。因谐振时 $\omega_0' L = \dfrac{1}{\omega_0' C}$，所以 $I_1 = I_2$。但 $\dot{I}_1$ 和 $\dot{I}_2$ 反相。这时电源无需向并联谐振电路提供电能，所以 $\dot{I}_0 = 0$，而在谐振电路中仍存在电流 $\dot{I}_L$ 和 $\dot{I}_C$，这是因为原先储存的电场能量和磁场能量互相转换形成持续的往复振荡。在电流持续运动过程中，如果没有电阻，则此电流可以往复不已。综上所述，并联谐振回路中电感电流、电容电流可能远大于流入回路的总电流，因此，并联谐振又常称为电流谐振。

3. 谐振电路的应用

在电子技术和无线电工程中，常利用并联谐振时阻抗极高的特点，实现选频作用或消除干扰。如图 2-29 所示，有一恒流源接于 LC 并联谐振电路，因恒流源输出电流恒定，不随负载变化，故恒流源两端的电压即输出端电压随负载阻抗的增大而增大。若恒流源输出中包含各种不同频率的信号，而电路只对谐振频率的信号呈现出很高的阻抗，就可在恒流源的输出端得到很高的电压。电路对其他非谐振频率的信号，呈现阻抗很小，所以电压很低。这样在并联谐振电路的两端就可以把所需的频率信号选出来，而把其他频率信号抑制掉，起到选频的作用。

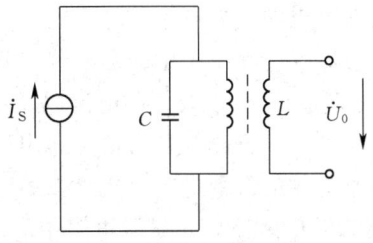

图 2-29 并联谐振的应用

【例 2-17】 有一电感线圈，电阻 $R_L = 20\Omega$，电感量 $L = 0.3\text{mH}$，和一电容量 $C = 80\text{pF}$ 的电容器并联，试求谐振频率和谐振阻抗。

解： 若忽略电阻不计，谐振频率为

$$f_0 = \dfrac{1}{2\pi \sqrt{LC}} = \dfrac{1}{2\pi \sqrt{0.3 \times 10^{-3} \times 80 \times 10^{-12}}} = 1027 (\text{kHz})$$

考虑电阻，则谐振频率为

$$f_0' = \dfrac{1}{2\pi \sqrt{LC}} \sqrt{1 - \dfrac{CR_L^2}{L}}$$

$$= \dfrac{1}{2\pi \sqrt{0.3 \times 10^{-3} \times 80 \times 10^{-12}}} \sqrt{1 - \dfrac{80 \times 10^{-12} \times 20^2}{0.3 \times 10^{-3}}}$$

$$= 1027 \sqrt{1 - 1.06 \times 10^{-4}} \approx 1027 \ (\text{kHz})$$

由上面计算结果可见，因电阻值较小，故此对谐振率几乎毫无影响。

谐振时的阻抗为

$$Z_0 = \dfrac{L}{R_L C} = \dfrac{0.3 \times 10^{-3}}{80 \times 10^{-12} \times 20} = 187.5 (\text{k}\Omega)$$

习　题

2-1　已知正弦量 $\dot{U} = 220 e^{j30°}$ V 和 $\dot{I} = (-4 - j3)$ A，试分别用三角函数式、正弦波形以及相量图表示它们。若 $\dot{I} = (4 - j3)$ A，则又如何表示？

2-2 判断下列各式是否正确，如果不能成立，请说明原因。

(1) $\dfrac{u}{i}=X_L$；(2) $\dot{U}_L=L\dfrac{\mathrm{d}i}{\mathrm{d}t}$；(3) $i=\dfrac{U}{\omega L}$；(4) $\dot{I}=\mathrm{j}\dfrac{\dot{U}}{X_L}$；(5) $P=I^2X_L$；(6) $u=iX_C$；(7) $\dfrac{\dot{U}}{i}=-\mathrm{j}X_C$；(8) $\dot{I}=\dot{U}\omega C$；(9) $\dot{I}=\mathrm{j}\dfrac{U}{\omega C}$；(10) $P=I^2\omega C$。

2-3 一个线圈接在 $U=120\mathrm{V}$ 的直流电源上，$I=20\mathrm{A}$；若接在 $f=50\mathrm{Hz}$，$U=220\mathrm{V}$ 的交流电源上，则 $I=28.2\mathrm{A}$。求线圈的电阻 R 和电感 L。

2-4 有一个中间继电器，其线圈数据为 380V、50Hz，线圈电阻是 $2\mathrm{k}\Omega$，线圈电感是 43.3H，试求线圈的电流以及功率因数。

2-5 日光灯管与镇流器串联接在交流电压上，可看作为 R 与 L 的串联电路。如已知某灯管的等效电阻 $R_1=280\Omega$，镇流器的电阻和电感分别为 $R_2=20\Omega$ 和 $L=1.65\mathrm{H}$，电源电压 $U=220\mathrm{V}$，试求电路中的电流和灯管两端与镇流器上的电压。这两个电压加起来是否等于 220V？电源频率为 50Hz。

2-6 无源二端网络（图 2-30）输入端的电压和电流为

$$u=220\sqrt{2}\sin(314t+20°)\mathrm{V}$$

$$i=4.4\sqrt{2}\sin(314t-33°)\mathrm{A}$$

试求此二端网络由两个元件串联的等效电路和元件的参数值，并求二端网络的功率因数以及输入的有功功率和无功功率。

2-7 有一个 RC 串联电路，电源电压为 u，电阻和电容上的电压分别为 u_R 和 u_C，已知此电路阻抗模为 2000Ω，频率为 $1000\mathrm{Hz}$，并设 u 与 u_C 之间的相位差为 $30°$，试求 R 和 C，并说明在相位上 u_C 比 u 超前还是滞后。

2-8 如图 2-31 所示电路中，已知电源角频率 $\omega=100\mathrm{rad/s}$，电阻 $R_2=30\Omega$，电感 $L=0.4\mathrm{H}$，两支路消耗的有功功率都是 7.5W，求电阻 R_1 和电流 $\dot{I}$。

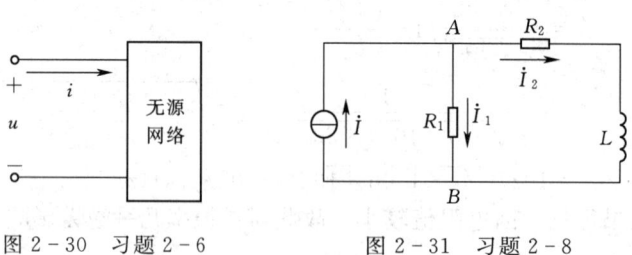

图 2-30 习题 2-6　　　　图 2-31 习题 2-8

2-9 图 2-32 是一移相电路。如果 $C=0.01\mu\mathrm{F}$，输入电压 $u_1=\sqrt{2}\sin(6280t)\mathrm{V}$，今欲使输出电压 u_2 在相位上前移 $60°$，问应配多大的电阻 R？此时输出电压的有效值 U_2 等于多少？

2-10 有一 220V、600W 的电炉，不得不用在 380V 的电源上。欲使电炉的电压保持在 220V 的额定值：(1) 应和它串联多大的电阻？(2) 应和它串联感抗多大的电感线圈（其电阻可以忽略不计）？(3) 从效率和功率因数上比较两法。串联电容器是否也可以？

2-11 在图 2-33 中，电流表 A_1 和 A_2 的读数分别为 $I_1=3\mathrm{A}$，$I_2=4\mathrm{A}$。(1) 设 $Z_1=$

R,$Z_2=-jX_C$,则电流表 A_0 的读数应为多少？(2) 设 $Z_1=R$,问 Z_2 为何种参数才能使电流表 A_0 的读数最大？此读数应为多少？(3) 设 $Z_1=jX_L$,问 Z_2 为何种参数才能使电流表 A_0 的读数最小？此读数应为多少？

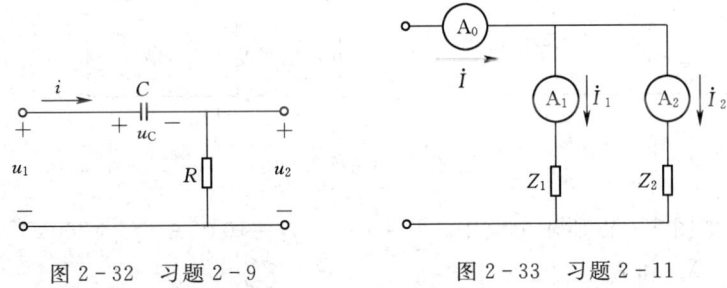

图 2-32 习题 2-9　　　　图 2-33 习题 2-11

2-12 在如图 2-34 所示的各电路中,除 A_0 和 V_0 外,其余电流表和电压表的读数在图上都已经标出,试求电流表 A_0 或电压表 V_0 的读数。

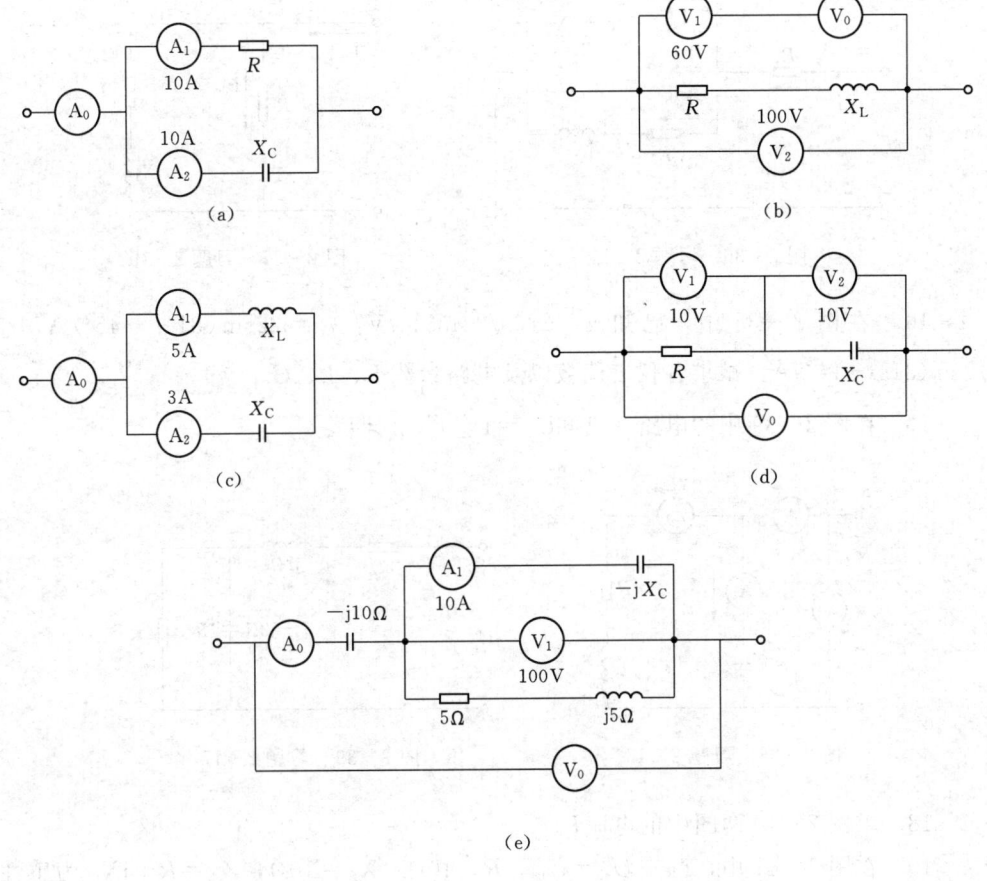

图 2-34 习题 2-12

2-13 计算图 2-35 (a) 中的电流 $\dot{I}$ 和各阻抗元件上的电压 $\dot{U}_1$ 和 $\dot{U}_2$,并作相量图；计算图 2-35 (b) 中各支路电流 $\dot{I}_1$ 与 $\dot{I}_2$ 和电压 $\dot{U}$,并作相量图。

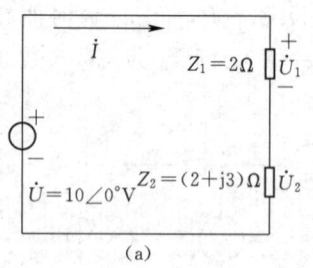 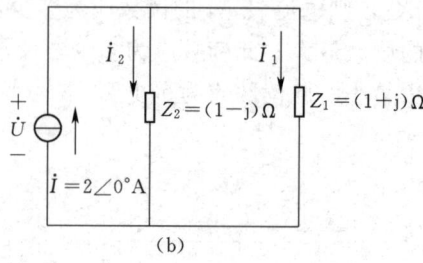

图 2-35 习题 2-13

2-14 在如图 2-36 所示电路中,$I_1=10$A,$I_2=10\sqrt{2}$A,$U=200$V,$R=5\Omega$,$R_2=X_L$,求 I、X_L、X_C 和 R_2。

2-15 在图 2-37 中,已知 $U=220$V,$R_1=10\Omega$,$X_1=10\sqrt{3}\Omega$,$R_2=20\Omega$,求各个电流和平均功率。

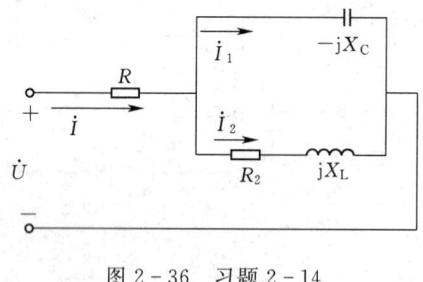 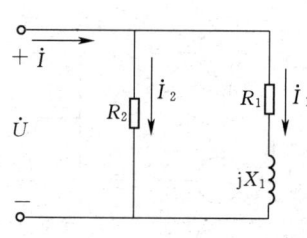

图 2-36 习题 2-14　　　　　　图 2-37 习题 2-15

2-16 在图 2-38 中,已知 $u=220\sqrt{2}\sin 314t$V,$i_1=22\sin(314t-45°)$A,$i_2=11\sqrt{2}\sin(314t+90°)$A,试求各仪表读数以及电路参数 R、L、C。

2-17 在图 2-39 中的电路,已知 $\dot{U}_C=1\angle 0°$V,求 $\dot{U}$。

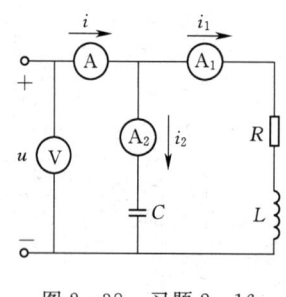 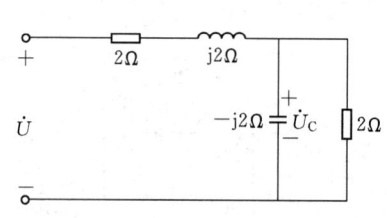

图 2-38 习题 2-16　　　　　　图 2-39 习题 2-17

2-18 求图 2-40 两图中的电流 $\dot{I}$。

2-19 在图 2-41 中,已知 $U_{ab}=U_{bc}$,$R=10\Omega$,$X_C=10\Omega$,$Z_{ab}=R+jX_L$ 为感性负载。试求 $\dot{U}$ 和 $\dot{I}$ 同相时 Z_{ab} 等于多少。

2-20 某收音机输入电路的电感大约为 0.3mH,可变电容器的调节范围为 25～360pF。试问能否满足收听中波段 535～1605kHz 的要求。

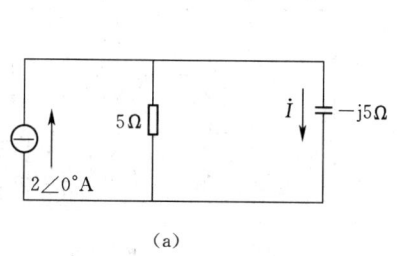
(a)

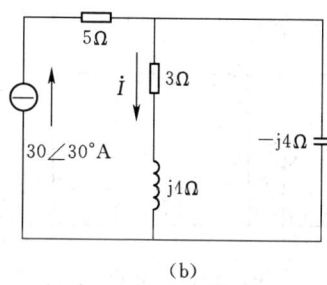
(b)

图 2-40 习题 2-18

2-21 有一 R、L、C 串联电路，它在电源频率 f 为 500Hz 时发生谐振。谐振时电流 I 为 0.2A，容抗 X_C 为 314Ω，并测得电容电压 U_C 为电源电压 U 的 20 倍。试求该电路的电阻 R 和电感 L。

2-22 在图 2-42 中，$R_1 = 5Ω$。今调节电容 C 值使电路发生并联谐振，并此时测得 $I_1 = 10A$，$I_2 = 6A$，$U_Z = 113V$，电路总功率 $P = 1140W$。求阻抗 Z。

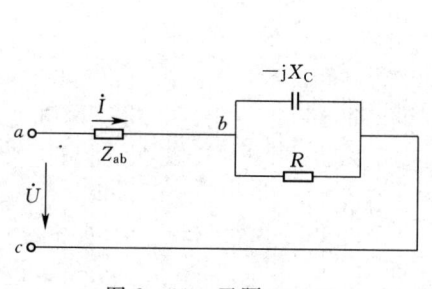

图 2-41 习题 2-19

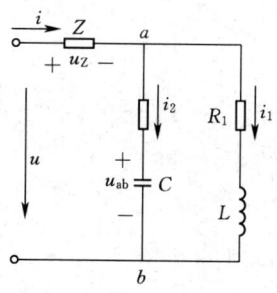

图 2-42 习题 2-22

2-23 在图 2-43 中，已知 $R = R_1 = R_2 = 10Ω$，$L = 31.8$mH，$C = 318\mu$F，$f = 50$Hz，$U = 10$V，试求并联支路端电压 U_{ab} 及电路的 P、Q、S 及 $\cos\varphi$。

2-24 今有 40W 日光灯一个，使用时灯光管与镇流器（可近似的把镇流器看作纯电感）串联在电压为 220V，频率为 50Hz 的电源上。已知灯管工作时属于纯电阻负载，灯管两端的电压等于 110V，试求镇流器的感抗和电感。这时电路的功率因数等于多少？若将功率因数提高到 0.8，应并联多大的电容？

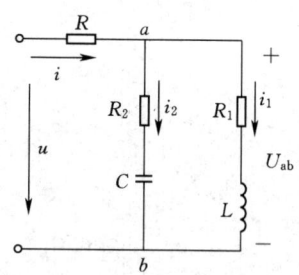

图 2-43 习题 2-23

2-25 用图 2-44 的电路测得无源线性二端网络 N 的数据如下：$U = 220$V，$I = 5$A，$P = 500$W。又知当与 N 并联一个适当数值的电容 C 后，电流 I 减小了，而其他读数不变。试确定该网络的性质（电阻性、电感性或电容性）、等效参数及功率因数（$f = 50$Hz）。

2-26 在图 2-45 中，$U = 220$V，$f = 50$Hz，$R_1 = 10Ω$，$X_1 = 10\sqrt{3}Ω$，$R_2 = 5Ω$，$X_2 = 5\sqrt{3}Ω$。(1) 求电流表的读数 I 和电路功率因数 $\cos\varphi_1$；(2) 欲使电路的功率因数提高到 0.866，则需要并联多大的电容？(3) 并联电容后电流表的读数为多少？

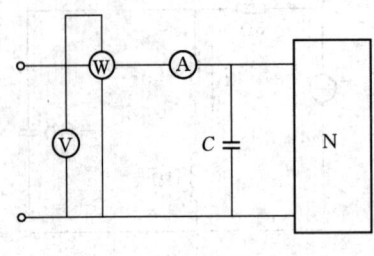
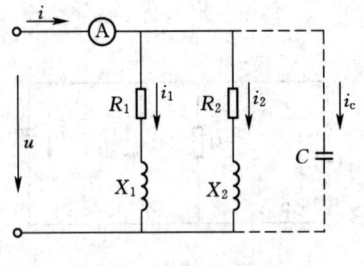

图 2-44 习题 2-25   图 2-45 习题 2-26

第三章 三相交流电路

由十三相交流电的产生、输送、分配和使用都比较经济且能满足人们生产的需要,所以当今世界上电能的产生、输送和分配几乎都采用三相制,整个电力系统就是一个庞大的三相正弦交流电路。

本章主要介绍三相电源的特征和连接方法、三相负载以及三相功率的计算。三相电路可以看作是复杂单相电路的一种特殊形式,在对称条件下可以简化成单相电路的计算。所以,单相正弦交流电路的一些基本规律和计算方法在三相电路中完全适用。

第一节 三相交流电源

一、对称三相电源

对称三相交流电是由三相发动机产生,三相交流发电机的结构示意图见图 3-1。三相交流发电机的主要组成部分是电枢和磁极,电枢是固定的,亦称定子,电枢绕组及其电动势见图 3-2。定子铁芯由硅钢片叠成一定厚度,它的内圆表面按等距冲有凹槽,在凹槽中安装了三个独立的绕组,每个绕组匝数相等,在空间上相差 120°,即三个绕组的首端 A、B、C 和末端 X、Y、Z 之间都是彼此相差 120°。如果任选其一相为 A 相,其 B、C 二相顺时针相隔 120°。X、Y、Z 是 A、B、C 的末端也就相应的确定了。

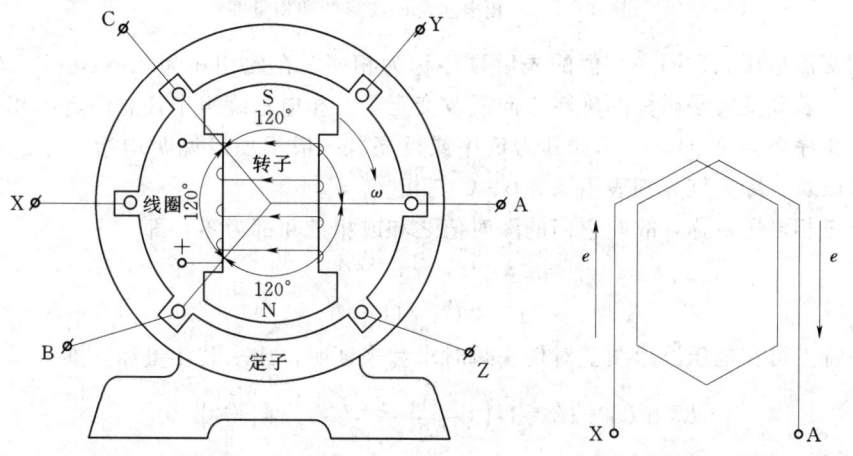

图 3-1 三相交流发电机结构示意图　　图 3-2 电枢绕组及其电动势

磁极是转动的,亦称转子。转子铁芯上绕有励磁绕组,通过直流电励磁。适当的极面形状和励磁绕组分布,可以使磁极与电枢空隙中的磁感应强度按正弦规律分布。

当转子磁极以均匀角速度 ω 顺时针旋转时,在三相绕组中将产生频率相同、幅值相等而相位彼此互差 120°的三个正弦电压,依次称为 A 相、B 相和 C 相电源,其电源电压

分别记为 u_A、u_B、u_C。若以 u_A 为参考正弦量，则它们的瞬时值函数式为

$$\left.\begin{aligned} u_A &= \sqrt{2}U\sin\omega t \\ u_B &= \sqrt{2}U\sin(\omega t - 120°) \\ u_C &= \sqrt{2}U\sin(\omega t + 120°) \end{aligned}\right\} \quad (3-1)$$

用相量表示为

$$\left.\begin{aligned} \dot{U}_A &= U\angle 0° = U \\ \dot{U}_B &= U\angle -120° = U\left(-\frac{1}{2} - j\frac{\sqrt{3}}{2}\right) \\ \dot{U}_C &= U\angle 120° = U\left(-\frac{1}{2} + j\frac{\sqrt{3}}{2}\right) \end{aligned}\right\} \quad (3-2)$$

三相对称电压源的波形图和相量图如图 3-3 所示。

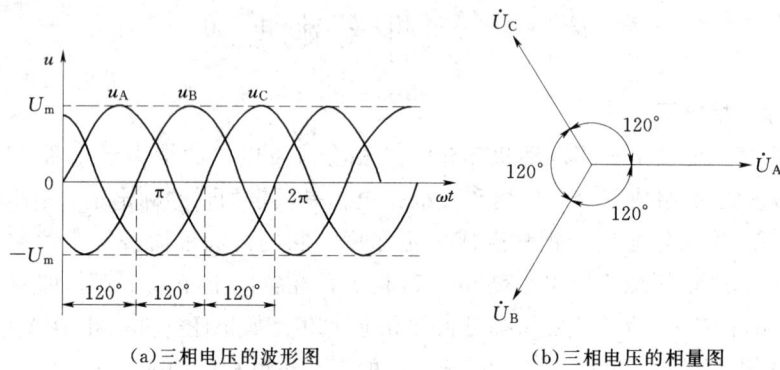

(a) 三相电压的波形图　　　　(b) 三相电压的相量图

图 3-3　三相电压源的波形图和相量图

三相交流电压到达同一数值的先后顺序称为相序。在此相序为 A→B→C，称其为正序或顺序。若改变转子磁极的旋转方向或改变定子三相电枢绕组中任意两者的相对空间位置，则其相序将为 A→C→B，称其为负序或反序。一般不加以说明均指正序。在实际电路中通常以黄、绿、红分别表示 A、B、C 三相。

由于三相电压对称，故此它们的瞬时值之和或相量和都为零，即

$$u_A + u_B + u_C = 0 \quad (3-3)$$

$$\dot{U}_A + \dot{U}_B + \dot{U}_C = 0 \quad (3-4)$$

这一特点可在电压波形图上对任一瞬时求和来证明，或求其相量和，即

$$\dot{U}_A + \dot{U}_B + \dot{U}_C = U\left(1 - \frac{1}{2} - j\frac{\sqrt{3}}{2} - \frac{1}{2} + j\frac{\sqrt{3}}{2}\right) = 0 \quad (3-5)$$

二、三相电源连接

不论是三相发电机或三相电源变压器，它们都有三个独立的发电机组，若将每相绕组分别与负载相连，则成为三个互不相关的单相供电系统，这种输电方式需六根导线，显然是很不经济的。因此通常总是将三相电源接成星形（Y）或三角形（△）。

1. 星形连接

三相电源的星形连接是应用较多的三相电源连接，图 3-4 画出的即是星形连接法的

三相电源，它是把三相绕组的末端 X、Y、Z 连接在一起，其连接点称为中性点或零点，用 N 表示。由该点引出的导线称中性线或零线，零线常涂以白色或黑色表示。从三个相的首端 A、B、C 引出的导线称为相线或端线，俗称火线，端线与零线之间的电压 $\dot{U}_A$、$\dot{U}_B$、$\dot{U}_C$ 称之相电压，参考方向从端线指向中性线（从首端指向末端），其有效值用 U_P 表示。端线之间的电压 $\dot{U}_{AB}$、$\dot{U}_{BC}$、$\dot{U}_{CA}$ 称为线电压，其有效值用 U_L 表示。

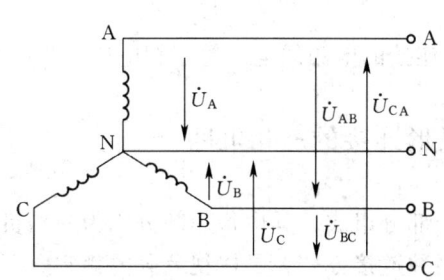 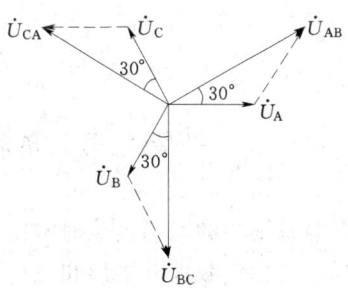

图 3-4　星形连接的三相电源　　图 3-5　三相电源星形连接时线电压与相电压的相量图

三相电源星形接法时，相电压与线电压是不相等的。根据图 3-4 标示的参考方向，应用基尔霍夫电压定律，可以得出相电压与线电压的关系，即

$$\left.\begin{aligned}\dot{U}_{AB}&=\dot{U}_A-\dot{U}_B\\\dot{U}_{BC}&=\dot{U}_B-\dot{U}_C\\\dot{U}_{CA}&=\dot{U}_C-\dot{U}_A\end{aligned}\right\} \tag{3-6}$$

若取 $\dot{U}_A$ 为参考相量，可由图 3-5 画出相电压 $\dot{U}_A$、$\dot{U}_B$、$\dot{U}_C$ 和线电压 $\dot{U}_{AB}$、$\dot{U}_{BC}$、$\dot{U}_{CA}$ 的相量图。由相量图可以看出当相电压对称时，线电压也是对称的，线电压与相电压的关系可由相量图求出，即

$$\left.\begin{aligned}\dot{U}_{AB}&=\sqrt{3}\dot{U}_A\angle 30°\\\dot{U}_{BC}&=\sqrt{3}\dot{U}_B\angle 30°\\\dot{U}_{CA}&=\sqrt{3}\dot{U}_C\angle 30°\end{aligned}\right\} \tag{3-7}$$

式（3-7）表明：在数值上，线电压等于相电压的 $\sqrt{3}$ 倍，用有效值表示为

$$U_L=\sqrt{3}U_P \tag{3-8}$$

在相位上，线电压超前相应的相电压 30°。

我国的低压供电系统大多采用星形连接。由三条端线和一条中性线组成的供电系统称为三相四线制供电系统，这种系统可向用户提供两种电压的选择：380V 的线电压可以供给三相异步电动机和大功率的三相电热器等额定电压为 380V 的负载选用；220V 可为白炽灯、日光灯这种额定电压为 220V 的负载使用。

2. 三角形连接

在生产实际中，发电机的三相绕组很少连接成三角形，通常接成星形。对三相变压

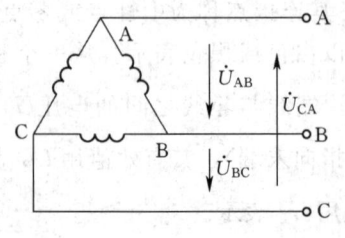

图 3-6 三角形连接的三相电路

来讲，两种接法都有。

电源的三角形接法如图 3-6 所示。

三相绕组的首端与另一相的末端依次连接，构成一个闭合回路，然后从三个连接点引出三条相线。可以看出这种连接法供电只需三条导线，但它所提供的电压只有一种，亦即

$$U_L = U_P \tag{3-9}$$

三角形连接的电源线电压等于相电压。

第二节 负载星形连接的三相电路

三相电力系统中的三相负载通常由三个部分组成，其中每一部分称为一相负载。与三相电源一样，三相负载也有星形和三角形两种连接方式，具体视负载的额定电压而确定其连接方式。本节先讨论负载星形连接情况下的电压与电流关系。

三相四线制电路如图 3-7 所示，设其线电压为 380V。如照明负载（单相负载）的额定电压为 220V，因此只能接在相线与中线之间，而大量使用的照明负载不能集中接在一相电源上，通常是将它们尽量均匀地分配在三相中，如图 3-7 所示。负载的这种连接方法称为星形连接。该电路还可用图 3-8 所示的电路表示。

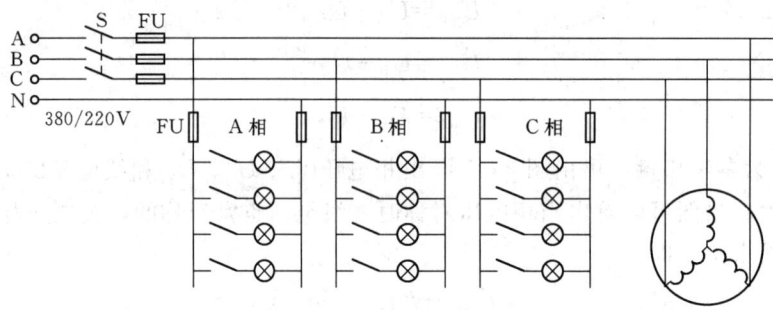

图 3-7 三相四线制电路

从图 3-8 中可以看出三相负载的星形接线与三相电源的星形接法类似。如果三相负载 Z_A、Z_B、Z_C 的工作额定电压是星形连接三相电源的相电压，只要分别接在电源的各端线和中线之间就可以了，它们的连接就构成了三相负载的星形连接。

三相负载连接于三相电源中，三条端线的电流 $\dot{I}_A$、$\dot{I}_B$、$\dot{I}_C$ 称为线电流，用 I_L 表示。每相负载上流过的电流称为相电流，用 I_P 表示。可以看出负载星形连接时相电流就是相应各相的线电流，即

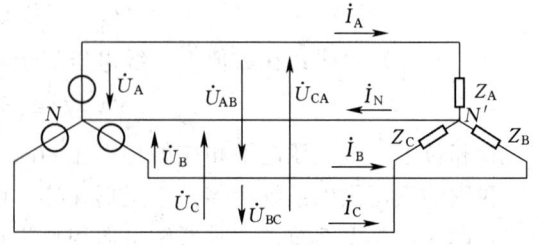

图 3-8 负载星形连接的三相四线制电路

$$I_\mathrm{L}=I_\mathrm{P} \qquad (3-10)$$

其参考方向规定从电源流向负载。中线电流用 $\dot{I}_\mathrm{N}$ 表示，其参考方向从负载中点 N' 流向电源中点 N。下面我们分别讨论星形连接对称三相负载和不对称三相负载的电路特征及中线作用。

一、对称三相负载星形连接的三相电路

三相电动机的每相绕组不但材料及规格相同，而且每相绕组匝数相等，我们认为每相的阻抗相等，称之为三相对称负载，即

$$Z=Z_\mathrm{A}=Z_\mathrm{B}=Z_\mathrm{C}=R+\mathrm{j}X=|Z|\angle\varphi$$

由于负载对称，则 $\dot{U}_{N'N}=0$（可由节点电压法导出），这时每一相的相电流可直接由相应的相电压求出。

如以 A 相电压 $\dot{U}_\mathrm{A}$ 为参考相量，则各相负载电流由下式求出：

$$\left.\begin{aligned}\dot{I}_\mathrm{A}&=\frac{\dot{U}_\mathrm{A}}{Z_\mathrm{A}}=\frac{U\angle0°}{Z}\\ \dot{I}_\mathrm{B}&=\frac{\dot{U}_\mathrm{B}}{Z_\mathrm{B}}=\frac{U\angle-120°}{Z}\\ \dot{I}_\mathrm{C}&=\frac{\dot{U}_\mathrm{C}}{Z_\mathrm{C}}=\frac{U\angle120°}{Z}\end{aligned}\right\} \qquad (3-11)$$

根据基尔霍夫电流定律可求出中线电流：

$$\dot{I}_\mathrm{N}=\dot{I}_\mathrm{A}+\dot{I}_\mathrm{B}+\dot{I}_\mathrm{C} \qquad (3-12)$$

因为三相电源的电压对称，三相负载对称，则三相电流也是对称，对中线电流求相量和必然为零。

即
$$\dot{I}_\mathrm{A}=\frac{\dot{I}_\mathrm{A}}{Z}$$

$$\dot{I}_\mathrm{B}=\dot{I}_\mathrm{A}\angle-120°$$

$$\dot{I}_\mathrm{C}=\dot{I}_\mathrm{A}\angle120°$$

$$\dot{I}_\mathrm{N}=\dot{I}_\mathrm{A}+\dot{I}_\mathrm{B}+\dot{I}_\mathrm{C}=\dot{I}_\mathrm{A}+\dot{I}_\mathrm{A}\angle-120°+\dot{I}_\mathrm{A}\angle120°=0$$

由于中线没有电流，便可省去。所以对于对称负载星形连接可采用三相三线制供电。

【例 3-1】 一个三相四线制的供电系统，电源的线电压 $u_\mathrm{AB}=380\sqrt{2}\sin(\omega t)$ V，现有一组三相对称负载负载，其中 $Z_\mathrm{A}=Z_\mathrm{B}=Z_\mathrm{C}=4+\mathrm{j}3\Omega$，试求各相负载的电流。

解：由于负载对称，故可归为一相计算（比如 A 相），其他两相根据对称性直接写出。由已知条件知：$\dot{U}_\mathrm{AB}=380\angle0°$ V，则 A 相相电压的有效值 $U_\mathrm{A}=\frac{U_\mathrm{AB}}{\sqrt{3}}=220$ V，且相位滞后线电压 $\dot{U}_\mathrm{AB}$ 的角度为 $30°$，A 相电压的相量式为

$$\dot{U}_\mathrm{A}=\frac{\dot{U}_\mathrm{AB}}{\sqrt{3}}\angle-30°=220\angle-30° \text{(V)}$$

$$Z=4+\mathrm{j}3=5\angle53° \text{(}\Omega\text{)}$$

$$\dot{I}_A = \frac{\dot{U}_A}{Z} = \frac{220\angle -30°}{5\angle 53°} = 44\angle -83° \text{ (A)}$$

$$i_A = 44\sqrt{2}\sin(\omega t - 83°) \text{ (A)}$$

由对称性，得

$$i_B = 44\sqrt{2}\sin(\omega t + 157°) \text{ (A)}$$

$$i_C = 44\sqrt{2}\sin(\omega t + 37°) \text{ (A)}$$

由[例3-1]可见，对称负载星形连接三相电路有如下特征：

（1）由于三相负载对称，电源与负载中性点的 $U_{N'N}=0$，所以相电流对称（同频率、等幅值，相位互差120°），中性线电流等于零。因此，当三相负载对称时，采用星形连接时中性线可以去掉。

（2）负载的相电压与电源上的相电压相等，各相电流可视作是各自独立的单相电路进行计算（中线阻抗不计入），根据对称关系推算其他两相。

二、不对称三相负载星形连接的三相电路及中性线的作用

对称负载只是电路中一种特殊情况，而不对称负载则是电网的一般情况。例如照明电路，在设计时是按对称负载布线入户的，可是每户的用电量和用电时间都有很大的随机性，甚至当电路的某相发生断路故障时都会造成三相负载的不对称。

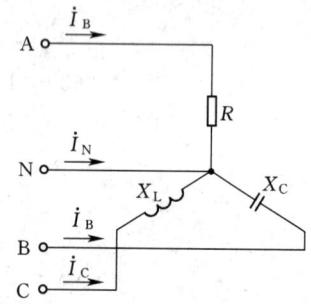

图3-9 [例3-2]的电路图

【例3-2】 三相电路如图3-9所示，已知 $R=5\Omega$，$X_L = X_C = 5\Omega$，接在线电压为380V的三相四线制电源上。求：(1) 各线电流及中线电流；(2) A线断开时的各线电流及中线电流；(3) 中线及A线都断开时各线电流。

解：（1）设电源线电压分别为

$$\dot{U}_{AB} = 380\angle 0° \text{ (V)}$$

$$\dot{U}_{BC} = 380\angle -120° \text{ (V)}$$

$$\dot{U}_{CA} = 380\angle 120° \text{ (V)}$$

则各相电压为

$$\dot{U}_A = 220\angle -30° \text{ (V)}$$

$$\dot{U}_B = 220\angle -150° \text{ (V)}$$

$$\dot{U}_C = 220\angle 90° \text{ (V)}$$

由此可求出各相电流（即线电流）为

$$\dot{I}_A = \frac{\dot{U}_A}{jX_L} = \frac{220\angle -30°}{j5} = 44\angle -120° \text{ (A)}$$

$$\dot{I}_B = \frac{\dot{U}_B}{-jX_L} = \frac{220\angle -150°}{-j5} = 44\angle -60° \text{ (A)}$$

$$\dot{I}_\text{C}=\frac{\dot{U}_\text{C}}{R}=\frac{220\angle-90°}{5}=44\angle 90°(\text{A})$$

中线电流为

$$\dot{I}_\text{N}=\dot{I}_\text{A}+\dot{I}_\text{B}+\dot{I}_\text{C}=44\angle-120°+44\angle-60°+44\angle 90°=32.2\angle-90°(\text{A})$$

(2) 若 A 线断开，则 A 线电流为零；B、C 两相电流不变，中线电流为

$$\dot{I}_\text{N}=\dot{I}_\text{B}+\dot{I}_\text{C}=44\angle-60°+44\angle 90°=22.8\angle 15°(\text{A})$$

(3) 如果中线和 A 线都断开，则 B、C 两相负载串联，A 线电流为零；B、C 两相电流为

$$\dot{I}_\text{B}=-\dot{I}_\text{C}=\frac{\dot{U}_\text{BC}}{R-\text{j}X_\text{C}}=\frac{380\angle-120°}{5-\text{j}5}=53.7\angle-75°(\text{A})$$

综上所述，不对称负载星形连接，电源与负载的中性点 $U_{\text{N'N}}\neq 0$，中线电流不为零。三相四线制中的中性线可保证负载不对称时各相负载的二端电压等与电源相电压，不会因负载不对称而发生变化，从而保证各相负载相互独立工作。因此，在实际线路中要求中性线的连接要牢靠，且不允许在中性线上安装熔断器或开关等，以保证中性线的畅通。

第三节 负载三角形连接的三相电路

有时根据负载的工作要求，负载需要进行三角形连接，如图 3-10 所示。图中分别规定了线电流 $\dot{I}_\text{A}$、$\dot{I}_\text{B}$、$\dot{I}_\text{C}$ 与相电流 $\dot{I}_\text{AB}$、$\dot{I}_\text{BC}$、$\dot{I}_\text{CA}$ 的参考方向。可以看出各相负载二端的电压等与电源的线电压，不论负载对称与否，每相负载两端电压都能保持对称关系。因此每相负载的相电流有效值可由下式计算得出：

$$\left.\begin{aligned}\dot{I}_\text{AB}&=\frac{\dot{U}_\text{AB}}{Z_\text{AB}}\\ \dot{I}_\text{BC}&=\frac{\dot{U}_\text{BC}}{Z_\text{BC}}\\ \dot{I}_\text{CA}&=\frac{\dot{U}_\text{CA}}{Z_\text{CA}}\end{aligned}\right\} \quad (3-13)$$

各相电流与相应电压的相位差为

$$\left.\begin{aligned}\varphi_\text{AB}&=\arctan\frac{X_\text{AB}}{R_\text{AB}}\\ \varphi_\text{BC}&=\arctan\frac{X_\text{BC}}{R_\text{BC}}\\ \varphi_\text{CA}&=\arctan\frac{X_\text{CA}}{R_\text{CA}}\end{aligned}\right\} \quad (3-14)$$

式中：R_AB、R_BC、R_CA、X_AB、X_BC、X_CA 为各相负载的电阻与电抗。

据基尔霍夫电流定律，由图 3-10 可建立相电流与线电流的关系，即

$$\left.\begin{array}{l}\dot{I}_A=\dot{I}_{AB}-\dot{I}_{CA}\\ \dot{I}_B=\dot{I}_{BC}-\dot{I}_{AB}\\ \dot{I}_C=\dot{I}_{CA}-\dot{I}_{BC}\end{array}\right\} \quad (3-15)$$

如果负载不对称，则电压、电流则按上述公式逐项计算。

如果负载对称，根据式（3-13）可知各相电流的数值相等，而且各相的相电流与相应的相电压之间有相同的相位差 φ。其相量图如图 3-11 所示，可见三个相电流也是对称的。

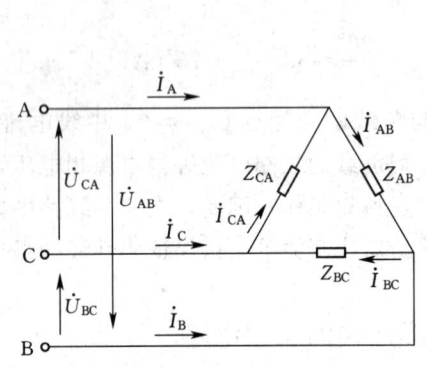

图 3-10 负载的三角形解法

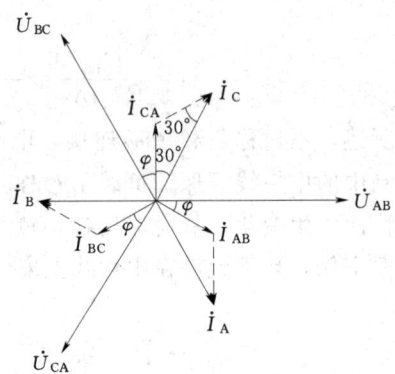

图 3-11 三角形对称负载相量图

根据图 3-11 可得知线电流与相电流的大小关系为

$$\left.\begin{array}{l}I_A=2I_{AB}\cos 30°=\sqrt{3}I_{AB}\\ I_B=2I_{BC}\cos 30°=\sqrt{3}I_{BC}\\ I_C=2I_{CA}\cos 30°=\sqrt{3}I_{CA}\end{array}\right\} \quad (3-16)$$

由式（3-16）可知，当对称负载作三角形连接时，线电流 I_L 是相电流 I_P 的 $\sqrt{3}$ 倍，且由图 3-11 知滞后对应相电流 30°，即

$$\left.\begin{array}{l}\dot{I}_A=\sqrt{3}\dot{I}_{AB}\angle-30°\\ \dot{I}_B=\sqrt{3}\dot{I}_{BC}\angle-30°\\ \dot{I}_C=\sqrt{3}\dot{I}_{CA}\angle-30°\end{array}\right\} \quad (3-17)$$

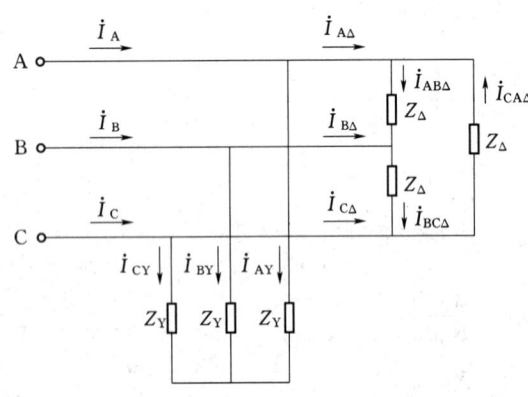

图 3-12 ［例 3-3］的电路图

【例 3-3】 在图 3-12 所示的 380/220V 三相电路中，有二组对称负载分别以三角形和星形接入。按星形接入的每相负载 $Z_Y=3+j4\Omega$，三角形接入的每相负载 $Z_\Delta=6-j4\Omega$，求 i_A、i_B、i_C。

解：(1) 星形接法复阻抗

$$Z_Y=3+j4=5\angle 53.1°(\Omega)$$

以 A 相电压 $\dot{U}_A$ 为参考相量，A 相电流为

$$\dot{I}_{AY} = \frac{\dot{U}_A}{Z_Y} = \frac{220\angle 0°}{5\angle 53.1°} = 44\angle -53.1°(A)$$

因负载对称，$\dot{I}_{BY}$、$\dot{I}_{CY}$ 幅值相等，只是相位互差 120°，所以

$$\dot{I}_{BY} = \dot{I}_{AY}\angle -120° = 44\angle -173.1°(A)$$

$$\dot{I}_{CY} = \dot{I}_{AY}\angle 120° = 44\angle 66.9°(A)$$

在星形接法中，相电流等于线电流。

(2) 三角形接法复阻抗

$$Z_\Delta = 6 - j4\,\Omega = 7.2\angle -33.7°(\Omega)$$

以 $\dot{U}_A$ 为参考相量，则

$$\dot{U}_{AB} = 380\angle 30°(V)$$

$$\dot{I}_{AB\Delta} = \frac{\dot{U}_{AB}}{Z} = \frac{380\angle 30°}{7.2\angle -33.7°} = 52.8\angle 63.7°(A)$$

因负载对称，则 B、C 二相的相电流为

$$\dot{I}_{BC\Delta} = \dot{I}_{AB\Delta}\angle -120° = 52.8\angle -56.3°(A)$$

$$\dot{I}_{CA\Delta} = \dot{I}_{AB\Delta}\angle 120° = 52.8\angle -176.3°(A)$$

三角形对称负载线电流是相应相电流的 $\sqrt{3}$ 倍，且在相位上滞后 30°，则有

$$\dot{I}_{A\Delta} = \sqrt{3}\dot{I}_{AB\Delta}\angle -30° = 52.8\sqrt{3}\angle 33.7°(A)$$

$$\dot{I}_{B\Delta} = \sqrt{3}\dot{I}_{BC\Delta}\angle -30° = 52.8\sqrt{3}\angle -86.3°(A)$$

$$\dot{I}_{C\Delta} = \sqrt{3}\dot{I}_{CA\Delta}\angle -30° = 52.8\sqrt{3}\angle 153.7°(A)$$

根据基尔霍夫电流定律得

$$\dot{I}_A = \dot{I}_{AY} + \dot{I}_{A\Delta} = 44\angle -53.1° + 91.5\angle 33.7°$$
$$= 102.4 + j15.5 = 103.6\angle 8.6°(A)$$

因负载对称，则有

$$\dot{I}_B = 103.6\angle(8.6° - 120°) = 103.6\angle -111.4°(A)$$

$$\dot{I}_C = 103.6\angle(8.6° - 120°) = 103.6\angle 128.6°(A)$$

各线电流的瞬时值表达式为

$$i_A = 103.6\sqrt{2}\sin(314t + 8.6°)(A)$$

$$i_B = 103.6\sqrt{2}\sin(314t - 111.4°)(A)$$

$$i_C = 103.6\sqrt{2}\sin(314t + 128.6°)(A)$$

【例 3-4】 设有额定功率 $P_N = 100W$，额定电压 $U_N = 220V$ 的白炽灯共 14 盏，三角形连接，接在线电压为 220V 的三相电源上。若 A、B 相线间接 6 盏，B、C 相线间接 3 盏，C、A 相线间接 5 盏，试求各相电流和线电流。

解： 由于各相所接白炽灯数量不同，则负载阻抗就不对称。因此，各相电流及线电流

就必须一相一相地单独计算。

设 $\dot{U}_{AB}=220\angle 0°$ （V）

每盏电灯的电阻 $R=\dfrac{U_N^2}{P_N}=\dfrac{220^2}{100}=484(\Omega)$

则 A、B 相线之间的等效电阻 $R_{AB}=\dfrac{R}{6}=\dfrac{484}{6}=80.7(\Omega)$

B、C 相线之间的等效电阻 $R_{BC}=\dfrac{R}{3}=\dfrac{484}{3}=161(\Omega)$

C、A 相线之间的等效电阻 $R_{CA}=\dfrac{R}{5}=\dfrac{484}{5}=97(\Omega)$

(1) 相电流

$$\dot{I}_{AB}=\dfrac{\dot{U}_{AB}}{R_{AB}}=\dfrac{220\angle 0°}{80.7}=2.73 \text{（A）}$$

$$\dot{I}_{BC}=\dfrac{\dot{U}_{BC}}{R_{BC}}=\dfrac{220\angle -120°}{161}=1.37\angle -120° \text{（A）}$$

$$\dot{I}_{CA}=\dfrac{\dot{U}_{CA}}{R_{CA}}=\dfrac{220\angle 120°}{97}=2.27\angle 120° \text{（A）}$$

(2) 线电流

$$\dot{I}_A=\dot{I}_{AB}-\dot{I}_{CA}=2.73-2.27\angle 120°=4.35\angle -27°(A)$$

$$\dot{I}_B=\dot{I}_{BC}-\dot{I}_{AB}=1.37\angle -120°-2.73=3.61\angle -161°(A)$$

$$\dot{I}_C=\dot{I}_{CA}-\dot{I}_{BC}=2.27\angle 120°-1.37\angle -120°=3.19\angle 98°(A)$$

第四节 三相电路的功率

一、有功功率

三相电路中负载消耗的功率，无论负载怎样连接，等于各相负载功率之和。即
$$P=P_A+P_B+P_C$$

负载星形连接的三相电路，总功率为
$$P=U_A I_A \cos\varphi_A+U_B I_B \cos\varphi_B+U_C I_C \cos\varphi_C$$

式中：U_A、U_B、U_C 为相电压有效值；I_A、I_B、I_C 为相电流有效值；φ_A、φ_B、φ_C 为负载的阻抗角。

在对称三相电路中，各相有功功率相等，因此三相有功功率等于一相有功功率的 3 倍，即

$$P=3U_P I_P \cos\varphi \qquad (3-18)$$

有功功率 P 有时还用线电压、线电流来计算。由于星形连接时，$I_P=I_L$、$U_P=U_L/\sqrt{3}$；三角形连接时，$U_P=U_L$、$I_P=I_L/\sqrt{3}$，所以有

$$P=\sqrt{3}U_L I_L \cos\varphi \qquad (3-19)$$

上式对三相对称负载星形和三角形连接法都适用。其式中 U_L、I_L 分别为线电压和线

电流有效值，而 φ 角为每一相的功率因数角。有功功率的单位是瓦（W）。

二、无功功率

由于每相负载中都可能存在电感性和电容性，其无功功率可正可负，所以总的无功功率为各相无功功率的代数和，即

$$Q = Q_A + Q_B + Q_C = U_A I_A \sin\varphi_A + U_B I_B \sin\varphi_B + U_C I_C \sin\varphi_C$$

在对称三相电路中，无论是星形或三角形接法，均有

$$Q = 3U_P I_P \sin\varphi = \sqrt{3} U_L I_L \sin\varphi \tag{3-20}$$

无功功率的单位是乏（var）。

三、视在功率

三相电路总的视在功率一般不等于每相视在功率之和，而应按下式计算，即

$$S = \sqrt{P^2 + Q^2} \tag{3-21}$$

其中：$P = P_A + P_B + P_C$，$Q = Q_A + Q_B + Q_C$。

对于对称三相电路，视在功率为

$$S = \sqrt{P^2 + Q^2} = \sqrt{(3U_P I_P \cos\varphi)^2 + (3U_P I_P \sin\varphi)^2} = 3U_P I_P = \sqrt{3} U_L I_L \tag{3-22}$$

视在功率的单位是伏安（VA）。

四、功率因数

在对称时三相电路的功率因数为

$$\cos\varphi = \frac{P}{\sqrt{3} U_L I_L} = \frac{P}{3U_P I_P} \tag{3-23}$$

【例 3-5】 有一对称负载，复阻抗为 $Z = 6 + j8\Omega$，接在线电压为 380V 的三相对称电源上，试分别计算负载为三角形接法和星形接法时的有功功率、无功功率和视在功率。

解：（1）负载为三角形接法时

各相复阻抗 $|Z| = \sqrt{6^2 + 8^2} = 10(\Omega)$

相电压 $U_P = U_L = 380(V)$

相电流 $I_P = \dfrac{U_P}{|Z|} = \dfrac{380}{10} = 38(A)$

线电流 $I_L = \sqrt{3} I_P = \sqrt{3} \times 38 = 66(A)$

功率因数 $\cos\varphi = \dfrac{R}{|Z|} = \dfrac{6}{10} = 0.6$

有功功率 $P = \sqrt{3} U_L I_L \cos\varphi = \sqrt{3} \times 380 \times 66 \times 0.6 = 26063(W)$

无功功率 $Q = \sqrt{3} U_L I_L \sin\varphi = \sqrt{3} \times 380 \times 66 \times 0.8 = 34751(var)$

视在功率 $S = \sqrt{3} U_L I_L = \sqrt{3} \times 380 \times 66 = 43439(VA)$

（2）负载为星形接法时

负载相电压 $U_P = \dfrac{U_L}{\sqrt{3}} = \dfrac{380}{\sqrt{3}} = 220(V)$

负载相电流 $I_P = I_L = \dfrac{U_P}{|Z|} = \dfrac{220}{10} = 22(A)$

有功功率　　　　$P=3U_P I_P \cos\varphi=3\times220\times22\times0.6=8712(W)$
无功功率　　　　$Q=3U_P I_P \sin\varphi=3\times220\times22\times0.8=11616(var)$
视在功率　　　　$S=3U_P I_P=3\times220\times22=14520(VA)$

可见,在相同的电源线电压下,同一个三相负载作三角形接法时的功率是星形接法的三倍。

习　题

3-1　有一三相对称负载,其每相的电阻 $R=8\Omega$,感抗 $X_L=6\Omega$。如果将负载联成星形接于线电压 $U_L=380V$ 的三相电源上,试求相电压、相电流及线电流。

3-2　已知某三相四线制电路的电源相电压 $\dot{U}_A=220\angle 0°V$,三相负载分别为 $Z_A=30\Omega$,$Z_B=10+j20\Omega$,$Z_C=10-j20\Omega$。
(1) 求有中线时各相负载电流和中性线中的电流;
(2) 求中性线断开时各相负载电流。

3-3　有一台三相发电机,其绕组联成星形,每相额定电压为220V。有一次试验时,用电压表量得相电压 $U_A=U_B=U_C=220V$,而线电压则为 $U_{AB}=U_{CA}=220V$,$U_{BC}=380V$,试问这种现象是如何造成的?

3-4　三相四线制供电系统,已知电源线电压 $U_{AB}=380\times\sqrt{2}\sin(\omega t+30°)$ V,当阻抗分别是:(1) $Z_A=Z_B=Z_C=8+j6\Omega$;(2) $Z_A=Z_B=8+j6\Omega$,$Z_C=20\Omega$,忽略端线和中线阻抗,分别计算上述二组负载星形接法时的各相电流和中线电流,并画电流电压的相量图。

3-5　如图3-13所示的电路中,三相四线制电源电压为380/220V,接有对称星形连接的白炽灯负载,其总功率为180W。此外,在C相上接有额定电压为220V、功率为40W、功率因数为 $\cos\varphi=0.5$ 的日光灯一支。试求电流 $\dot{I}_A$、$\dot{I}_B$、$\dot{I}_C$ 及 $\dot{I}_N$。设 $\dot{U}_A=220\angle 0°$。

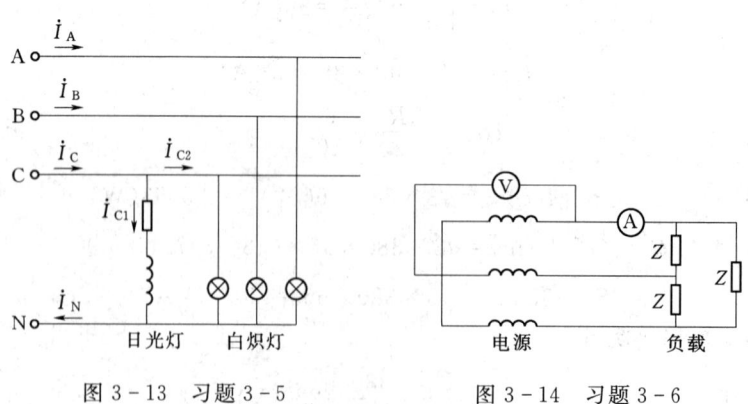

图3-13　习题3-5　　　　图3-14　习题3-6

3-6　如图3-14所示的电路中,$Z=12+j16\Omega$,电流表的读数32.9A,求电压表的读数。

3-7 有一三相异步电动机,其绕组连接成三角形,接在线电压为380V的电源上,从电源取用的功率 $P_1=11.34\text{kW}$,功率因数 $\cos\varphi=0.87$,求电动机的相电流和线电流。

3-8 已知三相电阻炉的每相阻抗 $R=8.68\Omega$。(1)三相电阻作星形连接,并接在 $U_L=380\text{V}$ 的对称三相电源上,电炉需从电源吸收多少功率。(2)三相电阻作三角形连接,并接在 $U_L=380\text{V}$ 的对称三相电源上,电炉从电源吸收的功率又是多少。

3-9 如图3-15所示的电路中,$Z_1=(10\sqrt{3}+j10)\Omega$,$Z_2=(10\sqrt{3}-j30)\Omega$,电源的线电压为380V。求线路上的电流 $\dot{I}_A$、$\dot{I}_B$、$\dot{I}_C$。

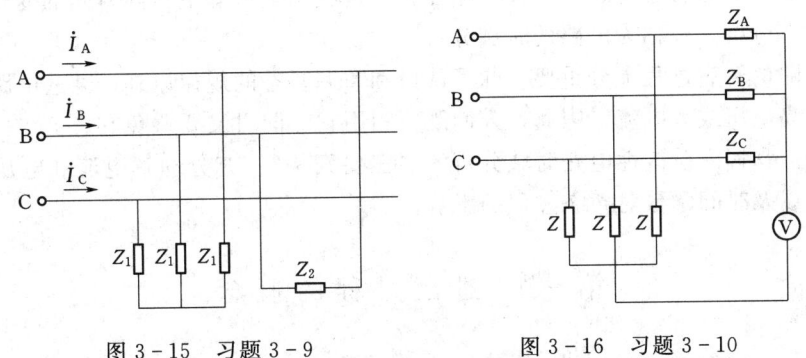

图 3-15 习题 3-9　　　　　图 3-16 习题 3-10

3-10 如图3-16所示的电路中,对称三相电源给两组星形负载供电,一组为对称负载 Z,另一组为不对称负载,其各相阻抗分别为 $Z_A=10\Omega$、$Z_B=j10\Omega$、$Z_C=-j10\Omega$,电源的线电压为380V,试求在两个负载中点的电压表的读数(电压表的内阻为无穷大)。

第四章 电路的时域分析

由电容、电感等储能元件组成的电路，因为电路中能量的储存和释放不可能即刻完成，而是需要一段时间，经历一个过程，这个过程称为电路的过渡过程。过渡过程经历的时间很短，故又称为暂态过程。研究电路在暂态过程中电流和电压随时间的变化规律，称为电路的暂态分析，或称为电路的时域分析。

研究电路的暂态过程十分重要，除了认识和掌握暂态的规律以外，某些电路在暂态过程中要产生高电压或大电流，因此，人们既要利用它，同时又要避免它。

本章重点掌握一阶线性电路时域分析的"三要素法"，充分理解电流和电压随时间变化的规律，以及时间常数对暂态过程的影响。

第一节 过渡过程的概念

一、电路的暂态过程

前面讨论的各章无论是直流还是交流电路，都是在电路达到稳定状态下进行分析的，简称稳态。电路从一种稳态过渡到另一种稳态，需要一个过程，这就是工程上常说的过渡过程。

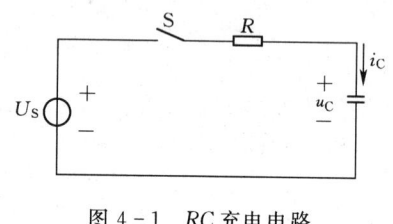

图 4-1 RC 充电电路

以如图 4-1 所示的 RC 串联电路为例，开关 S 原来打开，电容未被充电，即 $i_C=0$，$u_C=0$，这时电路处于一种稳态。当开关 S 闭合后经过一段时间，由于电容对直流相当于开路，因此电路中 $i_C=0$，$u_C=U_S$，电容中储存了能量，这又是一种稳态。那么电容电压 u_C 是怎样从 0 达到 U_S 的呢，电流 i_C 又是怎样变化的呢，这就是我们要研究的暂态问题。

二、换路定则和初始值的确定

1. 换路定则

电路的接通、切断、短路、电动势幅值、波形的突变、电路连接方式及电路参数的突然改变等统称为换路。

换路定则是指一个具有储能元件的网络中，在电路换路瞬间，电感元件的电流不能突变，电容元件的端电压不能突变。

从能量观点来看换路定则是容易理解的。我们知道，电感的磁场能量 $W_L=\frac{1}{2}LI_L^2$，电容的电场能量 $W_C=\frac{1}{2}CU_C^2$，式中电感量 L 和电容量 C 都是常量。假设电感中电流 I_L 可以突变，则电感元件储存的磁场能量 W_L 也要发生突变，磁场能量的突变意味着电源提

供的功率 $P=\lim\limits_{\Delta t\to 0}\dfrac{\Delta W_L}{\Delta t}=\infty$。事实上，没有能在瞬间提供无限大功率的电源，这说明了电感元件中电流的突变是不可能的。同理，如果假设电容端电压 U_C 可以突变，则电容元件储存的电场能量 W_C 也要发生突变，用同样道理可以说明电容电压的突变也是不可能的。

如果取时间 $t=0$ 为换路瞬间，以 $t=0_-$ 表示换路前的终了瞬间，$t=0_+$ 表示换路后的初始瞬间，则换路定则可叙述如下：

从 $t=0_-$ 到 $t=0_+$ 换路瞬间，电感元件中的电流和电容元件上的电压保持原值不变。即

$$i_L(0_+)=i_L(0_-) \tag{4-1}$$
$$u_C(0_+)=u_C(0_-) \tag{4-2}$$

式（4-1）和式（4-2）称为换路定则。

2. 初始值的确定

任意一个二端网络，在其输入端加电压或电流信号，此信号称为激励。在激励的作用下，该二端网络的各个元件上将产生相应的电流或电压，此电流或电压称为响应。

电感元件的初始电流 $i_L(0_+)$，以及电容元件的初始电压 $u_C(0_+)$，是一组独立的初始值。所谓独立就是说该初始值不能用其他初始条件推导出来，而网络中任何其他初始条件和响应，都可以用电感电流的初始值和电容电压的初始值以及激励来表示。

确定初始值的方法可画出 0_+ 时刻的等效电路，再用计算稳态电路的方法求出所需要的其他非独立的初始值。储能元件 0_+ 等效电路见表 4-1 的直观说明。

表 4-1　　　　储能元件 0_+ 等效电路

类　别	换路前瞬间 0_-	换路后瞬间 0_+
无储能	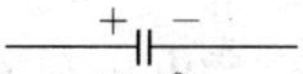 $u_C=0$	短路
	 $i_L=0$	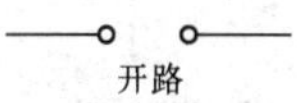 开路
有储能	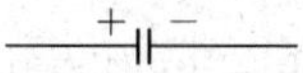 $u_C=U_0$	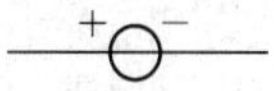 U_0
	 $i_L=I_0$	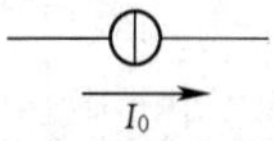 I_0

【例 4-1】 电路如图 4-2 所示，开关 S 原来打开，电容和电感都没有储能，$t=0$ 时，开关 S 闭合，求开关闭合后初始瞬间电容中电压和电感中电流的初始值。

解：（1）求图 4-2（a）电路在开关闭合后电压和电流的初始值。

由于 $t=0_-$ 时开关 S 断开，且电容没有储存电荷，故

$$i_C(0_-)=0, u_C(0_-)=0, u_R(0_-)=0$$

根据换路定则

$$u_C(0_+) = u_C(0_-) = 0$$

因 $u_C(0_+)=0$，所以 $t=0_+$ 瞬间，电容 C 相当于短路，该瞬间的等效电路如图 4-3（a）所示，由图可知

$$i_C(0_+) = \frac{U}{R} = \frac{10}{20} = 0.5 \text{(mA)}$$

$$u_R(0_+) = 20 \times 0.5 = 10 \text{(V)}$$

这个计算结果表明，电容元件的电流和电阻元件端电压是可以跃变的。

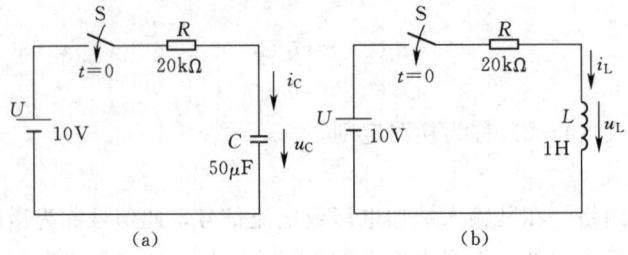

图 4-2 [例 4-1] 的电路图

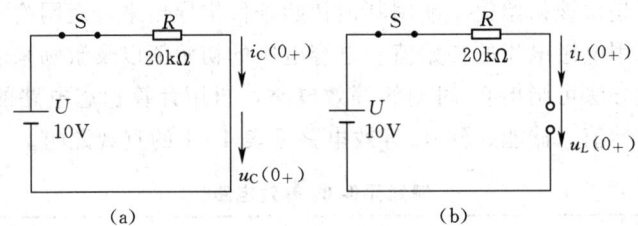

图 4-3 图 4-2 在 $t=0_+$ 时的等效电路图

(2) 求图 4-2（b）电路在开关闭合后电压和电流的初始值。

由于 $t=0_-$ 时开关 S 是断开的，且电感没有电流，故

$$i_L(0_-) = 0, u_L(0_-) = 0, u_R(0_-) = 0$$

根据换路定则

$$i_L(0_+) = i_L(0_-) = 0$$

因 $i_L(0_+)=0$，所以 $t=0_+$ 瞬间，电感相当于开路，该瞬间的等效电路如图 4-3（b）所示，由图可知

$$u_L(0_+) = U = 10 \text{(V)}$$

$$u_R(0_+) = 0 \text{(V)}$$

$u_L(0_+)=10\text{V}$ 表明电感元件端电压是可以跃变的。

【例 4-2】 在如图 4-4 所示电路中，电路原已处于稳态，在 $t=0$ 时 S 闭合，求电路中各元件的电压和电流的初始值。

解：（1）求出 $t=0_-$ 时电路中各电流、电压值。

由于 S 闭合前电路已处于稳态，故在 $t=0_-$ 瞬间，电感相当于短路，等效电路如图 4-5（a）所示，由图

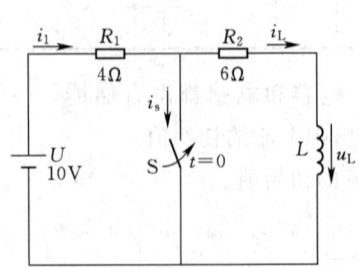

图 4-4 [例 4-2] 的电路图

可知

$$u_L(0_-)=0$$

$$i_L(0_-)=\frac{U}{R_1+R_2}=\frac{10}{4+6}=1(\text{A})$$

$$u_{R1}(0_-)=R_1 i_L(0_-)=4\times1=4(\text{V})$$

$$u_{R2}(0_-)=R_2 i_L(0_-)=6\times1=6(\text{V})$$

(2) 求 $t=0_+$ 时电路中各电流、电压值。根据换路定则

$$i_L(0_+)=i_L(0_-)=1\text{A}$$

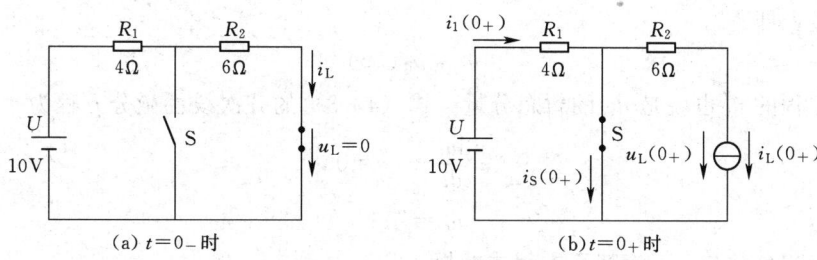

(a) $t=0_-$ 时　　　　(b) $t=0_+$ 时

图 4-5　图 4-4 电路的等效电路

由于 $i_L(0_+)=1\text{A}$，所以在 $t=0_+$ 瞬间电感相当于一个电流源，且 S 已闭合，等效电路如图 4-5（b）所示。由图可知

$$u_L(0_+)=-R_2 i_L(0_+)=-6\times1=-6(\text{V})$$

$$u_{R2}(0_+)=R_2 i_L(0_+)=6\times1=6(\text{V})$$

$$i_1(0_+)=\frac{U}{R_1}=\frac{10}{4}=2.5(\text{A})$$

$$u_{R1}(0_+)=R_1 i_1(0_+)=4\times2.5=10(\text{V})$$

$$i_S(0_+)=i_1(0_+)-i_L(0_+)=2.5-1=1.5(\text{A})$$

由以上两例计算结果可见，电容电压和电感电流在换路瞬间不能突变，但电容电流和电感电压在换路瞬间是可以突变的，而电阻的电压和电流也是可以突变的。

第二节　RC 电路的时域响应

一、RC 串联电路的全响应

图 4-6 是 RC 串联电路，$t=0$ 时开关 S 闭合，电路与直流电压源接通。下面我们讨论开关 S 闭合后，$t\geqslant 0$ 时电路的全响应。

根据基尔霍夫定律列出 $t\geqslant 0$ 时的回路电压方程

$$u_R+u_C=U$$

因为

$$u_R=iR,\quad i=C\frac{du_C}{dt}$$

所以

$$RC\frac{du_C}{dt}+u_C=U$$

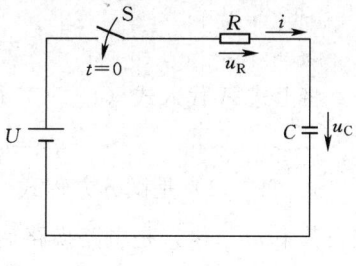

图 4-6　RC 串联电路

如果令 $\tau=RC$，则上述方程为

$$\tau\frac{\mathrm{d}u_C}{\mathrm{d}t}+u_C=U \tag{4-3}$$

求解式（4-3）微分方程，可得 u_C 与时间 t 的函数关系，即是 u_C 的全响应。

式（4-3）是一阶常系数非齐次线性微分方程，它的通解 u_C 是它的一个特解 u_C' 和它对应的齐次线性微分方程的通解 u_C'' 之和。即

$$u_C=u_C'+u_C'' \tag{4-4}$$

微分方程的 u_C' 也就是 u_C 的稳态分量，它是开关闭合后经无限长时间，即 $t=\infty$ 时的电容电压值，即

$$u_C'=u_C(\infty) \tag{4-5}$$

微分方程的 u_C'' 也就是 u_C 的暂态分量。式（4-3）的齐次线性微分方程为

$$\tau\frac{\mathrm{d}u_C''}{\mathrm{d}t}+u_C''=0 \tag{4-6}$$

而

$$u_C''=Ae^{pt} \tag{4-7}$$

式中：A 为积分常数；p 为特征方程式的根。

为了求出特征方程式的根 p，可将 u_C'' 及 $\frac{\mathrm{d}u_C''}{\mathrm{d}t}=Ape^{pt}$ 之值带入式（4-6），得

$$(\tau p+1)Ae^{pt}=0$$

故齐次线性微分方程的特征方程式为

$$\tau p+1=0$$

特征方程式的根为

$$p=-\frac{1}{\tau}=-\frac{1}{RC} \tag{4-8}$$

式中 $\tau=RC$，具有时间的量纲。如果 R 的单位为欧姆（Ω），C 的单位为法拉（F），则 τ 的单位为秒（s），故 τ 称为 RC 电路的时间常数。

将式（4-8）代入式（4-7）得

$$u_C''=Ae^{-\frac{t}{\tau}} \tag{4-9}$$

将式（4-5）及式（4-9）代入式（4-4）得

$$u_C=u_C(\infty)+Ae^{-\frac{t}{\tau}} \tag{4-10}$$

式中积分常数 A 可由电路的初始条件定出，如果已知 $t=0_-$ 时的 $u_C(0_-)$，则可根据换路定则求得 $u_C(0_+)$，将 $t=0$ 时 u_C 的初始值 $u_C(0_+)$ 代入式（4-10）得

$$u_C(0_+)=u_C(\infty)+A$$
$$A=u_C(0_+)-u_C(\infty)$$

将上式 A 代入式（4-10）得

$$u_C=u_C(\infty)+[u_C(0_+)-u_C(\infty)]e^{-\frac{t}{\tau}} \tag{4-11}$$

式（4-11）是微分方程式（4-3）的全解，或称 u_C 的全响应。它由两个分量叠加而成，其中 $u_C(\infty)$ 是电路换路后的稳态响应分量；$[u_C(0_+)-u_C(\infty)]e^{-\frac{t}{\tau}}$ 是电路换路后的暂态响应分量，是时间的指数函数。所以全响应表达式为

全响应＝稳态响应分量＋暂态响应分量

式（4-11）是分析 RC 电路时域响应的重要公式，只要知道 $u_C(\infty)$、$u_C(0_+)$、τ 这三个要素，就可以求出电路的全响应，这就是分析 RC 一阶电路时域响应的"三要素法"。所谓一阶电路，就是电路中只有一个等效的储能元件，列出的微分方程是一阶的。

利用"三要素法"求全响应的步骤如下：

(1) 根据稳态电路的分析方法，求出换路前的 $u_C(0_-)$ 以及换路后 $t=\infty$ 时的 $u_C(\infty)$ 值。

(2) 根据换路定则，求出换路后的 $u_C(0_+)$ 值。

(3) 求换路后的时间常数 $\tau=RC$。如果电路是由多个电阻与单个电容串联而成，这里的 R 实际是将电源置零，从储能元件 C 二端看进去的戴维南等效电路的等效电阻 R_0，然后可根据 $\tau=R_0C$ 求时间常数 τ。

(4) 根据式（4-11）求全响应 u_C。

【**例 4-3**】 在如图 4-7 所示电路中，开关长期合在位置"1"上，如在 $t=0$ 时把它合到位置"2"后，试应用三要素求电容器上电压 u_C。已知 $R_1=1\text{k}\Omega$，$R_2=2\text{k}\Omega$，$C=3\mu\text{F}$，电压源 $U_{S1}=3\text{V}$，$U_{S2}=5\text{V}$。

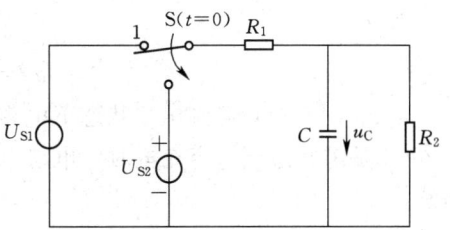

图 4-7 ［例 4-3］的电路图

解：(1) 计算电容电压 $u_C(t)$ 的初始值。

在 $t=0_-$ 时

$$u_C(0_-)=\frac{R_2 U_{S1}}{R_1+R_2}=\frac{3\times 2}{1+2}=2(\text{V})$$

$$u_C(0_+)=u_C(0_-)=2\text{V}$$

(2) 计算 $u_C(t)$ 的稳态值。

$$u_C(\infty)=\frac{R_2 U_{S2}}{R_1+R_2}=\frac{5\times 2}{1+2}=\frac{10}{3}(\text{V})$$

(3) 计算电路的时间常数 τ。

$$R_0=\frac{R_1 R_2}{R_1+R_2}=\frac{1\times 2}{1+2}=\frac{2}{3}(\text{k}\Omega)$$

$$\tau=R_0 C=\frac{2}{3}\times 10^3 \times 3\times 10^{-6}=2\times 10^{-3}(\text{s})$$

于是根据式（4-11）可写出

$$u_C(t)=\frac{10}{3}+\left(2-\frac{10}{3}\right)e^{-\frac{t}{2\times 10^{-3}}}=\left(\frac{10}{3}-\frac{4}{3}e^{-500t}\right)(\text{V})$$

下面我们利用"三要素法"分析 RC 电路的零状态响应和零输入响应。

1. 零状态响应（充电状态）

零状态是指电路在 $t=0_-$ 时，电路中储能元件无储能，响应仅是由外加激励引起的，显然零状态响应是一种充电状态。例如图 4-6 中，$u_C(0_-)=0$，$t=0$ 时开关 S 闭合，试确定电路的零状态响应。根据"三要素法"：

(1) 已知 $u_C(0_-)=0$，$u_C(\infty)=U$。
(2) 根据换路定则 $u_C(0_+)=u_C(0_-)=0$。
(3) 时间常数 $\tau=RC$。
(4) 由式（4-11）得电路的零状态响应，即
$$u_C=U-Ue^{-t/\tau}=U(1-e^{-t/RC})\text{V} \quad (4-12)$$

或写出
$$u_C=u_C(\infty)(1-e^{-t/\tau})\text{V}$$

因为
$$i=C\frac{du_C}{dt}$$

所以
$$i=\frac{U}{R}e^{-t/RC}\text{A} \quad (4-13)$$
$$u_R=Ri=Ue^{-t/RC}\text{V} \quad (4-14)$$

由式（4-12）可画出零状态下电容被充电时 u_C 随时间变化的曲线，如图 4-8 所示。图 4-9 是零状态下电容充电时，电容电压 u_C、电阻电压 u_R 以及充电电流 i 随时间变化的曲线。

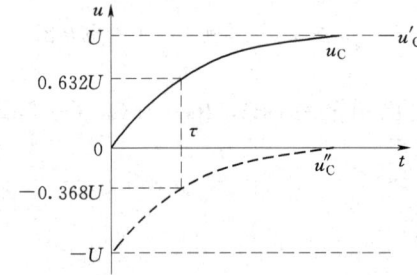
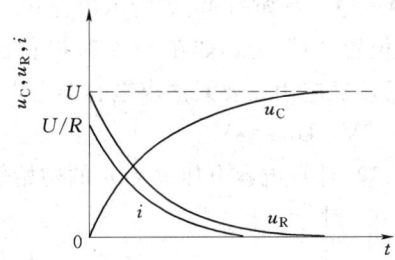

图 4-8 电容充电时 u_C 的变化曲线　　图 4-9 电容充电时 u_C、u_R、i 的变化曲线

2. 零输入响应（放电状态）

零输入是指电路在 $t=0_-$ 时，电路储能元件有储能，换路后无激励，响应仅由初始储能引起的，称为零输入响应，显然零输入响应是一种放电状态。例如图 4-10 开关合向"1"时，电路已稳态，$t=0$ 时开关合向"2"，试确定电路的零输入响应。

(1) 已知 $u_C(0_-)=U_0$，$u_C(\infty)=0$。
(2) 根据换路定则 $u_C(0_+)=u_C(0_-)=U_0$。
(3) 时间常数 $\tau=RC$。
(4) 由式（4-11）得电路的零输入响应，即
$$u_C=U_0e^{-t/RC}=U_0e^{-t/\tau}\text{V} \quad (4-15)$$

或写出
$$u_C=u_C(0_+)e^{-t/\tau}\text{V}$$
$$i=C\frac{du_C}{dt}=-\frac{U_0}{R}e^{-t/RC}\text{A} \quad (4-16)$$
$$u_R=Ri=-U_0e^{-t/RC}\text{V}$$

以上两式中的负号表示放电电流和原来所设的电流方向相反。电容放电时 u_C、i 和 u_R 随时间变化曲线如图 4-11 所示。

根据三要素法公式，可以推导整理出

$$u_C = u_C(\infty)(1-e^{-t/\tau}) + u_C(0_+)e^{-t/\tau}$$

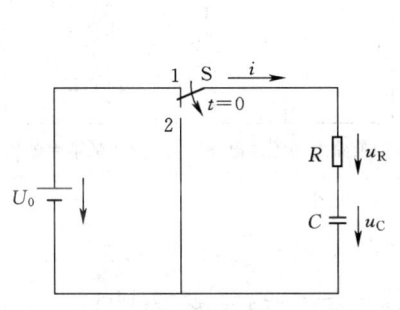

图 4-10 RC 放电电路

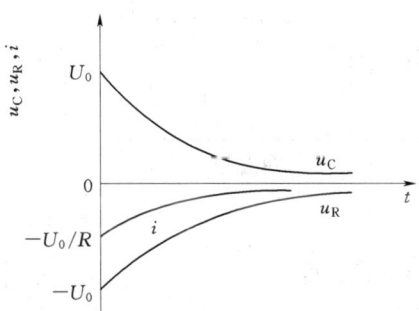

图 4-11 电容放电时 u_C、u_R、i 的变化曲线

可见式中等号右边第一项为零状态响应；第二项为零输入响应。所以一阶电路的全响应表达式还可以写为

全响应＝零状态响应＋零输入响应

二、RC 电路的时间常数

把 u_C 和 i 不同时刻的数值列于表 4-2 中，可见换路后经过一个 τ 的时间，u_C 衰减为初值 U_0 的 36.8%。换句话说，u_C 衰减到原值 36.8% 所经历的时间是一个时间常数 τ。

从理论上讲，需要经历无限长的时间电压才衰减到零，电路才能达到稳定状态，但实际工程上一般认为，只要经过 (3～5)τ 的时间，电压就已经衰减到忽略不计了，这时可认为过渡过程基本结束。显然动态过程的快慢是由时间常数的大小来决定的。时间常数越小，衰减过程越快，反之时间常数越大，衰减过程越慢。

表 4-2　　　　　　　　u_C 和 i 不同时刻的数值

t	$e^{-t/\tau}$	u_C	i	t	$e^{-t/\tau}$	u_C	i
0	$e^0=1$	U_0	U_0/R	4τ	$e^{-4}=0.018$	$0.018U_0$	$0.018U_0/R$
τ	$e^{-1}=0.368$	$0.368U_0$	$0.368U_0/R$	5τ	$e^{-5}=0.007$	$0.007U_0$	$0.007U_0/R$
2τ	$e^{-2}=0.135$	$0.135U_0$	$0.135U_0/R$	…	…	…	…
3τ	$e^{-3}=0.050$	$0.050U_0$	$0.050U_0/R$	∞	$e^{-\infty}=0$	0	0

【例 4-4】 在图 4-12 (a) 中，$R=2\Omega$，$C=1\mu F$，$I=2A$，$u_C(0)=U_0=1V$。试求 $t \geqslant 0$ 时的 u_C、i_C 和 i_R，并作出变化曲线。

解：本例可应用戴维南定理计算，换路后的等效电路如图 4-12 (c) 所示。等效电源的电动势和内阻分别为

$$E = RI = 2 \times 2 = 4(V)$$
$$R_0 = R = 2\Omega$$

电路的时间常数为

$$\tau = R_0 C = 2 \times 1 \times 10^{-6} = 2 \times 10^{-6}(s)$$

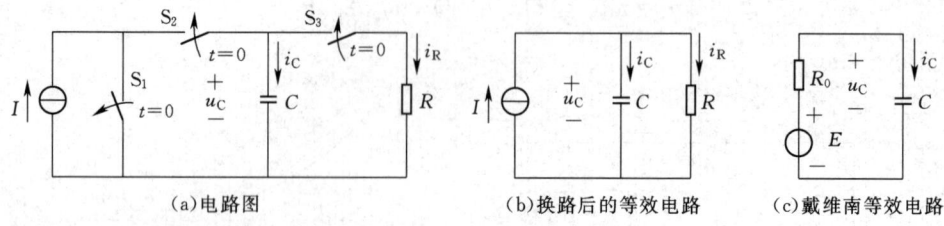

(a)电路图　　　　　(b)换路后的等效电路　　　　(c)戴维南等效电路

图 4-12　[例 4-4] 图

根据式（4-11）得

$$u_C = E + (U_0 - E)e^{-\frac{t}{\tau}} = 4 + (1-4)e^{-\frac{1}{2\times 10^{-6}}t} = (4 - 3e^{-0.5\times 10^6 t})\text{V}$$

由此得

$$i_C = C\frac{du_C}{dt} = 1.5e^{-0.5\times 10^6 t}\text{A}$$

$$i_R = \frac{u_C}{R} = (2 - 1.5e^{-0.5\times 10^6 t})\text{A}$$

所求 u_C、i_C 和 i_R 的变化曲线如图 4-13 所示。

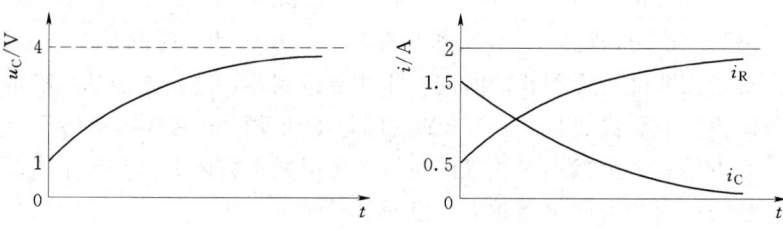

图 4-13　u_C、i_C 和 i_R 的变化曲线

【例 4-5】　在图 4-14 中，$U = 20\text{V}$，$C = 4\mu\text{F}$，$R = 50\text{k}\Omega$。在 $t = 0$ 时闭合 S_1，在 $t = 0.1\text{s}$ 时闭合 S_2，求闭合后的电压 u_R。设 $u_C(0_-) = 0$。

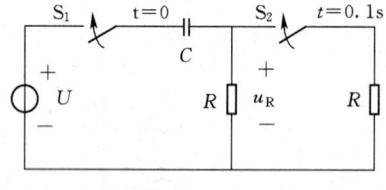

图 4-14　[例 4-5] 图

解： 在 $t = 0$ 时闭合 S_1 后，得

$$u_R = Ue^{-\frac{t}{\tau_1}} = 20e^{-\frac{t}{0.2}}\text{V}$$

其中　　$\tau_1 = RC = 50\times 10^3 \times 4\times 10^{-6} = 0.2(\text{s})$

在 $t = 0.1\text{s}$ 时

$$u_{R(0.1s)} = 20e^{-\frac{0.1}{0.2}} = 20e^{-0.5} = 20\times 0.607 = 12.14(\text{V})$$

在 $t = 0.1\text{s}$ 时闭合 S_2 后，可应用三要素法求 u_R：

(1) 确定初始值。

$$u_{R(0.1s)} = 12.14\text{V}$$

(2) 确定稳态值。

$$u_R(\infty) = 0$$

(3) 确定时间常数。

$$\tau_2 = \frac{R}{2}C = 25\times 10^3 \times 4\times 10^{-6} = 0.1(\text{s})$$

于是可写出

$$u_R = u_R(\infty) + [u_R(0.1\text{s}) - u_R(\infty)]e^{-\frac{t-0.1}{\tau_2}}$$
$$= 0 + (12.14 - 0)e^{-\frac{t-0.1}{0.1}} = 12.14 e^{-10(t-0.1)} \text{ V}$$

第三节 RL 电路的时域响应

一、RL 电路的全响应

图 4-15 是 RL 串联电路，在 $t=0$ 时，开关 S 闭合，电路与直流电源接通，下面我们就讨论开关闭合后，$t \geq 0$ 时电路的全响应。

与分析 RC 电路的时域响应一样，根据基尔霍夫定律，首先可列出 $t \geq 0$ 时的回路电压方程，由图 4-15 知

$$u_R + u_L = U$$

因

$$u_R = Ri, \quad u_L = L\frac{di}{dt}$$

故

$$L\frac{di}{dt} + Ri = U$$

或

$$\frac{L}{R}\frac{di}{dt} + i = \frac{U}{R}$$

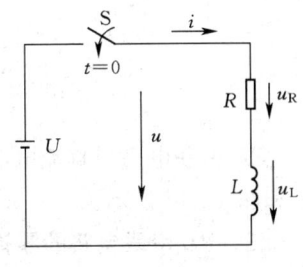

图 4-15 RL 串联电路

令 $\tau = \frac{L}{R}$，则上式可改写为

$$\tau \frac{di}{dt} + i = \frac{U}{R} \tag{4-17}$$

$\tau = \frac{L}{R}$ 也具有时间的量纲，如果电阻 R 的单位为欧姆（Ω），电感 L 的单位为亨利（H），则 τ 的单位为秒（s），故称 $\tau = \frac{L}{R}$ 为 RL 电路的时间常数。

式（4-17）与式（4-3）两方程形式相似，都是一阶常系数非其次线性微分方程，只是原函数和常数项所代表的物理量不同，所以求式（4-17）微分方程全解的方法和求式（4-3）微分方程全解的方法完全一样，全解的形式也应当一样。因此根据式（4-3）微分方程全解的表示式（4-11），可直接写出式（4-17）微分方程的全解（全响应）为

$$i = i(\infty) + [i(0_+) - i(\infty)]e^{-\frac{t}{\tau}} \tag{4-18}$$

对照式（4-4）可得到

$$i = i' + i''$$

式中：$i' = i(\infty)$ 为换路后的稳态响应分量；$i'' = [i(0_+) - i(\infty)]e^{-\frac{t}{\tau}}$ 为换路后的暂态分量。

分析 RL 串联电路的时域响应和分析 RC 串联电路的时域响应一样，也可以采用式（4-18）的"三要素法"。

如果电路不是由单个电阻与电感串联而成，求等效电阻的方法与前面讲的 RC 电路相同，即 R 实际是将电源置零，从储能元件 L 二端看进去的戴维南等效电路的等效电阻 R_0。然后根据 $\tau = \frac{L}{R_0}$ 求时间常数 τ。

下面我们利用"三要素法"分析 RL 串联电路的零状态响应和零输入响应。

二、RL 串联电路的零状态响应

在图 4-16 中，如果换路前终了瞬间电感中没有储能，即 $i(0_-)=0$，在 $t=0$ 时输入电压 U，求 $t \geq 0$ 时的零状态响应，可用三要素法确定，由于 $i(0_+)=i(0_-)=0$，换路后 $t=\infty$ 时的 $i(\infty)=\dfrac{U}{R}$，换路后电路的时间常数 $\tau=\dfrac{L}{R}$，故由式（4-18）得到零状态响应：

$$i=\frac{U}{R}+\left(0-\frac{U}{R}\right)e^{-\frac{t}{\tau}}=\frac{U}{R}(1-e^{-\frac{t}{\tau}})=\frac{U}{R}(1-e^{-\frac{Rt}{L}})\text{ A} \tag{4-19}$$

或写成

$$i=i(\infty)(1-e^{-\frac{t}{\tau}})\text{ A}$$

$$u_R=Ri=U(1-e^{-t/\tau})=U(1-e^{-\frac{Rt}{L}})\text{ V} \tag{4-20}$$

$$u_L=L\frac{di}{dt}=Ue^{-\frac{t}{\tau}}=Ue^{-\frac{Rt}{L}}\text{ V} \tag{4-21}$$

RL 串联电路与直流电源接通时的零状态响应 i 及 u_L、u_R 随时间的变化曲线如图 4-16 和图 4-17 所示。

三、RL 串联电路的零输入响应

如图 4-18 所示的电路中，开关 S 原来与"1"相连，电路已处于稳态，电感已有电流 $I_0=\dfrac{U}{R}$，即 $i(0_-)=I_0=\dfrac{U}{R}$，在 $t=0$ 时开关 S 从位置"1"合到位置"2"，换路后电路无输入激励，电路中的响应是由电感中原有储能激励产生的，故是零输入响应。用三要素法可确定该 RL 电路短路放电时的响应。

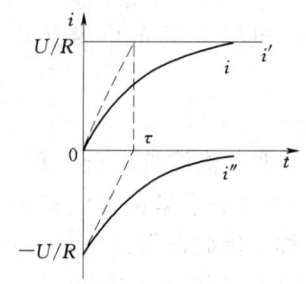

图 4-16　电流 i 的变化曲线

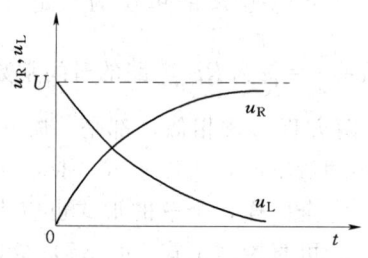

图 4-17　u_R 及 u_L 的变化曲线

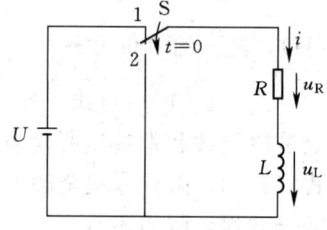

图 4-18　RL 电路的短路

由图 4-18 可知

$$i(0_+)=i(0_-)=\frac{U}{R}=I_0$$

$$i(\infty)=0$$

$$\tau=\frac{L}{R}$$

由式（4-18）得

$$i=\frac{U}{R}e^{-\frac{t}{\tau}}=\frac{U}{R}e^{-\frac{Rt}{L}}=I_0e^{-\frac{Rt}{L}}\text{ A} \tag{4-22}$$

或写成

$$i=i(0_+)e^{-\frac{t}{\tau}}\text{ A}$$

$$u_R = Ue^{-\frac{t}{\tau}} = Ue^{-\frac{Rt}{L}} \text{V} \tag{4-23}$$

$$u_L = -Ue^{-\frac{t}{\tau}} = -Ue^{-\frac{Rt}{L}} \text{V} \tag{4-24}$$

i、u_R、u_L 随时间变化的曲线如图 4-19 所示。

由以上分析可见，RL 电路的时域响应与 RC 电路的时域响应一样，都是随时间按指数规律（增长或衰减）变化的，其变化的快慢都是取决于电路时间常数 τ，RC 电路和 RL 电路中 τ 的物理意义和对时域响应的影响是相同的，所不同的仅是 RC 电路的时间常数 $\tau = RC$，RL 电路的时间常数 $\tau = \dfrac{L}{R}$。

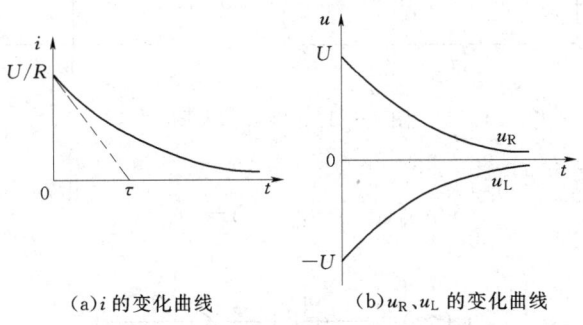

(a) i 的变化曲线　　(b) u_R、u_L 的变化曲线

图 4-19　RL 短路放电时，各电量的变化曲线

【**例 4-6**】　在图 4-20 电路中，$R_L = 20\Omega$ 为负载电阻，$R_1 = 1\Omega$ 为线路电阻，K 为继电器线圈，其电阻 $R=1\Omega$，$L=0.2\text{H}$，直流电源电压 $U=220\text{V}$。如果负载 R_L 被短路，线路中将产生很大的电流，当线路中的电流 $i=30\text{A}$ 时，继电器动作可将电源切断。试问当负载被短路后需经过多少时间，继电器才能将电源切断。

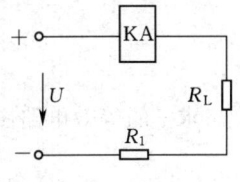

图 4-20　[例 4-6] 图

解：需首先应用三要素求出负载被短路后的全响应电流 i。由于

$$i(0_+) = i(0_-) = \frac{U}{R+R_L+R_1}$$

$$= \frac{220}{1+20+1} = 10(\text{A})$$

$$i(\infty) = \frac{U}{R+R_1} = \frac{220}{1+1} = 110(\text{A})$$

$$\tau = \frac{L}{R+R_1} = \frac{0.2}{1+1} = 0.1(\text{s})$$

由式（4-18）得电流 i 的全响应：

$$i = 110 + (10-110)e^{-\frac{t}{0.1}} = (110-100e^{-10t})\text{A}$$

由上式可见，在负载被短路时，电流 i 由 10A 开始按指数规律增长，当 i 增长到 30A 时，继电器动作，将电源切断，起短路保护作用。

将 $i=30\text{A}$ 代入上式可求得负载被短路到电源被切断所需经历的时间 t。即

$$30 = 110 - 100e^{-10t}$$

$$e^{10t} = \frac{10}{8}$$

$$t = \frac{2.3-2.1}{10} = 0.02(\text{s})$$

【例 4-7】 图 4-21 中，开关 S 原来打开，$t=0$ 时 S 闭合，求 i_2 随时间变化规律。已知 $i_2(0_-)=1\text{A}$，$U=120\text{V}$，$R_1=20\Omega$，$R_2=30\Omega$，$R_3=60\Omega$，$L=1\text{H}$。

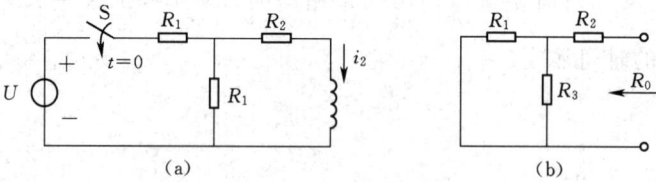

图 4-21 ［例 4-7］图

解：i_2 初始值为

$$i_2(0_+) = i_2(0_-) = 1\text{A}$$

稳态值为

$$i_2(\infty) = \frac{U}{R_1 + \frac{R_2 R_3}{R_2 + R_3}} \times \frac{R_3}{R_2 + R_3}$$

$$= \frac{120}{20 + \frac{30 \times 60}{30 + 60}} \times \frac{60}{30 + 60} = 2(\text{A})$$

求 τ 的等效电路图如图 7-21（b）所示。

$$R_0 = R_2 + \frac{R_1 R_3}{R_1 + R_3} = 30 + \frac{20 \times 60}{20 + 60} = 45(\Omega)$$

$$\tau = L/R_0 = 1/45 \text{ s}$$

据三要素公式

$$i_2 = i_2(\infty) + [i_2(0_+) - i_2(\infty)]e^{-t/\tau}$$

$$= 2 + (1-2)e^{-45t} = (2 - e^{-45t})\text{A}$$

【例 4-8】 如图 4-22 所示是发电机励磁回路。已知励磁绕组的电阻 $R=0.189\Omega$，电感 $L=0.398\text{H}$，直流电压 $U=35\text{V}$。电压表量程为 50V，内阻 $R_V=5\text{k}\Omega$。开关 S 未打开时，电路已稳定，$t=0$ 时，开关打开。求：

(1) 电路的时间常数。

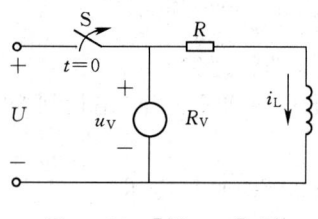

图 4-22 ［例 4-8］图

(2) 电流 i_L 随时间变化规律。

(3) 电压表二端电压 u_V。

(4) 开关刚打开时，电压表的端电压。

解：(1) 电路的时间常数。

$$\tau = \frac{L}{R+R_V} = \frac{0.398}{0.189 + 5 \times 10^3} = 79.59(\mu\text{s})$$

（2）电流随时间变化规律。

因为 $i_L(0_+)=i_L(0_-)=\dfrac{U}{R}=\dfrac{35}{0.189}=185.18(A)$

所以依电流放电（零输入响应）表达式（4-22）得

$$i_L=i_L(0_+)e^{-\frac{t}{\tau}}=185.18e^{-12564t}(A)$$

（3）电压表二端电压。

$$u_V=-R_V i_L=-5\times10^3\times185.18e^{-12564t}$$
$$\approx -926e^{-12564t}kV$$

（4）开关刚打开时，电压表端电压。

$$u_V=-926kV$$

可见，此时电压表承受很高的电压，要烧坏电压表。因此，工程实际当中，对感性负载，当开关拉开时，必须考虑磁场能量的释放。常用的办法是在感性负载两端并接二极管或阻值小的电阻。

【例4-9】 图4-23中，RL是发电机的励磁绕组，其电感较大，将电源开关S断开时，为了不烧坏开关触头，用一个泄放电阻R'与线圈连接，开关接通R'的同时将电源断开，经过一定时间后，再将开关扳到"3"的位置，使电路完全断开。

已知：$U=220V$，$L=10H$，$R=80\Omega$，$R_f=30\Omega$，在电路已进入稳定状态时，开关与电源断开而与R'接通。求：（1）设$R'=1000\Omega$，试求开关接通R'的初始瞬间线圈两端的电压u_{RL}；（2）在（1）中如果不使u_{RL}超过220V，泄放电阻R'应选多大？（3）根据（2）中所选用的电阻R'，试求开关接通R'后经过多长时间绕组才能将所储的磁能放出95%；（4）写出（3）中u_{RL}随时间变化的表达式。

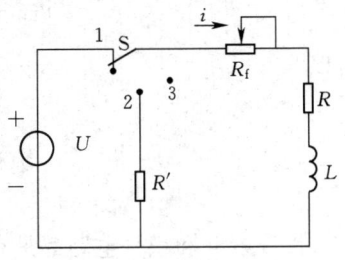

图4-23 [例4-9]图

解：换路前线圈中的电流为

$$I_0=\dfrac{U}{R+R_f}=\dfrac{220}{80+30}=2(A)$$

根据换路定则

$$i(0_+)=i(0_-)=I_0=2A$$

（1）换路后初始瞬间即$t=0_+$时线圈两端的电压为

$$u_{RL}(0_+)=-(R'+R_f)i(0_+)=-(1000+30)\times2=-2060(V)$$

式中负号是表示$u_{RL}(0_+)$的实际方向与正方向相反。

（2）如果不使$u_{RL}(0_+)$超过220V，则

$$(R'+R_f)i(0_+)\leqslant 220V$$

即
$$(R'+30)\times 2 \leqslant 220\text{V}$$

所以
$$R' \leqslant 80\Omega$$

(3) 求当磁能已放出95%时的电流及所需时间。

$$\frac{1}{2}Li^2 = (1-0.95)\frac{1}{2}LI_0^2$$

$$\frac{1}{2}\times 10 i^2 = 0.05 \times \frac{1}{2}\times 10 \times 2^2$$

所以
$$i = 0.446\text{A}$$

由式（4-22）知
$$i = I_0 e^{-\frac{R+R_f+R'}{L}t} = 2e^{-19t}\text{A}$$

$$0.446 = 2e^{-19t}$$

解得磁能放出95%时所需的时间为
$$t = 0.078\text{s}$$

(4) 按 $R'=80\Omega$，写成 u_{RL} 的表示式
$$u_{RL} = -(R_f+R')i = -(30+80)2e^{-19t}$$

所以
$$u_{RL} = -220e^{-19t}\text{V}$$

第四节 微分电路和积分电路

微分电路和积分电路都是利用 RC 串联电路在矩形脉冲或电路内部储能激励下的时候响应。将矩形波转换成尖脉冲波或三角波，利用微分或积分这两种电路来实现，在电子技术中被广泛应用。

一、微分电路

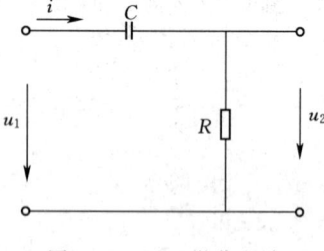

图 4-24 RC 微分电路

如图 4-24 所示的 RC 电路，其输入激励 u_1 是一个矩形脉冲信号，u_1 的幅值为 U，脉冲持续时间或称脉冲宽度为 t_p，如图 4-25（a）所示，电路的输出电压 u_2 从电阻 R 两端取出。

微分电路的时间常数 $\tau \ll t_p$，若在 $t=0$ 时，输入矩形脉冲信号 u_1，电压从 0 跃变到 U，这相当于 RC 串联电路在零状态下输入正向直流电压，如果电路的时间常数很小，譬如 $\tau=0.05t_p$，则可认为 $t=5\tau=0.25t_p$ 时，电路已进入稳态，u_C 已有零值增长到 U，$u_R(u_2)$ 已由 U 衰减 0。u_C 和 u_2 随时间的变化曲线见图 4-25（b）、(c)，当 $t=t_1$ 时，u_1 由 U 突变到 0，此时刻相当于将 RC 电路输入端短接，电路换路后 RC 电路在电容原有储能的激励下产生零输入响应，同样只需经历 $t=5\tau=0.25t_p$ 这段时间，u_C 由 U 很快衰减到 0，u_R 由 $-U$ 很快衰减到 0。如果输入电压 u_1 为一系列矩形

脉冲时，输出则是一系列上下对称的尖脉冲，u_C 和 u_2 的波形如图 4 - 25（b）和图 4 - 25（c）所示。

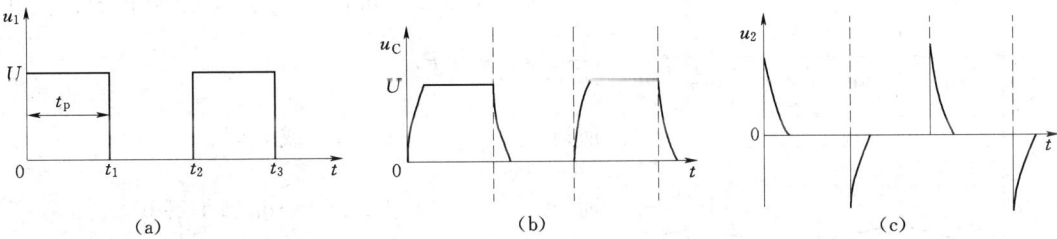

图 4 - 25　微分电路的波形

由图 4 - 25 知
$$u_1 = u_C + Ri$$

如果电路满足 $\tau \ll t_p$ 时，由于 τ 很小，故可以认为 R 和 C 都很小，因此，$\dfrac{1}{\omega C} \gg R$，$Ri \ll u_C$（除电容器刚刚开始充电或放电的一段极短时间外），故有

$$u_1 \approx u_C$$

而输出电压
$$u_2 = Ri = RC \dfrac{du_C}{dt}$$

所以
$$u_2 \approx RC \dfrac{du_1}{dt} \tag{4-25}$$

必须指出的是，如果电路时间常数 τ 发生变化，致使 $\tau \gg t_p$，由于这时电容器充电和放电时间延长，u_C 和 u_2 将缓慢变化，使输出波形发生质的变化，电路将不再是微分电路了。

二、积分电路

积分电路如图 4 - 26 所示，输入电压 u_1 仍是副值为 U，脉冲宽度为 t_p 的矩形脉冲，电路时间常数 $\tau \gg t_p$，输出电压 u_2 从电容 C 两端取出。

积分电路可将矩形波信号变换成三角波（或锯齿波）信号。若 $t = 0$ 时以矩形波信号输入，输入电压 u_1 将从零值跃变到 U，电容器 C 开始充电，由于电路的时间常数远大于矩形脉冲的宽度 t_p，所以在时间 t 从 0 到 t_1 这段时间内，即 t_p 这段时间内 u_2 的上升曲线只是指数曲线起始部分的一小段，该小段曲线近似于一条直线，因此输出电压 u_2 近似线性增长。在 $t = t_1$ 瞬间，输入电压 u_1 从 U 跃变到 0，输入端相当于短接。电路在该时刻换路后，

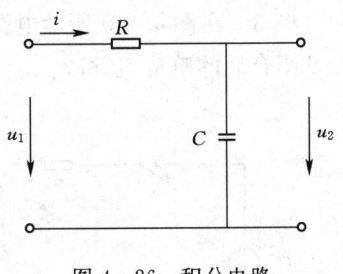

图 4 - 26　积分电路

电容 C 通过电阻放电，由于电路时间常数 τ 很大，电容放电缓慢，u_2 将近似线性地下降。如果输入电压是一系列矩形脉冲，输出电压则是一系列三角波（或锯齿波），输入和输出电压波形如图 4 - 27 所示。

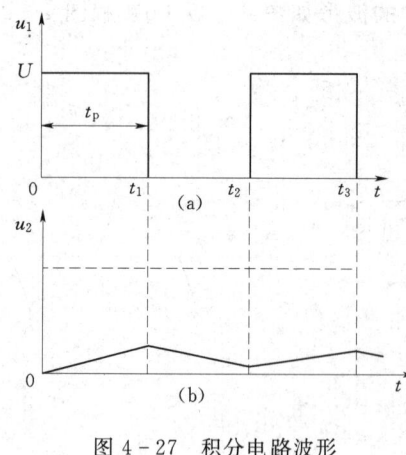

图4-27 积分电路波形

由图4-26可知

$$u_1 = Ri + u_2$$

由于 τ 很大,可以认为 R 及 C 都很大,因此 $\dfrac{1}{\omega C} \ll R$,$u_2 \ll Ri$。

所以 $u_1 \approx Ri$ 或 $i \approx \dfrac{u_1}{R}$

而 $u_2 = \dfrac{q}{C}$,$q = \int i\,\mathrm{d}t \approx \int \dfrac{u_1}{R}\,\mathrm{d}t$

由上两式得

$$u_2 \approx \frac{1}{RC}\int u_1\,\mathrm{d}t \tag{4-26}$$

习 题

4-1 在图4-28所示电路中,开关S闭合前电路已处于稳态,试确定S闭合后电压 u_C 和电流 i_C、i_1、i_2 的初始值和稳态值。

4-2 在图4-29所示电路中,开关S闭合前电路已处于稳态,试确定S闭合后电压 u_L 和电流 i_L、i_1、i_2 的初始值和稳态值。

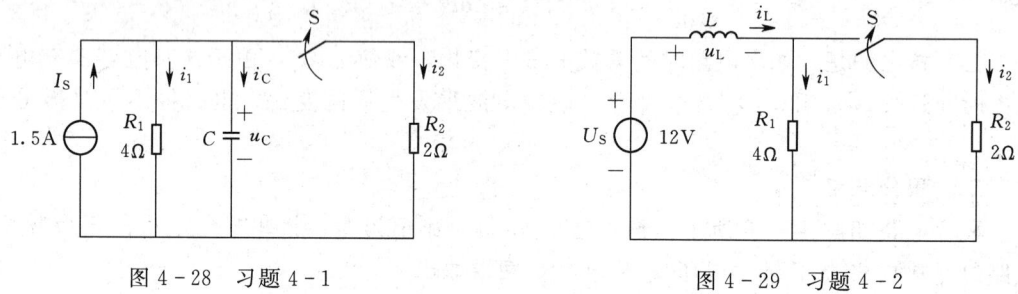

图4-28 习题4-1　　　　　　图4-29 习题4-2

4-3 在图4-30所示电路中,已知 $U_S = 12\text{V}$,$R = 3\text{k}\Omega$,$L = 6\text{mH}$。S断开时。求开关S闭合后的响应 i_L 和 u_L。

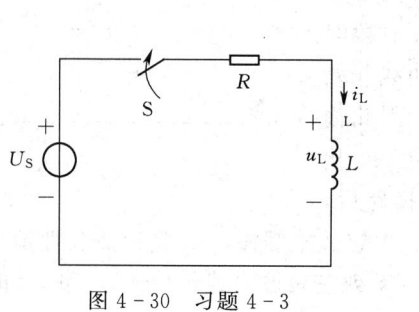
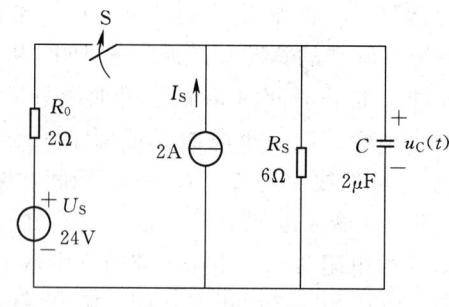

图4-30 习题4-3　　　　　　图4-31 习题4-4

4-4 在图4-31所示电路中,已知 $U_S = 24\text{V}$,$I_S = 2\text{A}$,$R_0 = 2\Omega$,$R_S = 6\Omega$;开关S

在 $t=0$ 时合上。试求电容 C 两端的电压 $u_C(t)$，并画出其波形图。

4-5 在图 4-32 所示电路中，$U_S=10\text{V}$，$I_S=11\text{A}$，$R=2\Omega$，$L=1\text{H}$。开关 S 在 $t=0$ 时合上，闭合前电路处于稳态。求 $t \geqslant 0$ 时电流 $i(t)$，并画出其波形图。

4-6 图 4-33 所示电路原已处于稳态，试求开关 S 闭合后的 u_C 和 u_R。

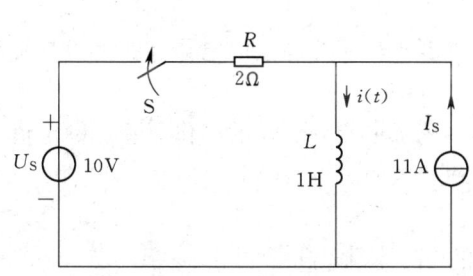

图 4-32 习题 4-5

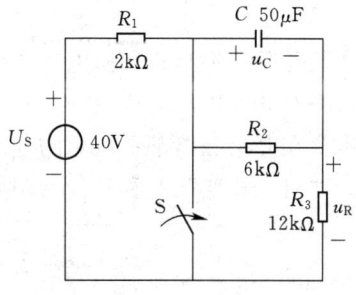

图 4-33 习题 4-6

4-7 如图 4-34 所示电路原已处于稳态，试求开关 S 断开后的 i_L 和 u_L。

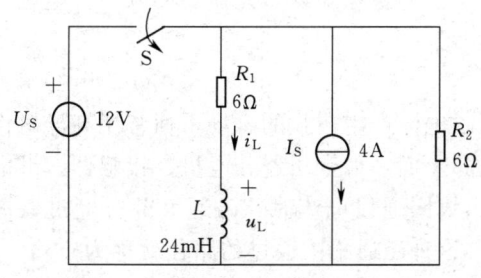

图 4-34 习题 4-7

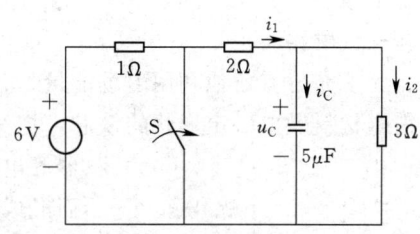

图 4-35 习题 4-8

4-8 图 4-35 所示电路中，电路参数值已在图中标出，设开关 S 闭合前电路已处于稳态，在 $t=0$ 时将开关 S 闭合，试求 $t \geqslant 0$ 时的全响应 u_C、i_C、i_1、i_2。

第五章 磁路与变压器

变压器是一种具有变换电压、电流和阻抗等多种功能的静止的电器,在电力系统和电子技术中有非常广泛的应用。

本章在介绍磁路基本概念的基础上,详细讨论了单相变压器的工作原理、额定值和外特性。并对三相变压器和各种专用变压器作了简要说明。

第一节 磁路的基本概念

变压器是根据电磁感应原理由电路和磁路组合而成的电磁元件。考虑到磁路的一些基本概念是学习变压器、电机和接触器等电磁器件所需的基本知识,先扼要回顾一下电磁学的基本知识。

一、磁路

为了充分有效地利用磁场能量,且以较小励磁电流产生较强的磁场,通常用高导磁性能铁磁材料做成一定形状的铁芯,把线圈绕在铁芯上面,如变压器、电机、接触器、继电器等电磁器件。当线圈通以电流时,磁通大部分经过铁芯而形成闭合回路,这种磁通集中通过的路径就称为磁路。

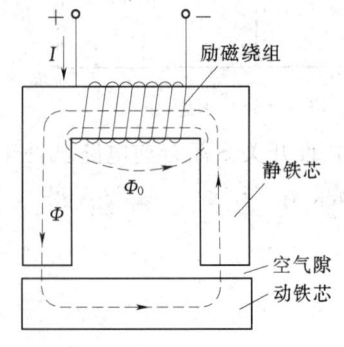

图 5-1 电磁铁的磁路

图 5-1 所示的电磁铁由励磁绕组(线圈)、静铁芯和动铁芯(衔铁)三个基本部分组成。当励磁绕组通以电流 I 时,磁场的磁通绝大部分通过铁芯、衔铁及其间的空气隙而形成闭合的磁路,这部分磁通 Φ 称为主磁通。但也有极小部分磁通(图 5-1 中的 Φ_0)在铁芯以外通过大气形成闭合回路,这部分磁通 Φ_0 称为漏磁通。

二、磁路中的基本物理量

为便于学习,将电磁学中学过的有关磁路的物理量列于表 5-1 中,它们是分析计算磁路的基本物理量。

表 5-1　　　　　　　　磁路中的基本物理量

物理量		意　义	计量单位	
名　称	符号		名　称	符号
磁感应强度 磁通量密度 (简称磁通密度)	B	表示空间某点磁场的强弱与方向的物理量。可用垂直于磁场方向的单位面积通过的磁力线数表示	特斯拉 (简称特)	T (1T=1Wb/m²)
磁通量 (简称磁通)	Φ	表示穿过某一截面 S 的磁感应强度矢量的通量,即穿过截面 S 的磁力线总数。在均匀磁场内,$\Phi=BS$	韦伯 (简称韦)	Wb (1Wb=1V·s)

续表

物理量		意 义	计量单位	
名 称	符号		名 称	符号
磁场强度	H	表示磁场中与介质无关的磁场大小和方向。它可定义为介质中某点的磁感应强度 B 与介质磁导率 μ 之比，即 $H=B/\mu$	安培每米（简称安每米）	A/m
磁导率	μ	表示物质的导磁性能。真空的磁导率 $\mu_0=4\pi\times10^{-7}$ H/m	亨利每米（简称亨每米）	H/m

三、磁路的欧姆定律

磁路的欧姆定律是磁路中最基本的定律，现以最简单的环形铁芯线圈（图 5-2）来说明。假设铁芯横截面积各处相等，线圈是密绕的，且绕得很均匀，则电流沿铁芯中心线产生的磁场各处大小相等，磁场强度 H 的方向和铁芯中心线的切线方向一致。根据安培环路定律 $\left(\oint_L \vec{H} \mathrm{d}\vec{l}=\sum I\right)$ 得出

$$Hl=IN \qquad (5-1)$$

式中：H 为磁场强度；l 为磁路平均长度；N 为线圈的匝数；I 为线圈的电流。

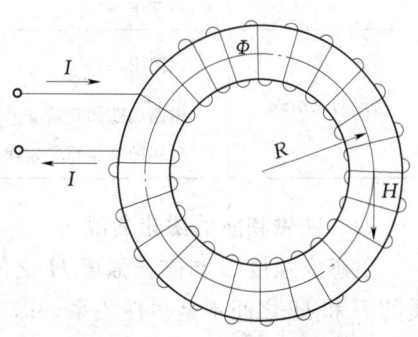

图 5-2 环形铁芯线圈

$$H=\frac{B}{\mu}$$

$$NI=Hl=\frac{B}{\mu}l=\frac{\Phi}{\mu S}l$$

于是
$$\Phi=\frac{IN}{l/(\mu S)}=\frac{F}{R_\mathrm{m}} \qquad (5-2)$$

式中：F 称为磁动势，$F=IN$，磁通是由它产生的；R_m 称为磁阻，是表示磁路对磁通的阻碍作用的物理量，$R_\mathrm{m}=l/(\mu S)$。

磁路的磁阻 R_m 一是个新概念，磁路的平均长度 l 越长，磁阻 R_m 就越大；铁芯截面积 S 越大、物质的导磁能力越强（即 μ 越大），磁阻 R_m 就越小。

由于式（5-2）在形式上与电路的欧姆定律相似，故称为磁路的欧姆定律，即由励磁电流在磁路中产生的磁通中，其大小与励磁磁动势 F 成正比，与磁路的磁阻 R_m 成反比。

表 5-2 列出磁路与电路的对应关系，以便于类比学习。

磁路的欧姆定律一般不用于磁路的定量计算，它只用于对磁路问题作定性分析。因为铁磁物质的磁导率 μ 是随电流而变化的物理量，它不是常数。因此磁阻也是变量，所以不能用式（5-2）对磁路进行定量计算。对磁路的定量计算要用安培环路定律并借助铁磁物质的磁化曲线来进行。

表 5-2　　　　　　　　　　　磁路与电路的对应关系

类别	磁路	电路
典型结构	（铁芯线圈图）	（电源电阻电路图）
对应的物理量	磁动势 F 磁通 Φ 磁感应强度 B 磁阻 R_m 磁导率 μ	电动势 E 电流 I 电流密度 j 电阻 R 电导率 γ
对应的关系式	磁阻 $R_\mathrm{m}=\dfrac{l}{\mu S}$ 磁路的欧姆定律 $\Phi=\dfrac{F}{R_\mathrm{m}}$ 磁路的基尔霍夫定律 $\sum Hl=\sum F$	电阻 $R=\dfrac{l}{\gamma S}$ 电路的欧姆定律 $I=\dfrac{E}{R}$ 电路的基尔霍夫第二定律 $\sum RI=\sum E$

四、铁磁物质的磁化曲线

磁感应强度 B 与磁场强度 H 之间的函数关系曲线称为铁磁物质的磁化曲线。铁磁物质的 B 和 H 之间不是线性关系，即 B 和 H 之比 μ 不是常数。图 5-3 所示为几种铁磁材料的 B—H 曲线。

从磁化曲线可以看出：

（1）铁磁材料在磁化时有磁饱和现象。

（2）在同一磁场强度条件下，硅钢片的 B 值比铸铁大得多，表明硅钢片的导磁性能比铸铁好，属于高导磁材料。

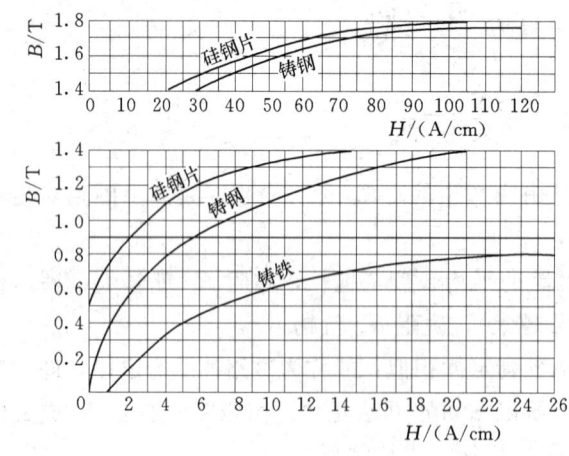

图 5-3　铁磁物质的磁化曲线

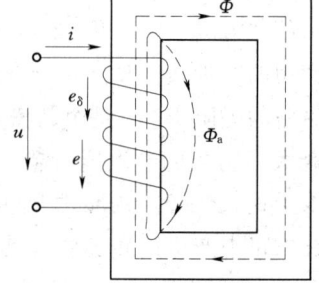

图 5-4　交流铁芯线圈电路

五、交流铁芯线圈

绕在铁芯上的线圈通以交流电后就是交流铁芯线圈。以图 5-4 所示的交流铁芯线圈电路为例讨论其中的电磁关系。当线圈施加交流电压 u 时，线圈中电流 i 也是交变的，并

产生交变的磁动势 iN（N 为线圈匝数）。交变的磁动势 iN 产生两部分磁通，即穿过全部铁芯闭合的主磁通 Φ 和主要经过空气或其他非铁磁物质而形成闭合回路的漏磁通 Φ_σ。交变的 Φ 和 Φ_σ 分别在线圈中产生感应电动势 e 和漏磁电动势 e_σ。此外，Φ 的交变引起涡流和磁滞损耗使铁芯发热，电流流经线圈时还将产生电阻压降 iR 等。上述发生的电磁关系表示如下：

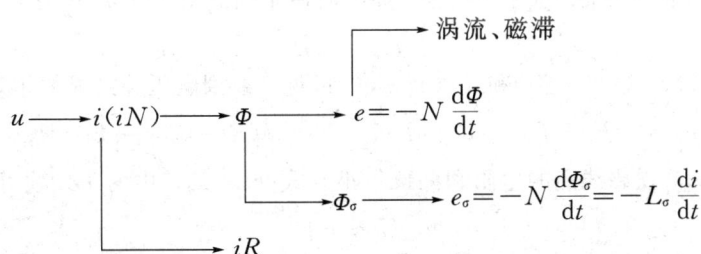

下面讨论交流铁芯线圈中各个物理量之间的关系以及由于磁通的交变在铁芯中引起涡流和磁滞等能量损失问题。

1. 电压平衡方程

在图 5-4 中，根据基尔霍夫电压定律列出线圈上的电压关系式为

$$u = iR - e - e_\sigma \tag{5-3}$$

对漏磁电动势 e_σ 来说，由于空气的磁阻比铁芯的磁阻大的多，漏磁通 Φ_σ 的大小和性质主要由空气的磁阻来决定，空气的磁导率 μ_0 是常数。因此励磁电流 i 与 Φ_σ 之间呈线性关系。根据自感系数 L 的定义，交流铁芯线圈的漏磁电感为

$$L_\sigma = \frac{N\Phi_\sigma}{i} \tag{5-4}$$

它的性质和交流电路中的纯电感是一样的，因此

$$e_\sigma = -N\frac{d\Phi_\sigma}{dt} = -L_\sigma\frac{di}{dt} = -L_\sigma\frac{d(I_m\sin\omega t)}{dt} = I_m\omega L_\sigma\sin(\omega t - 90°) \tag{5-5}$$

其有效值相量为

$$\dot{E}_\sigma = -j\dot{I}\omega L_\sigma = -j\dot{I}X_\sigma \tag{5-6}$$

在相位上较漏磁通 Φ_σ 或电流 i 滞后 90°。

但对主磁通磁路，由于铁磁物质的磁导率 μ 是随电流而变化的物理量，主磁电感不是常数，只能用下面的方法计算主磁通电动势。

设主磁通 Φ 是时间的正弦函数，即

$$\Phi = \Phi_m\sin(\omega t)$$

则 $\quad e = -N\dfrac{d\Phi}{dt} = -\omega N\Phi_m\cos(\omega t) = 2\pi f N\Phi_m\sin(\omega t - 90°) = E_m\sin(\omega t - 90°) \tag{5-7}$

式中：E_m 为感应电动势 e 的幅值，$E_m = 2\pi f N\Phi_m$，其有效值为

$$E = \frac{E_m}{\sqrt{2}} = 4.44fN\Phi_m \tag{5-8}$$

由式（5-7）看出，磁通和感应电动势 e 是同频率正弦量，且感应电动势 e 在相位上滞后于主磁通90°，其相量为

$$\dot{E} = -j4.44fN\dot{\Phi}_m \tag{5-9}$$

如果线圈的电阻为 R，则励磁电流 i 通过时产生的电阻压降 $u_R = iR$，其有效值相量为

$$\dot{U}_R = \dot{I}R \tag{5-10}$$

由式（5-6）、式（5-9）和式（5-10）可见，线圈电压关系式的相量表达式为

$$\dot{U} = \dot{U}_R - \dot{E}_\sigma - \dot{E} = \dot{I}R + j\dot{I}X_\sigma - \dot{E} = \dot{I}(R + jX_\sigma) - \dot{E} = \dot{I}Z_\sigma - \dot{E} \tag{5-11}$$

通常由于交流铁磁线圈的电阻和漏抗很小，式（5-11）中的 $\dot{I}Z_\sigma$ 项可以忽略，因此

$$\dot{U} \approx -\dot{E}$$

或

$$U \approx E = 4.44fN\Phi_m \tag{5-12}$$

因此

$$\Phi_m \approx \frac{U}{4.44fN} \tag{5-13}$$

由式（5-13）可知：对正弦激励的交流铁芯线圈，当电源的电压和频率不变，其主磁通基本上恒定不变。

2. 铁芯中的功率损耗

在交流铁芯线圈中，除了在线圈电阻上有功率损耗（这部分损耗叫铜损，用 ΔP_{Cu} 表示），由于铁芯在交变磁化的情况下也引起功率损耗（这部分损耗叫铁损，用 ΔP_{Fe} 表示），铁损是由铁磁物质的涡流和磁滞现象所产生的。

(1) 磁滞损耗（ΔP_h）。铁芯在交变磁通的作用下被反复磁化，在这一过程中，磁感应强度 B 的变化落后于 H，这种现象称为磁滞，由于磁滞现象造成的能量损耗称为磁滞损耗。

体现铁磁材料磁滞性的是它的磁滞回线（已在物理电磁学中学过），回线表明 B—H 关系的不可逆性。根据磁滞回线的形状（确切地说是它所包围面积的大小）把磁性材料分为软磁材料和硬磁材料。软磁材料的磁滞回线较窄，包围的面积小，磁导率较高，剩余磁感应强度和矫顽力均小。软磁材料多用于交流磁路。而硬磁材料的磁滞回线宽，包围的面积大，剩余磁感应强度和矫顽力均大。

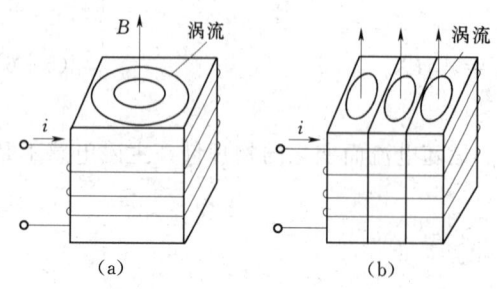

图 5-5 涡流的产生及减小涡流的方法

磁滞损耗的能量转变为热能而使铁芯发热。为了减小磁滞损耗，选用磁滞回线面积小的磁性材料。因此，变压器、电机、电器的铁芯应选用磁滞回线狭窄的软磁材料，如硅钢片、铁氧体、坡莫合金等。在制造永久磁铁时，为了获得较大的剩余磁感应强度，则选用硬磁性材料，如碳钢、钴钢及铁、镍、铝、钴合金等。

(2) 涡流损耗（ΔP_e）。交变磁通穿过铁芯时，铁芯中在垂直于磁通方向的平面内要产生感应电动势和感应电流，这种感应电流称为涡流，如图 5-5 (a) 所示。

由于铁芯本身具有电阻。涡流在铁芯中也要产生能量损耗，称为涡流损耗。涡流损耗也使铁芯发热，铁芯温度过高将影响电气设备正常工作。为了减少涡流损耗，在低频时（几十到几百赫），可用涂以绝缘漆的硅钢片（厚度有 0.5mm 和 0.35mm 两种）叠成的铁芯，如图 5-5（b）所示，这样可限制涡流在较小的截面内流通，增长涡流通过的路径，相应加大了铁芯的电阻，使涡流减小。对于高频铁芯线圈，可采用铁氧体磁心，这种磁心近似绝缘体，因而涡流可以大大减小。

涡流在变压器、电机、电器等电磁元件中消耗能量、引起发热，因而是有害的。但有些场合，例如感应加热装置、涡流探伤仪等仪器设备，却是以涡流效应为基础的。

综上所述，交流铁芯线圈电路的有功功率为

$$P = UI\cos\varphi = \Delta P_{Cu} + \Delta P_{Fe} = I^2 R + \Delta P_e + \Delta P_h \tag{5-14}$$

当频率一定时，铁芯线圈的铁损近似地与 B_m^2（B_m 为磁感应强度的幅值）或 Φ_m^2 成正比，若线圈匝数一定，铁损近似地与 U^2 成正比。铁损转变为热能，使铁芯温度升高，温度过高时将损坏线圈的绝缘材料，导致电气设备工作不正常以致毁坏，因此在设计和使用变压器、电机和电器时，必须保证不让温升超过允许的数值。

第二节　变压器的基本结构和工作原理

一、变压器的基本结构

尽管变压器的种类很多，而且用途、电压等级和容量又各不相同，但其基本结构是相同的。所有变压器都是由铁芯和绕组两个基本部分组成的。大型变压器除铁芯和绕组外还有一些其他部件：油箱、冷却装置、保护装置和出线装置。图 5-6 所示是单相变压器的结构图，一般功率较大的变压器，采用图 5-6（a）所示的心式变压器结构。绕组包围着铁芯，以减少用铁量；功率较小的变压器采用壳式结构，铁芯包围着绕组，如图 5-6（b）所示。

变压器铁芯的作用是构成磁路，其形式有多种，如图 5-7 所示。一般口字形铁芯用于功率较大的单相变压器；而 EI 形、F 形用于功率较小的变压器；目前采用 C 形铁芯的变压器逐渐增多，C 形铁芯

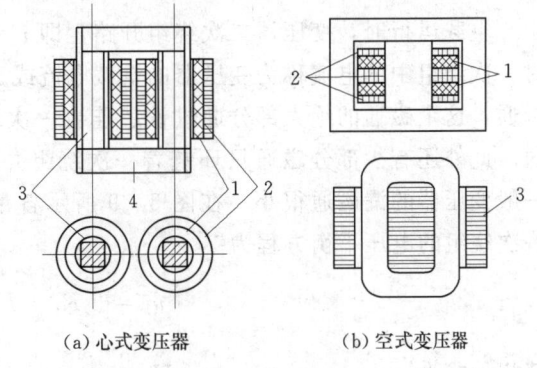

(a) 心式变压器　　　(b) 壳式变压器

图 5-6　单相变压器的结构
1—低压绕组；2—高压绕组；3—铁芯；4—铁轭

用长条冷轧硅钢片沿辗轧方向卷压而成，其优点是磁导率高、铁损小。为减小涡流损耗，铁芯采用 0.35~0.5mm 厚的硅钢片，在硅钢片表面涂有绝缘漆并经氧化处理形成绝缘层。

绕在变压器铁芯上的线圈称为绕组，其作用是构成交流电的通路，通以励磁电流后建立磁场。绕组的形状多为圆筒形。低压绕组靠近铁芯，高压绕组同心地套在低压绕组的外面。变压器接电源一边的绕组，称为一次绕组；接负载一边的绕组称为二次绕组。单相小

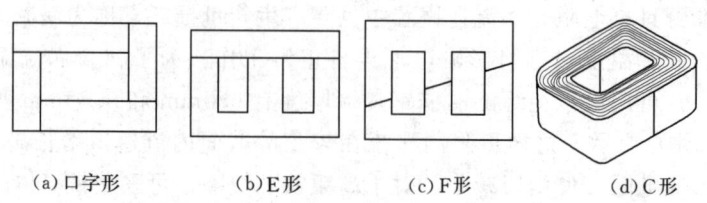

(a) 口字形　　(b) E形　　(c) F形　　(d) C形

图 5-7　几种小型变压器铁芯的形式

功率变压器的绕组多用高强度漆包线绕制；大功率变压器的绕组可用扁铜线或铝线绕制。变压器的铁芯、一次绕组和二次绕组之间是彼此绝缘的。

变压器的电路图形符号如图 5-8 所示。

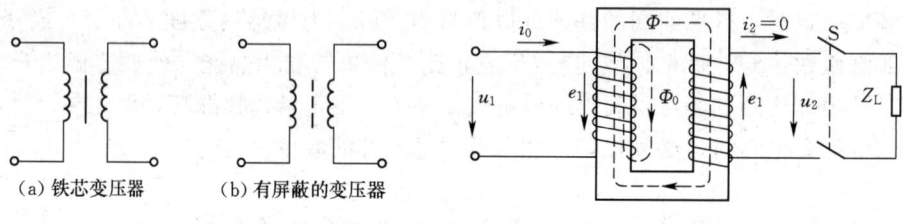

(a) 铁芯变压器　　(b) 有屏蔽的变压器

图 5-8　变压器的图形符号　　　图 5-9　变压器的空载运行

二、变压器的工作原理

1. 变压器的空载运行和电压变换

变压器的空载运行状态是指一次绕组接交流电源、二次绕组未接负载的工作状态。如图 5-9 所示。

空载运行时，变压器二次绕组开路，即 $i_2=0$，其工作情况与交流铁芯绕组相似，此时一次绕组中的电流称为变压器的空载电流或励磁电流。在励磁电流的作用下铁芯中产生磁通，这个磁通的绝大部分通过铁芯连着一次绕组和二次绕组，这部分磁通 $\varPhi$ 称为主磁通。此外还有少部分磁通只环链着一次绕组并经空气闭合，这部分磁通 $\varPhi_0$ 称为漏磁通，一般变压器的漏磁通很小。在图 5-9 所示各量参考正方向下，根据基尔霍夫电压定律，一次绕组的电压平衡方程为

$$u_1 = i_0 R_1 + L_{\sigma 1}\frac{\mathrm{d}i_0}{\mathrm{d}t} - e_1 \tag{5-15}$$

其相量式为
$$\dot{U}_1 = \dot{I}_0 R_1 + \mathrm{j}\dot{I}_0 X_{\sigma 1} - \dot{E}_1 \tag{5-16}$$

式中：$\dot{U}_1$ 为电源电压；$\dot{I}_0$ 为励磁电流；R_1 为一次绕组的等效电阻；$L_{\sigma 1}$ 为一次绕组的漏电感；$X_{\sigma 1}$ 为一次绕组的漏感抗，$X_{\sigma 1}=\omega L_{\sigma 1}$。

一般变压器的一次绕组的导线电阻和漏抗较小，因而一次阻抗压降（$\dot{I}_0 R_1 + \mathrm{j}\dot{I}_0 X_{\sigma 1}$）较小，可忽略。则

$$\dot{U}_1 \approx -\dot{E}_1$$

从而
$$U_1 \approx E_1 = 4.44 f N_1 \varPhi_\mathrm{m} \tag{5-17}$$

式中：N_1 为一次绕组的匝数。

由于主磁通 Φ 同时穿过一次绕组和二次绕组,在二次绕组产生的感应电动势

$$e_2 = -N_2 \frac{d\Phi}{dt} \tag{5-18}$$

其有效值为
$$E_2 = 4.44 f N_2 \Phi_m \tag{5-19}$$

式中:N_2 为二次绕组的匝数。

变压器二次绕组开路时,其二次绕组的开路电压等于二次绕组的感应电动势,即 $\dot{U}_{20} = \dot{E}_2$,或 $U_{20} = E_2$,所以空载运行时

$$\frac{U_1}{U_{20}} \approx \frac{E_1}{E_2} = \frac{N_1}{N_2} = K \tag{5-20}$$

式中:K 为变压器的电压比,简称变比,它近似等于一、二次绕组的匝数之比。电压比 $K>1$ 时,即 $U_1>U_{20}$,为降压变压器;$K<1$ 时,即 $U_1<U_{20}$,为升压变压器。可见,当电源电压 U_1 一定时,只要改变变压器一、二次绕组的匝数比,就可得到不同的输出电压。因此变压器具有变换电压的功能。

2. 变压器的负载运行和电流变换

变压器一次绕组 u_1 加上电源电压,二次绕组接上负载的 Z_L 的工作状态如图 5-10 所示,称为变压器的负载运行状态。

二次绕组接上负载后,在二次电动势 e_2 的作用下,二次绕组中就有电流 i_2 通过,二次绕组的磁动势 $i_2 N_2$ 也产生磁通,其中大部分也通过铁芯而闭合。此时,铁芯中的主磁通是由一次电流 i_1 和二次电流 i_2 共同产生的,即由一、二次绕组的磁动势共同产生的合成磁通。在忽略一次绕组导线电阻的电压和漏磁引起的电压时,$U_1 \approx E_1$。根据式(5-13)可知,在电源电压 U_1 和频率 f 不变的情

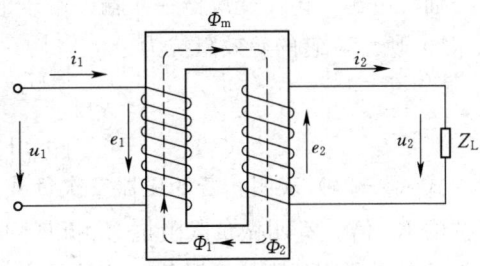

图 5-10 变压器的负载运行

况下,铁芯中主磁通的幅值在变压器空载或有负载时是差不多恒定的。也就是说,有负载时一、二次绕组的合成磁动势($i_1 N_1 + i_2 N_2$)应该和空载时一次绕组单独作用的磁动势 $i_0 N_1$ 近似相等,在如图 5-10 所示的正方向关系一下,应有

$$i_1 N_1 + i_2 N_2 = i_0 N_1$$

相量式为
$$\dot{I}_1 N_1 + \dot{I}_2 N_2 = \dot{I}_0 N_1 \tag{5-21}$$

为降低变压器损耗,总是将变压器的磁通选取在一个合理的数值以减小励磁电流,通常励磁电流 I_0 仅为一次绕组额定电流 I_{1N} 的 2%~10%。因此,$I_0 N_1$ 与 $I_1 N_1$ 相比,可以忽略。于是式(5-2)可写成

$$\dot{I}_1 N_1 \approx -\dot{I}_2 N_2 \tag{5-22}$$

式(5-22)表明:

(1)一、二次绕组的磁动势在相位上近似相反,即二次绕组的磁动势对一次绕组的磁动势有去磁作用。当二次侧有输出功率时,通过二次侧电流对磁通的影响,使变压器一次

电流从 I_0 增大到 I_1，以抵偿二次绕组磁动势对一次绕组磁动势的去磁作用，从而维持主磁通恒定不变；使电源供给变压器的功率增加。

（2）一、二次绕组的电流关系为

$$I_1 \approx \frac{N_2}{N_1} I_2 = \frac{1}{K} I_2 \tag{5-23}$$

即一、二次绕组中电流之比等于其电压比 K 的倒数，这就是变压器变换电流的功能。运行中的变压器，其一、二次电流是由负载大小决定的，不过它们变化的比率是几乎不变的。

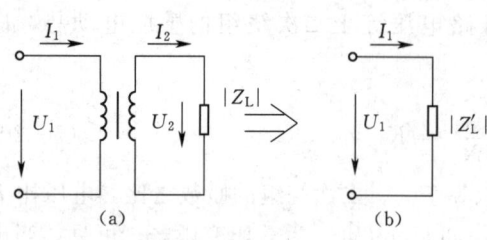

图 5-11 变压器的阻抗变换

3. 变压器的阻抗变换

在某些电路中，常对负载阻抗的大小有要求，以便使负载获得较大的功率。当负载阻抗难以达到匹配时，可以用变压器进行阻抗变换。当我们把阻抗为 Z_L 的负载接到变压器的二次绕组时（图 5-11），则 $|Z_L| = \dfrac{U_2}{I_2}$。

而对电源来讲，变压器一次输入端子的右侧部分可以等效成一个二端网络，如图 5-11（b）所示，它的等效阻抗为

$$|Z'_L| = \frac{U_1}{I_1} = \frac{U_2 K}{I_2/K} = K^2 \frac{U_2}{I_2}$$

即
$$|Z'_L| = K^2 |Z_L| \tag{5-24}$$

式（5-24）表明，若变压器二次负载为 Z_L 时，一次侧的等效阻抗 Z'_L 等于实际负载阻抗的 K^2 倍。Z'_L 叫做负载阻抗 Z_L 折算到一次侧的等效阻抗。因此只要改变变压器的变比就可获得所需的阻抗匹配值。这就是变压器的阻抗变换功能。

【例 5-1】 一台降压单相变压器，额定容量 $S_N = U_N I_N = 100\text{VA}$，电源电压为 220V，二次空载电压 U_{20} 为 12V，频率为 50Hz；铁芯的材料和尺寸已经选定，它允许通过的最大磁通 Φ_m 为 11.72×10^{-4}Wb。试求：

（1）一、二次绕组各绕多少匝？

（2）二次负载电阻 $R_2 = 10\Omega$ 时，一、二次绕组电流各多少 A（励磁电流忽略不计）？

解：（1）按照题意，首先应求得变压器一次绕组的匝数 N_1 为

$$N_1 \approx \frac{U_1}{4.44 f \Phi_m} = \frac{220}{4.44 \times 50 \times 11.72 \times 10^{-4}} = 846(\text{匝})$$

二次绕组的匝数 N_2 应当满足 U_{20} 的需要，而 U_{20} 取决于电源电压 U_1 和电压变比，即

$$N_2 = \frac{N_1}{K}, \quad K = \frac{U_1}{U_{20}}$$

当 $U_{20} = 12\text{V}$ 时

$$K = \frac{220}{12} = 18.3, \quad N_2 = \frac{846}{18.3} = 46(\text{匝})$$

（2）负载电阻为 $R_2 = 10\Omega$，所以二次电流为

$$I_2 = \frac{U_2}{R_2} = \frac{12}{10} = 1.2(\text{A})$$

一次电流

$$I_1 \approx \frac{I_2}{K} = \frac{1.2}{18.3} = 0.065(\text{A})$$

需要指出,由于变压器内部有阻抗存在,接上负载后将产生阻抗压降,因此二次绕组的实际电压 U_2 总要比 U_{20} 略有降低,所以设计时为了得到额定的二次电压,一般二次绕组的匝数应适当地增加。

【例 5-2】 有一台额定容量为 10kVA,额定电压为 3300/220V 的单相变压器,试计算:

(1) 一、二次侧的额定电流。

(2) 接入 220V、40W 的灯泡,满载时可接几盏?

(3) 接入 220V、40W、$\cos\varphi = 0.5$ 的荧光灯(每盏荧光灯配一个耗电 8W 的镇流器)满载时可接几只?

解:(1) 一次额定电流为

$$I_{1N} = \frac{S_N}{U_N} = \frac{10 \times 10^3}{3300} = 3.03(\text{A})$$

二次额定电流可根据 $S_N = U_{1N} I_{1N} \approx U_{2N} I_{2N}$ 求得,即

$$I_{2N} = \frac{S_N}{U_{2N}} = \frac{10 \times 10^3}{220} = 45.5(\text{A})$$

(2) 灯泡额定电流为

$$I_N = \frac{P_N}{U_N} = \frac{40}{220} = 0.182 \ (\text{A})$$

满载时可接灯泡

$$\frac{45.5}{0.182} = 250(\text{盏})$$

(3) 每盏荧光灯管额定电流为

$$I_N = \frac{P_N}{U_N \cos\varphi} = \frac{48}{220 \times 0.5} \approx 0.44(\text{A})$$

满载时可接荧光灯的盏数为

$$\frac{45.5}{0.44} \approx 103(\text{盏})$$

【例 5-3】 变压器工作的电路如图 5-12 所示。已知信号源的电压 $U_S = 10\text{V}$、内阻 $R_0 = 1\Omega$,负载电阻 $R_L = 50\Omega$,一、二次绕组的匝数比 $\frac{N_1}{N_2} = \frac{1}{10}$。求负载上的电压 U_2。

解:因为已知

$$K = \frac{N_1}{N_2} = \frac{1}{10}, \ R_L = 50\Omega$$

因此负载折算到一次侧的等效电阻

$$R'_L = K^2 R_L = \left(\frac{1}{10}\right)^2 \times 50 = 0.5 \ (\Omega)$$

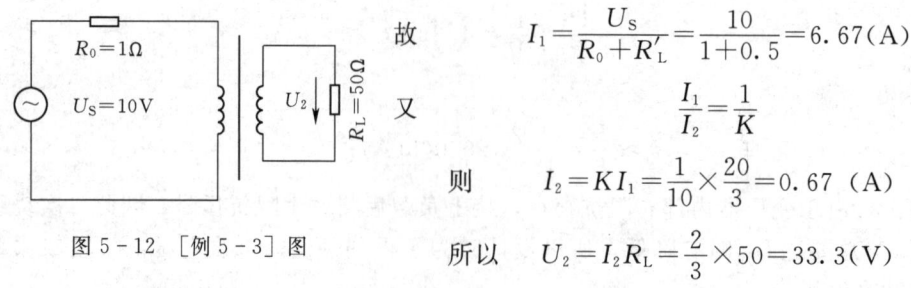

故 $I_1 = \dfrac{U_S}{R_0 + R'_L} = \dfrac{10}{1+0.5} = 6.67(A)$

又 $\dfrac{I_1}{I_2} = \dfrac{1}{K}$

则 $I_2 = KI_1 = \dfrac{1}{10} \times \dfrac{20}{3} = 0.67$ （A）

所以 $U_2 = I_2 R_L = \dfrac{2}{3} \times 50 = 33.3(V)$

图 5-12 ［例 5-3］图

由于变压器具有变换电压、变换电流和变换阻抗的三种功能，因而它在电力工程和电子技术中得到广泛应用。

第三节 变压器的运行特性及变压器绕组极性与测定

一、变压器的运行特性

（一）变压器的外特性和电压调整率

变压器的外特性如图 5-13 所示。

变压器在负载运行时，变压器二次侧接入负载的变化，必然导致一、二次侧电流的变化，使得一、二次侧的内阻抗压降发生变化，从而使二次电压随负载的增减而变化。二次电压 U_2 随二次电流 I_2 变化的特性曲线 $U_2 = f(I_2)$ 称为变压器的外特性。一般情况下，外特性曲线近似一条略向下倾斜的直线，且倾斜的程度与负载的功率因数有关，对于感性负载，功率因数越低，下倾越烈。从空载到满载（$I_2 = I_{2N}$），二次电压变化的数值与空载电压的比值称为电压调整率，即

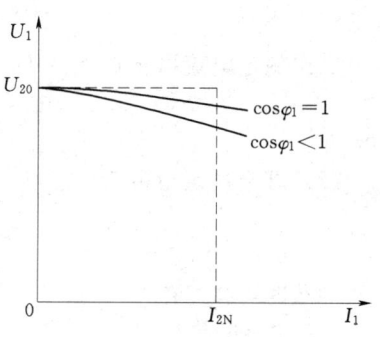

图 5-13 变压器的外特性

$$\Delta U = \dfrac{U_{20} - U_2}{U_{20}} \times 100\% \tag{5-25}$$

电力变压器的电压调整率一般为 2%～3%。

（二）变压器的损耗和效率

1. 变压器的损耗

变压器的损耗有铜损和铁损两种。铜损是一、二次绕组中流过电流时，在绕组电阻上产生的损耗，其值为

$$\Delta P_{Cu} = I_1^2 R_1 + I_2^2 R_2 \tag{5-26}$$

由于负载变化时一、二次电流也变化，铜损也要发生相应变化，因此铜损又称为可变损耗。

铁损是由铁芯中涡流损耗 ΔP_e 和磁滞损耗 ΔP_h 两部分构成，即

$$\Delta P_{Fe} = \Delta P_e + \Delta P_h \tag{5-27}$$

对某一固定变压器，当电源电压及其频率不变时，变压器主磁通及其交变的速率在空

载和负载时也基本不变，从而铁损也基本不变，所以铁损又称不变损耗。

2. 变压器的效率

变压器在运行时有损耗，因此变压器的输出功率总小于输入功率。变压器的效率是指输出功率 P_2 与输入功率 P_1 比值的百分数，即

$$\eta = \frac{P_2}{P_1} \times 100\% = \frac{P_2}{P_2 + \Delta P_{Cu} + \Delta P_{Fe}} \times 100\% \qquad (5-28)$$

一般在满载的 80% 左右时，变压器的效率最高，大型电力变压器的效率可高达 98%~99%。

二、变压器绕组极性与其测定

（一）绕组的极性与正确连接

在使用变压器或者其他有磁耦合的互感线圈时，要注意绕组的正确连接，如图 5-14 所示的电源变压器一次侧有两个绕组端子为 1、2 和 3、4（二次绕组未画出），如果每个绕组的额定电压是 110V，当电源电压为 220V 时，两个绕组应当串联后才能接到电源上。正确的接线应如图 5-14（a）所示那样，端子 2、3 连接，1、4 接电源，则瞬时电流从端子 1 流入。从端子 4 流出，这时两绕组中产生的磁通方向一致，这是正确的连接方式。

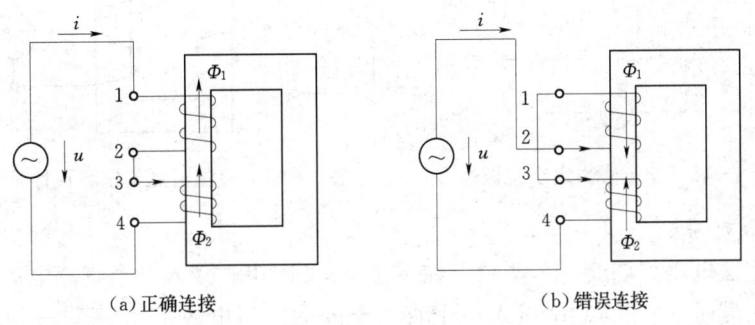

图 5-14 变压器绕组的连接

倘若像图 5-14（b）那样，端子 1、3 连接，端子 2、4 接电源，显然两线圈产生的磁通方向是相反的，两者互相抵消，绕组中的感应电动势将很小，这时一次电流将会很大，有可能一次绕组被烧毁。

当铁芯中有变化的磁通时，在各线圈中产生感应电动势，感应电动势瞬时极性相同的端称为同极性端或称同名

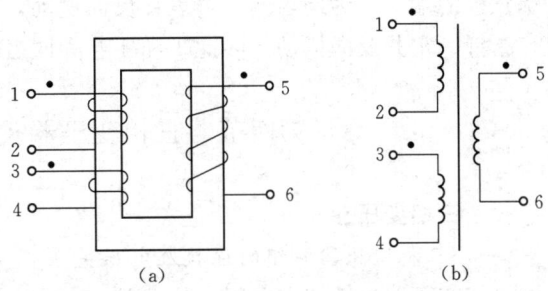

图 5-15 绕组的同名端

端。为了正确连接，在线圈同极性端上标以记号"·"。如图 5-15 所示中的 1、3、5 就是同极性端，2、4、6 也是同极性端。当电流从绕组的同极性端流入（或流出）时，产生的磁通的方向相同；当磁通变化时（增大或减小时），在同极性端感应电动势的极性也相同。

绕组的同名端与绕组的绕向有关，如果绕向可见，可根据绕组的绕向运用右手螺旋定

则来确定同极性端。如图 5-15 (a) 所示中，令电流从同极性端流入（或流出），各绕组在闭合磁路中产生的磁通的方向是一致的。

但是，已经制成的变压器或电器，从外观已无法辨认各绕组的具体绕向，同极性端也就无法看出，这就要用实验的方法来测定同极性端了。

（二）绕组极性的测定方法

1. 交流测定法

交流测定法电路如图 5-16 所示，首先从两个绕组中各任选出一个端子（如端子 1 和 3），用导线将选出的端子连接起来，然后在一个绕组的端子上（一般取高压绕组）加上一个较低的交流电压，用电压表测量两个绕组另外两个端子（即 2 和 4）之间的电压 U 和两绕组的端电压 U_1、U_2，若 $|U| = |U_1 - U_2|$，则被短接的两个端子（1 和 3）为同名端；反之，则 1 和 3 为异名端。而端子 1 和 4 或 2 和 3 为同名端。

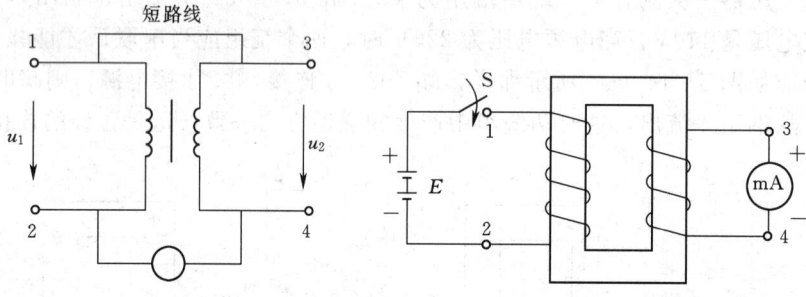

图 5-16 交流法测定绕组极性　　图 5-17 直流法测定绕组极性

2. 直流测定法

直流测定法电路如图 5-17 所示。在端子 1、2 间串联接入一个直流电源 E 和开关 S，在一绕组的两端子（3 和 4）串接入一个直流毫安表。当电源 E 和毫安表的极性如图 5-17 所示时，在 S 闭合的瞬间，若毫安表的指针正向摆动，则表明接表正极的端子 3 和接电源正极的端子 1 为同名端；若表针反向摆动，则端子 1 和 4 为同名端。按图示线圈的绕向，指针一定是反向摆动。因此 1 和 4 互为同名端。

第四节　三相变压器及特殊用途变压器

一、三相变压器

（一）三相变压器绕组的连接及电压关系

三相变压器的铁芯多采用三铁芯柱式结构，如图 5-18 (a) 所示。它的三根铁芯柱上分别套装有完全一样的高、低压绕组，相当于三台单相变压器。三相高压绕组的首端和末端分别用 A、B、C 和 X、Y、Z 标记，三相低压绕组的首端和末端分别用 a、b、c 和 x、y、z 标记。三相高、低压绕组都是对称的，因此电压的变换也是对称的。

由于三相变压器中，每相的一、二次绕组是绕在同一铁芯柱上。因此一、二次绕组相电压之比 U_{P1}/U_{P2} 等于一、二次绕组的匝数比 N_1/N_2。

三相变压器的一、二次都有三个绕组，绕组的连接方法有多种，为使用方便，国家标

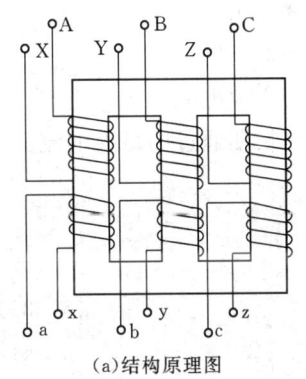 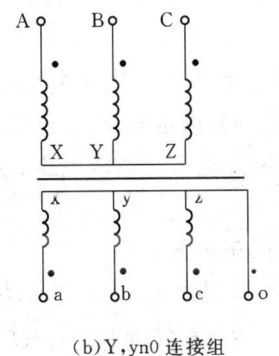 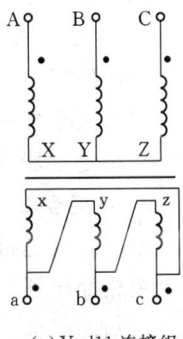

(a) 结构原理图　　　　　　(b) Y,yn0 连接组　　　　　　(c) Y,d11 连接组

图 5-18　三相变压器

准 GB 1094.1—1996《电力变压器　第 1 部分　总则》规定有五种常用的"标准连接组别"。不同的连接组有不同的一、二次线电压的比值和相位关系。现以 Y，yn0（曾用 Y/Y_0-12）和 Y，d11（曾用 Y/△-11）两种连接组为例来说明。

Y，yn0 连接组如图 5-18（b）所示，高压、低压绕组都作星形连接，且低压绕组中有中性线（记作 yn）。由于高、低侧绕组接法相同，因此两侧线电压之比等于两侧相电压之比

$$\frac{U_{L1}}{U_{L2}}=\frac{\sqrt{3}U_{P1}}{\sqrt{3}U_{P2}}=\frac{N_1}{N_2}=K \tag{5-29}$$

Y，yn0 中的 0（横线后的 12）是连接组的标号。因为标志三相变压器高、低压绕组线电压之间的相位关系采用时钟表示法，即规定高压侧线电压为时钟的长针，永远指向时钟盘面上的"12"；低压侧线电压为时钟的短针，它指向时钟盘面的哪个数字，则该数字为三相变压器绕组连接组别的标号。因为 Y，yn0（0 点钟）连接的三相变压器，高、低压侧线电压同相，相当于时钟长、短针都指向"12"，即 12 点钟的位置，所以记作 Y，yn0（Y/Y_0-12）连接组。

Y，d11 连接组如图 5-18（c）所示，高压绕组作 Y 连接，而低压绕组为△连接。这种绕组连接方式，高、低压侧线电压之比等于高、低压侧相电压之比的 $\sqrt{3}$ 倍，即

$$\frac{U_{L1}}{U_{L2}}=\frac{\sqrt{3}U_{P1}}{U_{P2}}=\sqrt{3}\frac{N_1}{N_2}=\sqrt{3}K \tag{5-30}$$

由于绕组 Y，d 连接时。低压侧线电压在相位上滞后于高压侧线电压 330°，长、短针相当于时钟"11"点的位置，因此这种 Y，d 连接的连接组别为"11"，记作 Y，d11（Y/△-11）。

（二）变压器的额定值

变压器和其他电磁器件一样，厂家在设计制造时都有额定运行情况下的各种技术数据。通常称为额定值。额定值通常标注在变压器的铭牌上，是正确、合理使用变压器的依据。变压器主要额定值如下。

1. 额定电压

一次额定电压 U_{1N} 是指额定运行情况下一次绕组应当施加的电压。

二次额定电压 U_{2N} 是指一次侧为额定电压 U_{1N} 时的二次侧空载电压。

2. 额定电流

一次额定电流 I_{1N} 是指在 U_{1N} 作用下一次绕组允许长期通过的最大电流。

二次额定电流 I_{2N} 是指一次侧为额定电压 U_{1N} 时二次绕组允许长期通过的最大电流。

三相变压器的额定电压、额定电流是指线电压、线电流。

3. 额定容量

额定容量是指输出的额定视在功率。

单相变压器 $\qquad S_N = U_{1N} I_{1N} = U_{2N} I_{2N}$ (5-31)

三相变压器 $\qquad S_N = \sqrt{3} U_{1N} I_{1N} = \sqrt{3} U_{2N} I_{2N}$ (5-32)

4. 阻抗电压 ΔU（%）

阻抗电压是指变压器二次绕组短路而一次绕组施加电压，当使一次电流 $I_1 = I_{1N}$ 时一次绕组施加的电压值 ΔU，通常以 ΔU 与次额定电压 U_{1N} 比值的百分数表示，即

$$\Delta U(\%) = \frac{\Delta U}{U_{1N}} \times 100\%$$ (5-33)

5. 额定频率 f_N

额定频率是指电源工作频率。我国的工业标准频率是 50Hz。

6. 温升

额定温升是指变压器在额定运行情况下，变压器指定部位的温度与标准环境温度（一般为 40℃）之差。

使用变压器时，必须按照额定值的规定，以确保变压器正常工作及延长运行寿命。

二、特殊用途的变压器

（一）自耦变压器

自耦变压器分可调式和固定抽头两种形式。图 5-19 所示是可调式自耦变压器的外形图和原理电路图。这种变压器只有一个绕组，二次绕组 N_2 是一次绕组 N_1 的一部分。因此，它的工作特点是一、二次绕组不仅有磁的联系，而且有电的联系。

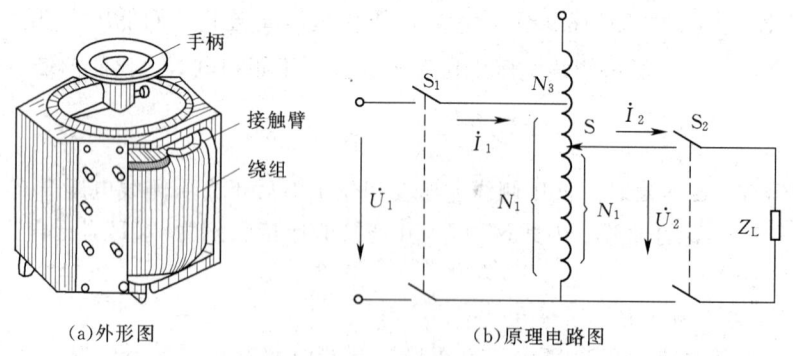

图 5-19 自耦变压器

尽管自耦变压器只有一个绕组，但它的工作原理与双绕组变压器相同，图 5-19（b）所示的原理电路上，接触臂 S 可借助手柄操纵自由滑动，从而可以平滑的调节二次电压，所以这种变压器又称作自耦调压器。如果一次侧加上电压 U_1，则可得二次电压 U_2，且

一、二次侧的电压和它们的匝数成正比,即

$$\frac{U_1}{U_2}=\frac{N_1}{N_2}=K$$

有载时,一、二次电流和它们的匝数成反比,即

$$\frac{I_1}{I_2}=\frac{N_2}{N_1}=\frac{1}{K}$$

(二) 仪用互感器

仪用互感器的工作原理完全同于变压器,它分为电流互感器和电压互感器两大类。

1. 电流互感器

电流互感器的作用是将电路中的交流大电流转换成小电流,用于测量或保护。它的结构与普通变压器相似,如图 5-20 (a) 所示。它的特点是：一次绕组的导线较粗、匝数少 (只有一匝或几匝),使用时一次绕组与被测电路串联,由于阻抗很小,对被测电路的电流几乎不发生影响；二次绕组的导线较细、匝数多,使用中规定与专用的 5A 或 1A 电流表相接。

电流互感器是根据变压器的变流原理制成的,即

$$\frac{I_1}{I_2}=\frac{N_2}{N_1}=\frac{1}{K}$$

如令 $K_i=1/K$,则

$$I_1=K_i I_2 \tag{5-34}$$

式中：K_i 为变流比。这样,由测得的电流 I_2 值乘以变比就可算出被测电流 I_1。只要配以专用互感器 (变流比已知),就可以把二次侧的电流表刻度按一次侧电流标出,从电流表上便可以直接读出一次侧所在线路中的电流数值。

图 5-20 是电流互感器的接线图和符号。使用电流互感器需要注意二次绕组不得开路,否则二次绕组将产生过高的危险电压,为了保证安全,电流互感器的铁芯和二次绕组应牢靠的接地。

2. 电压互感器

电压互感器将交流高压转换成一定数值的低压 (一般为 100V),以供测量、继电保护及电路指示之用。图 5-21 是电压互感器的接线图和符号。

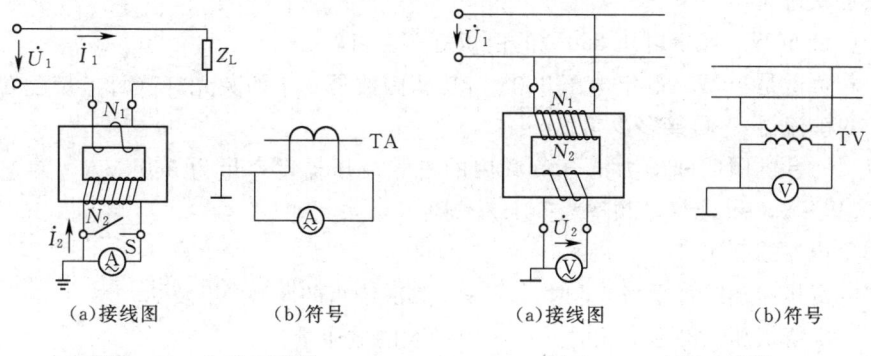

(a) 接线图　　(b) 符号　　　　　(a) 接线图　　(b) 符号

图 5-20　电流互感器　　　　　图 5-21　电压互感器

电压互感器的基本结构和工作原理与普通单相变压器相似。它的一次绕组匝数较多,

导线较细,与被测电路并联;二次绕组匝数较少,与测量仪表或控制电路连接。

根据变压器的变压原理,则

$$\frac{U_1}{U_2}=\frac{N_1}{N_2}=K$$

故
$$U_1=KU_2 \tag{5-35}$$

只要适当选择电压比,就能从二次侧的电压表上间接的读出高压边的电压值。

使用中应注意:二次绕组绝不能短路,因为运行中的电压互感器是工作在空载状态,如果二次绕组短路。由于电流很大,将使绕组过热而烧毁。二次侧必须可靠接地,以防高压侧绕组绝缘损坏时在低压侧引起高压造成危险。

习 题

5-1 为什么变压器一定要有铁芯?为何铁芯都用硅钢片来叠成?

5-2 接在二次绕组回路的负载,并未和电源直接连通,为什么会有电流流过?若说它是从一次绕组传过来的,那么它是通过什么方式传过来的?

5-3 为什么变压器铁芯中的主磁通,基本上不随负载电流的变化而变化?

5-4 使用电流互感器和电压互感器分别应注意哪些事项?

5-5 有一台容量为 50kVA 的单相变压器,额定电压为 10000/230V,经测定其空载电流 I_0 为额定电流的 5%,空载损耗为 500W,短路损耗为 1450W,满载时二次电压为 220V,求:

(1) 变压器的电压调整率。

(2) 一、二次绕组的额定电流 I_{1N}、I_{2N}。

(3) 空载电流 I_0 及空载时的功率因数。

(4) 全部接白炽灯,满载时的效率。

(5) 全部接 $\cos\varphi=0.5$ 的荧光灯,满载时的效率。

(6) 计算在(4)和(5)两种情况时变压器一次绕组的功率因数。

5-6 有一台 50kVA 的单相变压器,额定运行时二次绕组的端电压为 220V,求变压器处于额定状态时:

(1) 可带 60W、额定电压 220V 的白炽灯多少盏?

(2) 若负载是 40W、额定电压 220V、功率因数是 0.5 的荧光灯(每盏灯配置一只功耗为 8W 的镇流器),可接多少盏?

5-7 一台供照明和动力混合负载用的三相变压器,容量为 560kVA,额定电压为 10000/400V,Y,yn 连接,频率为 50Hz。求:

(1) 变压器的变比。

(2) 若变压器绕组每匝为 5V 时,求一、二次绕组的匝数 N_1 及 N_2。

(3) 一次绕组加上额定电压时,铁芯中最大的磁通量。

(4) 一、二次绕组的额定电流 I_{1N}、I_{2N}。

(5) 本变压器专供动力负载时,能带动多少台额定电压 380V、功率 50kW、功率因数 0.87、效率 97%的三相异步电动机？

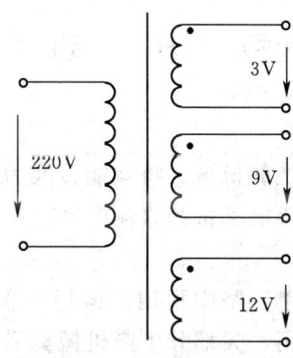

图 5-22 习题 5-8

5-8 一台三绕组变压器，其一、二次绕组额定电压如图 5-22 所示。试问二次侧可接成多少种输出电压？

第六章 电 动 机

电机是机械能与电能相互转换的机械。将电能转换为机械能的电机称为电动机。按耗能种类的不同,电动机可分为交流电动机和直流电动机两大类,其中交流电动机又分为同步电动机和异步电动机。

由于异步电动机具有结构简单、坚固耐用、运行可靠、维护方便、价格便宜等优点,在工农业生产中获得了广泛的应用,大部分生产机械都采用三相异步电动机来拖动。

第一节 三相异步电动机的结构和工作原理

一、基本结构

三相异步电动机外形及结构如图 6-1 所示,主要由定子和转子两个基本部分构成,它们之间由气隙分开。

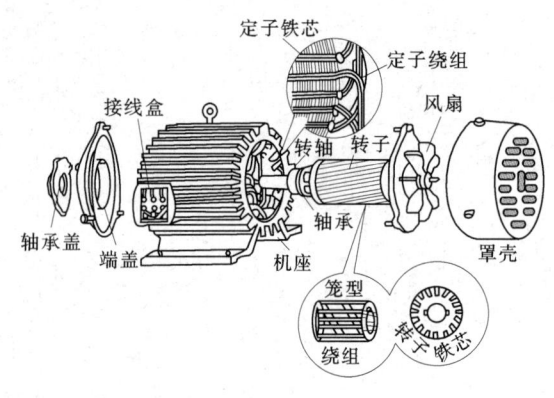

图 6-1 三相异步电动机的结构

1. 定子

三相异步电动机的定子包括机座、定子铁芯和定子绕组等固定部分。机座是电动机的外壳,由铸铁或铸钢制成;定子铁芯是用内圆表面冲有槽口的硅钢片(图 6-2)叠成的圆筒,压装在机座内;定子绕组按照一定规律嵌放在定子铁芯的槽内(图 6-3),根据电源电压和绕组电压的额定值,三相定子绕组可接成星形(Y)或三角形(△)。

2. 转子

转子是三相异步电动机的旋转部件,是由转子铁芯、转子绕组和转轴组成的。转子铁芯是用外圆表面冲有槽口的硅钢片叠成,压装在转轴上。

根据转子绕组结构的不同,转子可分为笼型和绕线型两种:笼型转子的绕组由嵌入铁芯槽内的裸导体构成,各端由端环连接,形成短路绕组如图 6-4(a)所示。具有笼型转子的异步电动机称为笼型电动机。在中小型电动机中,常用离心浇铸或压铸法将铝液浇铸到转子铁芯槽内,同时铸成端环和冷却风扇,形成铸铝笼型转子[图 6-4(b)]。

绕线型转子的绕组和定子绕组相似,绕组的 3 个末端接在一起(Y 连接),3 个首端分别接到转轴上的 3 个彼此绝缘的滑环上(图 6-5),再通过与滑环滑动连接的电刷将变阻器串入转子绕组,用以改善电动机的启动性能和调速性能(图 6-6)。具有绕线转子的异步电动机称为绕线转子电动机。

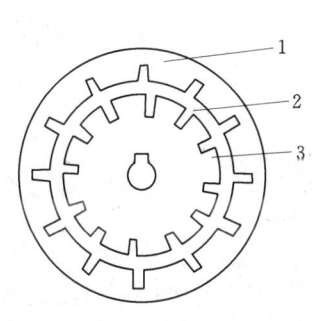 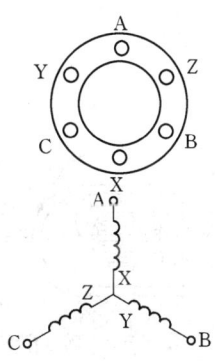

图6-2 定子、转子相对位置示意图　　图6-3 三相定子绕组示意图
1—定子；2—气隙；3—转子

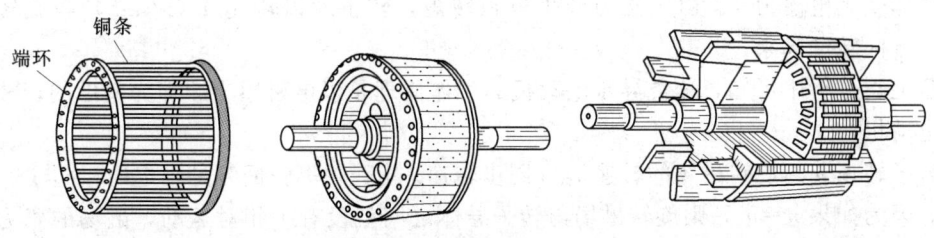

(a) 笼型绕组及转子外形　　(b) 铸铝笼型转子

图6-4 笼型转子

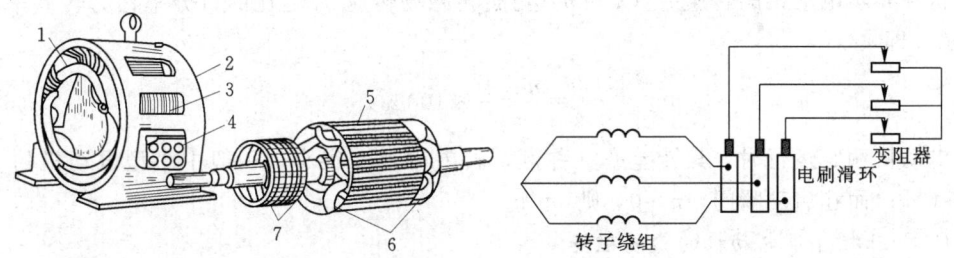

图6-5 绕线转子电动机的定子和转子　　图6-6 绕线转子电动机的转子电路
1—定子绕组；2—机座；3—定子铁芯；4—接线盒；
5—转子铁芯；6—转子绕组；7—滑环

二、工作原理

(一) 转动原理

为了说明三相异步电动机的转动原理，先来看个演示。

如图6-7所示是一个装有手柄的蹄形磁铁，磁极之间放置一个可自己转动的笼型转子，磁极与转子之间没有机械联系。当摇动磁极时，可看到转子跟随磁极一起转动。手柄摇的快，转子转的也快；摇的慢，转的也慢；如果反摇，转子也随着反转。

图6-8从电磁理论上进一步说明了转子的转动原理。

图6-8中，当磁极向顺时针方向以转速 n_0（r/min）旋转时，磁极的磁力线切割转

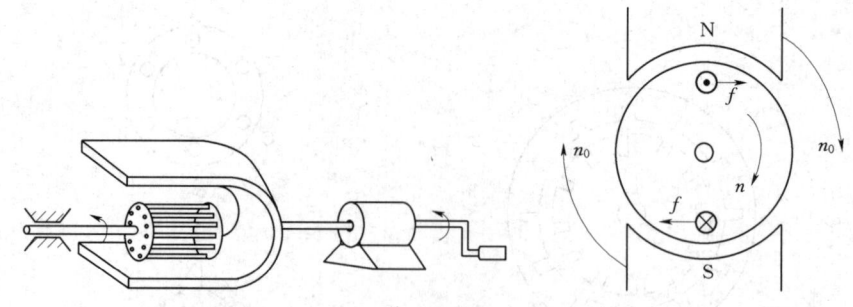

图 6-7 转子转动的演示　　　　图 6-8 转子转动原理

子导体（图中只示出两根），根据电磁感应原理，转子导体中就有感应电动势产生。在电动势的作用下，闭合的转子导体中就有感应电流。载流转子导体与旋转磁极相互作用，使转子导体受到电磁力 f。由电磁力产生电磁转矩，转子就以转速 n（r/min）与旋转磁极相同的方向转动起来。

从上述分析中可知，这类异步电动机的工作原理是以电磁感应原理为基础的，故称为感应电动机。

转子转速 n 与旋转磁场的转速 n_0（同步转速）能否相等？回答是否定的，n 与 n_0 不能相等。因为如果 $n=n_0$，则旋转磁场与转子导体之间就没有了相对运动，磁场的磁力线与转子导体无切割作用，转子导体便不能产生感应电动势和电磁转矩，转子自然就不会转动。因此，感应电动机的转速 n 不等于同步转速 n_0，也就是转子的运动与定子旋转磁场不同步，所以是一种异步电动机。

这种异步电动机的转速差 (n_0-n) 与旋转磁场转速 n_0 之比的百分率称为转差率，以 s 表示，即

$$s=\frac{n_0-n}{n_0}\times 100\% \qquad (6-1)$$

电动机额定运行时，其转差率（称额定转差率）s_N 很小，一般中小型电动机的 $s_N=2\%\sim 6\%$；而在启动瞬间，$n=0$，则 $s=1$。

（二）三相异步电动机的旋转磁场

1. 旋转磁场的产生

三相异步电动机的三相定子绕组 A—X、B—Y、C—Z 是结构相同、在空间方位上互差 $120°$ 的对称绕组，如图 6-9 所示。若将定子绕组接成 Y 形，接在三相电源上，其参考方向如图 6-9（a）所示，取绕组首端到末端的方向作为电流的正方向。则绕组中通入对称三相电流

$$i_A=I_m\sin\omega t$$
$$i_B=I_m\sin(\omega t-120°)$$
$$i_C=I_m\sin(\omega t+120°)$$

其波形如图 6-9（b）所示。

在电流的正半周时，其值为正，实际方向与正方向一致；在负半周时，其值为负，其实际方向与正方向相反。现结合图 6-10 来观察几个不同时刻的合成磁场。

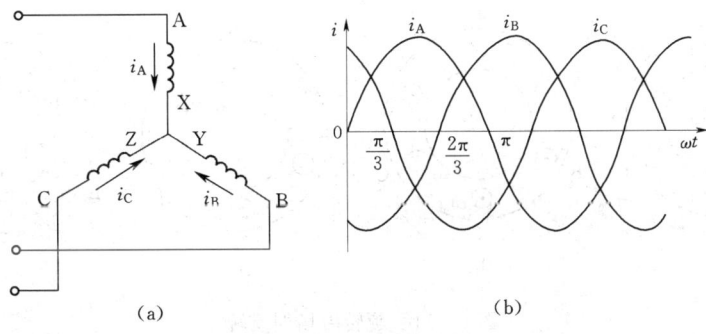

图 6-9 三相对称电流

$\omega t=0$ 时，定子绕组中的电流方向如图 6-10（a）所示，这时 $i_A=0$；$i_B<0$，其方向与正方向相反，即由 Y 到 B；$i_C>0$，其方向与正方向相同，即自 C 到 Z。将每相电流产生的磁场相加，便得出三相电流的合成磁场。从图 6-10（a）看到，合成磁场轴线的方向是自上而下的，并且为两极磁场。

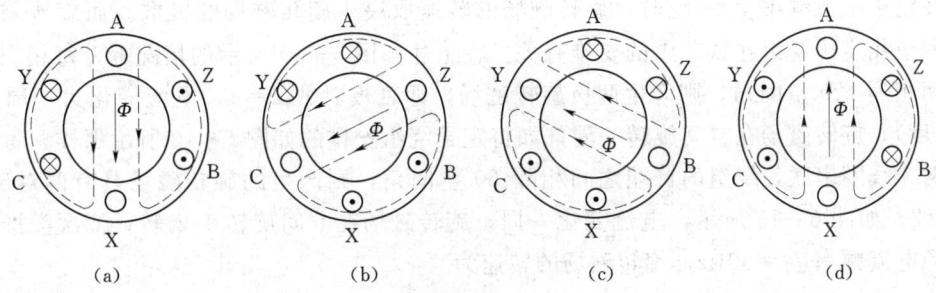

图 6-10 三相电流产生的旋转磁场

如图 6-10（b）所示的是 $\omega t=\dfrac{\pi}{3}=60°$ 时的定子电流方向和三相电流形成的两极合成磁场方向。这时的合成磁场已在空间转过了 60°。

同理可得 $\omega t=\dfrac{2\pi}{3}=120°$、$\omega t=\pi=180°$ 时的三相电流的合成磁场，它们都相对上一瞬间在空间转过了 60°，如图 6-10（c）、（d）所示。

由上可知，当定子绕组通入对称三相电流后，它们共同产生的合成磁场是随电流的交变而在空间不断的旋转着，这就是旋转磁场。

2. 旋转磁场的旋转方向

分析异步电动机的基本工作原理时，发现转子转动的方向始终和磁场旋转的方向是一致的，这就表明：如要电动机反转，就必须改变磁场的旋转方向。如何改变旋转磁场的旋转方向呢？把定子绕组与三相电源连接的任意两根线对调一下（如对调了 B 和 C 两相），再按照前面的方法分析 $\omega t=0$、$\omega t=\dfrac{\pi}{3}$、$\omega t=\dfrac{2\pi}{3}$、$\omega t=\pi$ 各瞬时定子电流的方向和三相电流产生的合成磁场方向，就成为如图 6-11 所示的情况。与图 6-10 相比，不难看出，磁场的旋转方向相反了。

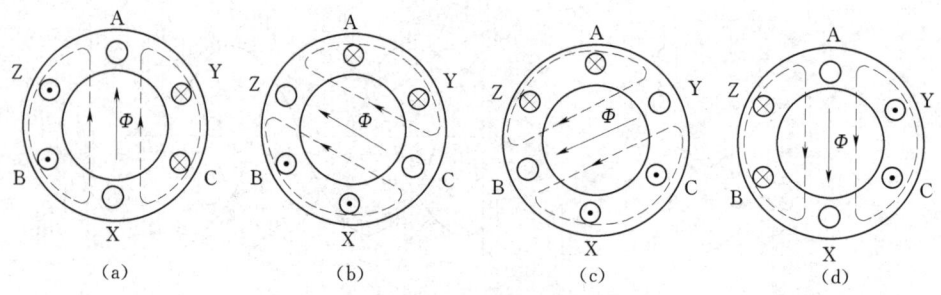

图 6-11 旋转磁场的反转

由此可以得出：旋转磁场的旋转方向同引入定子绕组的三相电流的相序有关。如图 6-10 中引入的电流相序为 A→B→C，磁场是顺时针转向，图 6-11 中引入的相序为 A→C→B，是逆时针转向。这样，将定子绕组同三相电源连接的 3 根导线中的任意两根对调位置，使旋转磁场反转，电动机也就跟着改变转动方向了。

3. 旋转磁场的转速

在定子电流频率 f_1 一定时，旋转磁场的转速取决于旋转磁场的极数。而旋转磁场的极数和三相定子绕组在铁芯中的安排有关。在上述如图 6-10 所示的情况下，每相绕组首端之间相隔 120°空间角，则产生两极旋转磁场，即磁极对数 $p=1$，电流变化为一周 360°（电角度），旋转磁场在空间旋转一周；如将定子绕组安排的如图 6-12 所示那样，每相绕组有两个线圈串联，绕组的首端之间相隔 60°空间角，则产生的旋转磁场具有两对磁极，即 $p=2$，如图 6-13 所示，电流变化一周，旋转磁场在空间旋转 1/2 转；依次类推。我国工频电流频率 $f_1=50$Hz，旋转磁场的转速为

$$p=1, \quad n_0=60f_1/1=3000\text{r/min}$$

$$p=2, \quad n_0=60f_1/2=1500\text{r/min}$$

$$p=3, \quad n_0=60f_1/3=1000\text{r/min}$$

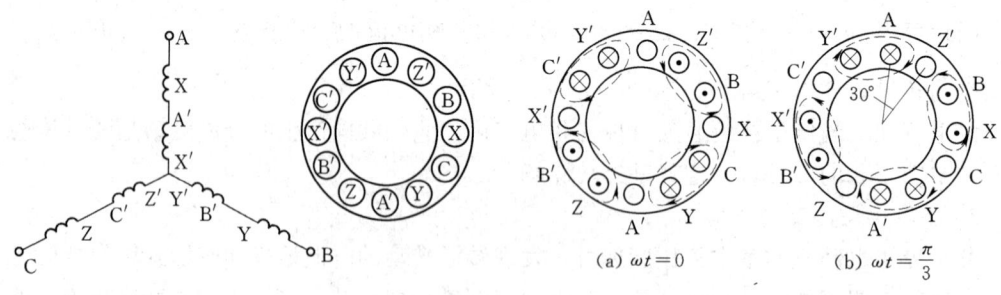

图 6-12 四极绕组　　　　　图 6-13 四极旋转磁场

一般公式应为

$$n_0=\frac{60f_1}{p}\text{r/min} \tag{6-2}$$

由式（6-2）可得出对应于不同磁极对数 p 的旋转磁场转速 n_0，见表 6-1。

表 6-1		磁极对数与同步转速对照表				
p/对	1	2	3	4	5	6
n_0/(r/min)	3000	1500	1000	750	600	500

4. 旋转磁场的大小

定了三相电流产生旋转磁场,其定子每相绕组的磁通穿过气隙并通过定子和转子铁芯同时与定子绕组和转子绕组相铰链,如图 6-14 所示,与变压器的电磁关系相似,可把定子绕组看作是一次绕组,转子绕组为二次绕组。

当定子绕组接上相电压为 U_1 的三相电源时,旋转磁场在转子和定子绕组中都将感应出电动势。由于旋转磁场的磁感应强度沿气隙是接近正弦规律分布的,故穿过定子每相绕组的磁通也是随时间按正弦规律变化的,即 $\Phi = \Phi_m \sin\omega t$。因此,定子每相绕组中产生的感应电动势为

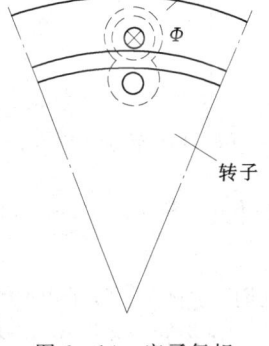

图 6-14 定子每相绕组的磁通

$$e_1 = -N_1 \frac{d\Phi}{dt}$$

它也是正弦量,其有效值为

$$E_1 = 4.44 k_1 f_1 N_1 \Phi \qquad (6-3)$$

式中:k_1 为考虑每相绕组分布关系的绕组系数,其值小于 1;f_1 为 e_1 的频率;N_1 为定子每相绕组的匝数;Φ 为旋转磁场的每极磁通,在数值上与定子每相绕组的磁通最大值 Φ_m 相等。

由于定子每相绕组的电阻 R_1 和漏磁感抗 X_1 均较小,其上电压降与电动势 E_1 比较,常可忽略,于是

$$\dot{U}_1 \approx -\dot{E}_1$$

而

$$U_1 \approx E_1 = 4.44 k_1 f_1 N_1 \Phi$$

则

$$\Phi \approx \frac{U_1}{4.44 k_1 f_1 N_1} \qquad (6-4)$$

式(6-4)中的 k_1 和 N_1 对某固定电动机是个定值,只要 U_1 和 f_1 一定,旋转磁场的每极磁通 Φ 几乎不变。因此,在三相电源的频率 f_1 和每相电压 U_1 恒定不变的条件下,异步电动机的旋转磁场是个稳定的磁场。这是学习异步电动机时应注意的一个特点。

第二节 三相异步电动机的电磁转矩与机械特性

电磁转矩是三相异步电动机的最重要的物理量之一,机械特性是它的主要特性。

一、电磁转矩

异步电动机的工作过程实质是电—磁—机的能量转换过程。在定子旋转磁场的作用下,转子绕组中产生感应电动势,从而产生转子电流,而转子电流再与旋转磁场磁通相互作用便产生了使转子转动的电磁转矩。因而,在讨论电磁转矩之前,先搞清楚与电磁转矩

有关的转子电路（图 6-15）的各物理量及其相互关系是必要的。

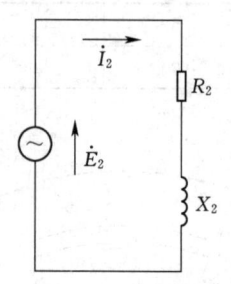

图 6-15 转子等效电路

1. 转子电路的基本公式

（1）转子电动势 e_2。旋转磁场在转子每相绕组中感应出的电动势为

$$e_2 = -N_2 \frac{d\Phi}{dt}$$

它是正弦量，其有效值为

$$E_2 = 4.44 k_2 f_2 N_2 \Phi = 4.44 k_2 f_1 s N_2 \Phi \tag{6-5}$$

式中：k_2 为转子绕组系数；N_2 为转子每相绕组匝数；E_2 为任意转速时的转子电动势，如果在 $n=0$ 即 $s=1$ 时，则转子电动势为

$$E_{20} = 4.44 k_2 f_1 N_2 \Phi \tag{6-6}$$

这时 $f_2 = f_1$，转子电动势最大。

比较式（6-5）和式（6-6）可得

$$E_2 = s E_{20} \tag{6-7}$$

任意转速时的转子电动势 E_2 是启动初始瞬间转子电动势 E_{20} 的 s 倍。

（2）转子电动势（或转子电流）的频率 f_2。因为旋转磁场与转子的相对转速为 $(n_0 - n)$，所以转子电流频率

$$f_2 = \frac{p(n_0 - n)}{60}$$

或

$$f_2 = \frac{(n_0 - n)}{n_0} \cdot \frac{p n_0}{60} = s f_1 \tag{6-8}$$

可见转子频率 f_2 也与转差率 s 有关。

在 $n=0$ 即 $s=1$ 时（电动机启动初始瞬间），$f_2 = f_1$。此刻，转子与旋转磁场的相对转速最大，转子导体被旋转磁力线切割的最快，f_2 最高。

（3）转子转速 n。由转差率 $s = \frac{n_0 - n}{n_0}$，得

$$n = n_0(1-s) = \frac{60 f_1}{p}(1-s) \tag{6-9}$$

可见，在电源频率 f_1 和电机磁极对数 p 一定时，转子转速 n 与转差率 s 有关。

（4）转子感抗（漏磁感抗）X_2。同定子电流一样，转子电流也产生漏磁通，在任意转速下，转子每相绕组的感抗为

$$X_2 = \omega_2 L = 2\pi f_2 L = 2\pi s f_1 L \tag{6-10}$$

式中：L 为转子电路的电感。

在 $n=0$ 即 $s=1$ 时，转子感抗为

$$X_{20} = 2\pi f_1 L \tag{6-11}$$

比较式（6-10）和式（6-11）可得

$$X_2 = s X_{20}$$

即任意转速的转子感抗 X_2 是启动初始瞬间转子感抗 X_{20} 的 s 倍。

(5) 转子电流 I_2。如果转子每相绕组的电阻为 R_2，则转子每相绕组电流为

$$I_2 = \frac{E_2}{\sqrt{R_2^2 + X_2^2}} = \frac{sE_{20}}{\sqrt{R_2^2 + (sX_{20})^2}} \quad (6-12)$$

式（6-12）中的 E_{20}、R_2 和 X_{20} 都是恒定值，因此转子电流 I_2 也是转差率 s 的函数。当 $s=0$ 时，即理想空载下，相对转速为零，$I_2=0$；当 s 较小时，$R_2 \gg sX_{20}$，$I_2 \approx \frac{sE_{20}}{R_2}$，即与 s 近似地成正比；当 s 很大，接近于 1 时，$sX_{20} \gg R_2$，$I_2 \approx \frac{E_{20}}{X_{20}}=$ 常数。I_2 与 s 的关系如图 6-16 所示。

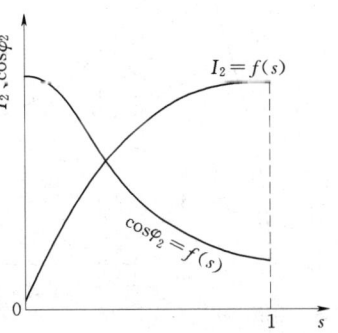

图 6-16 I_2、$\cos\varphi_2$ 与 s 的关系

(6) 转子电路的功率因数。由于转子有漏磁通，相应的感抗为 X_2，如果 $\dot{I}_2$ 滞后于 $\dot{E}_2$ 为 φ_2 角，转子的功率因数为

$$\cos\varphi_2 = \frac{R_2}{\sqrt{R_2^2 + X_2^2}} = \frac{R_2}{\sqrt{R_2^2 + (sX_{20})^2}} \quad (6-13)$$

$\cos\varphi_2$ 也是转差率 s 的函数。当 s 增大时，X_2 也增大，即 $\cos\varphi_2$ 减小。$\cos\varphi_2$ 随 s 的变化关系也表示在图 6-16 中。当 s 很小时，$R_2 \gg sX_{20}$，$\cos\varphi_2 \approx 1$；当 s 接近于 1 时，$sX_{20} \gg R_2$，$\cos\varphi_2 \approx \frac{R_2}{sX_{20}}$，即两量之间近似地成双曲线关系。

综上所述，转子电路的各个物理量，如频率、电动势、感抗、电流及功率因数等都与转差率有关，即与转速有关。

2. 电磁转矩公式

异步电动机的电磁转矩是由旋转磁场的每极磁通 Φ 与转子电流 $\dot{I}_2$ 相互作用而产生的。由于异步电动机的转子电路中有电感存在，所以转子电流 $\dot{I}_2$ 在相位上滞后于转子电动势 $\dot{E}_2$ 一个 φ_2 角。由于电磁转矩是反映电动机做功能力的一个物理量，只有转子电流的有功分量与旋转磁场的每极磁通相互作用，才能产生电磁转矩，因此电磁转矩的公式应表示为

$$T = K_T \Phi I_2 \cos\varphi_2 \quad (6-14)$$

式中：K_T 为取决于电动机结构的一个常数；$I_2 \cos\varphi_2$ 为转子电流 $\dot{I}_2$ 的有功分量。

将式（6-4）、式（6-12）和式（6-13）代入式（6-14），得

$$T = K U_1^2 \frac{sR_2}{R_2^2 + (sX_{20})^2} \quad (6-15)$$

式中：K 为 f_1 一定时的比例常数，$K = K_T k_2 N_2 / 4.44 k_1^2 N_1^2 f_1$；$U_1$ 为电源相电压。

3. 转矩特性

在电源电压 U_1、频率 f_1 和转子电阻 R_2 一定时，电磁转矩 T 与转差率 s 之间的函数关系 $T=f(s)$ 称为异步电动机的转矩特性。$T=f(s)$ 曲线称为转矩特性曲线，如图 6-17 所示。

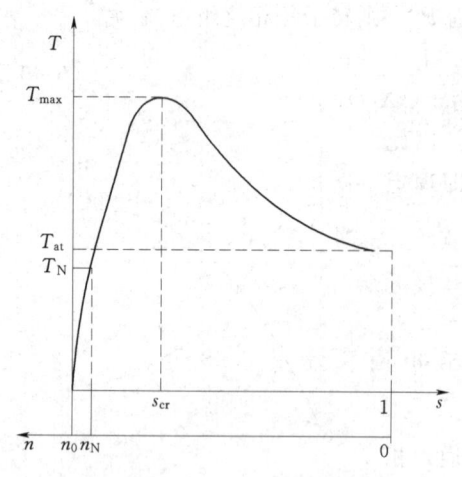

图 6-17 转矩特性曲线

从图 6-17 看出，在 $0<s<s_{cr}$ 时，T 随 s 的增大而增加；在 $s_{cr}<s<1$ 时，T 随 s 的增大而减小。

异步电动机的最大转矩 T_{max} 及其对应的转差率 s_{cr}（临界转差率），可通过式（6-15）对 s 求导，并令 $dT/ds=0$ 求得

$$s_{cr}=\frac{R_2}{X_{20}} \quad (6-16)$$

将 s_{cr} 值代入式（6-15）中，可求得最大转矩为

$$T_{max}=K\frac{U_1^2}{2X_{20}} \quad (6-17)$$

至此，可得出这样两点认识：

(1) 电磁转矩 T、最大转矩 T_{max} 均与定子电压的平方成正比，表明异步电动机的电磁转矩对电源电压很敏感。

图 6-18 表示出了 U_1 波动对 T 的影响。从图 6-18 中可以看到，定子电压降低为原电压的 80%，则转矩减小到原转矩的 $(80\%)^2$，即 64%。当电动机运行时，如果电压偏低太多，以至负载转矩超过最大转矩时，电动机就带不动了，即所谓堵转现象。一旦堵转，电动机的电流随即升高 6~7 倍，导致电机严重过热，甚至烧坏。

(2) 最大转矩 T_{max} 与转子电阻 R_2 无关，但对应最大转矩的临界转差率 s_{cr} 则与 R_2 成正比，R_2 越大，s_{cr} 也越大。图 6-19 是电源电压 U_1 一定时，不同转子电阻下的转矩特性曲线。在同一负载下，R_2 越大，对应的转差率 s 也越大，因此转速越低；同时对应 $s=1$ 的转矩 T_{st}（启动转矩）也随 R_2 增加而增大。上述情况表明，适当调节异步电动机转子电路的电阻，可以实现小范围内调速和达到改善启动性能的目的。但须明确，只是绕线转子电动机才有这种特性。

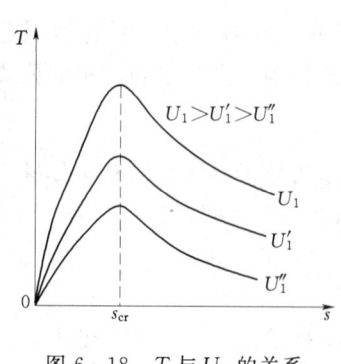

图 6-18 T 与 U_1 的关系

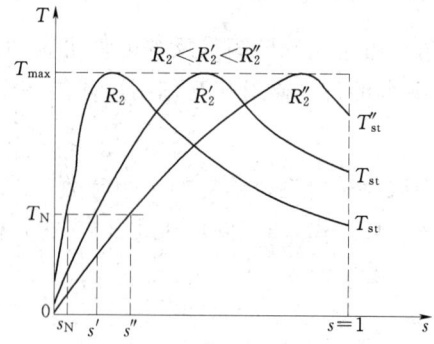

图 6-19 R_2 对 $T=f(s)$ 的影响

二、机械特性

在电源电压 U_1、频率 f_1 和转子电阻 R_2 不变的条件下，电动机转速 n 与电磁转矩 T 之间的函数关系称为机械特性，即 $n=f(T)$。根据 $n=n_0(1-s)$，可以把 $T=f(s)$ 曲线

转换成 $n=f(T)$ 曲线，如图 6-20 所示。

研究机械特性的目的是为了分析异步电动机的外部特性，尤其特性曲线上 3 个特殊工作点所对应的转矩。

1. 额定转矩 T_N

额定转矩是电动机在额定负载时的转矩。在 $n=f(T)$ 曲线上，与额定转速 $n_N(s=s_N)$ 所对应的转矩是额定转矩 T_N。若电动机的额定转矩 T_N 单位是 N·m，额定功率 P_N 的单位 kW，额定转速 n_N 的单位 r/min，有下式可求得 T_N

$$T_N = 9550 \frac{P_N}{n_N} \qquad (6-18)$$

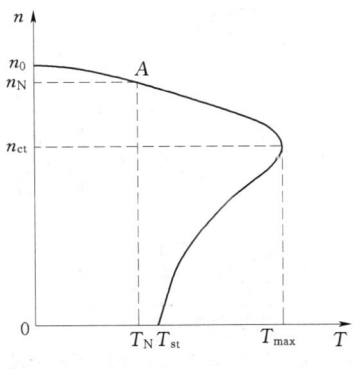

图 6-20 机械特性曲线

例如 Y160L—4 型异步电动机的铭牌上标出 $P_N=15\text{kW}$，$n_N=1460\text{r/min}$，则额定转矩为

$$T_N = 9550 \times \frac{15}{1460} = 98.1(\text{N·m})$$

图 6-20 中 $n=f(T)$ 曲线上的 A 点是额定转矩 T_N 和额定转速 n_N 的对应点，称之为额定工作点。异步电动机运行在额定工作点及其附近时，其效率和功率因数都比较高。

2. 最大转矩 T_{max}

从 $n=f(T)$ 曲线上看，转矩有个最大值称为最大转矩或临界转矩。与最大转矩对应的转速称为临界转速 n_{cr}。最大转矩反映了异步电动机的短时过载能力，它与额定转矩的比值称为过载系数或过载能力，用 λ 来表示，即

$$\lambda = \frac{T_{max}}{T_N} \qquad (6-19)$$

一般电动机的 $\lambda=1.8\sim2.5$。特殊用途电动机的 λ 值可到 3 或更大。

异步电动机不允许长期过载运行，否则将过热而烧毁。但只要负载转矩不大于最大转矩 T_{max}，并且电动机的发热不超过允许温升，短时间内过载运行是允许的。在电动机的选择计算中，如果是根据生产机械的转矩负荷曲线确定电动机容量时，则必须验算其转矩过载能力。

3. 启动转矩 T_{st}

电动机与电源接通的瞬间，即 $n=0$（或 $s=1$）时，电动机产生的转矩为启动转矩 T_{st}，将 $s=1$ 代入式 (6-15)，得

$$T_{st} = KU_1^2 \frac{R_2}{R_2^2 + X_{20}^2} \qquad (6-20)$$

式 (6-20) 表明，T_{st} 与 U_1^2 和 R_2 有关。当电源电压 U_1 降低时，启动转矩随之减小（图 6-21）；当转子电阻适当增大时，启动转矩可增大（图 6-22）。

启动转矩的大小反映了电动机的启动性能。T_{st} 大，电动机启动能力强；T_{st} 小，电动机启动能力差。通常用启动转矩与额定转矩的比值表示异步电动机的启动能力，即

$$启动能力 = \frac{T_{st}}{T_N} \qquad (6-21)$$

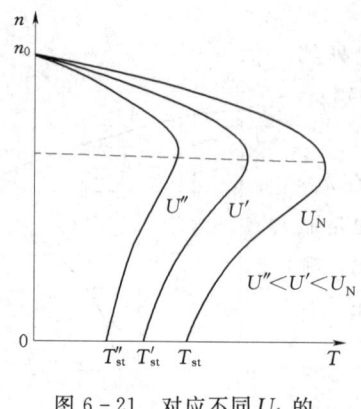
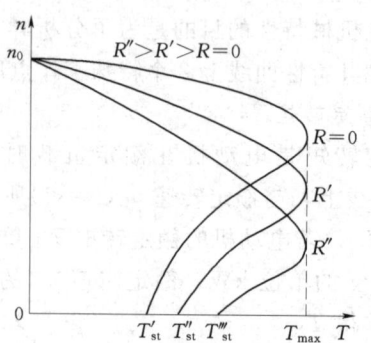

图 6-21 对应不同 U_1 的 $n=f(T)$ 曲线（R_2 = 常数）

图 6-22 对应不同转子电阻的 $n=f(T)$ 曲线（U_1 = 常数）

一般笼型电动机的启动能力较差，约为 0.8～2，所以有时需在轻载或空载下才能启动。

4. 机械特性分析

电动机为能够拖动负载机械完成生产工艺要求，必须有稳定的工作点，只有建立了稳定工作点，才能在受到干扰后，自动适应并在外界干扰消除后自动回到原工作点。这就要求电动机的机械特性要与生产机械的机械特性相适应，以使电力拖动系统稳定运行。

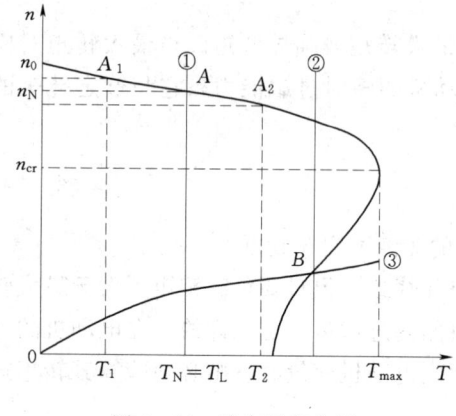

图 6-23 稳定运行分析

如异步电动机拖动一个恒转矩负载，其机械特性曲线如图 6-23 所示的曲线①，在曲线①与电动机的 $n=f(T)$ 曲线相交的 A 点上，$T_N=T_L$，电动机可在额定转速 n_N 下稳定运行，我们称 A 点为稳定运行点。由于某种原因（电源或负载方面）使拖动系统的运行转速发生变化，如果转速 n 升高，则电动机的转矩 T 便随之减小，到 A_1 点，此时 $T=T_1<T_L$，迫使 n 下降；若 n 降低，则 T 增大，到 A_2 点，此时 $T=T_2>T_L$，电动机加速，n 上升。不难看出，无论系统运行转速变高或变低，电动机都有恢复到 A 点运行的趋势（$n \to n_N$ 或 $T \to T_N=T_L$），使系统稳定运行。

如果被拖动的生产机械的机械特性为图 6-23 中的曲线②，电动机工作在 B 点，情况就完全不同了，系统将不能稳定运行。但异步电动机拖动鼓风机负载（机械特性如图 6-23 所示的曲线③）时，也工作在 B 点，却能获得稳定运行。这两种情况，请读者自行分析。

在一定范围内，当外部条件变化时，异步电动机本身具有自动调整作用，以适应外部条件，体现其自动适应能力。异步电动机拖动恒转矩负载，在异步电动机 $n=f(T)$ 曲线的 $n_0>n>n_{cr}$（$s=s_{cr}$ 时，与 T_{max} 对应的临界转速）区段，拖动恒转矩负载，可获得稳定运行。

第三节 三相异步电动机的使用

正确的使用方法是电动机安全可靠运行的保障，对提高经济效益也具有重大意义。下面介绍有关电动机使用的基本知识。

一、铭牌

电动机铭牌上的数据是正确使用电动机的依据。因此，了解各数据的意义是正确使用电动机的前提。现以 Y160M-4 型电动机为例，说明铭牌上各数据的意义如下：

××××电机厂	三相异步电动机	编号××××
型号 Y160M-4	功率 11kW	频率 50Hz
电压 380V	电流 22.6A	接法 △
转速 1460r/min	温升 75℃	绝缘等级 E
功率因数 0.84	重量 150kg	工作方式 S1
防护等级 IP144	出厂日期××××年××月	

1. 型号

每种电机系列用一种型号，以示其适应不同的用途和工作环境。Y 系列是通用的封闭式笼型三相异步电动机，是我国 1980 年设计的统一系列产品，本系列电机的效率较 J02 型（老产品）有所提高，采用了国际通用标准。型号具体说明如下：

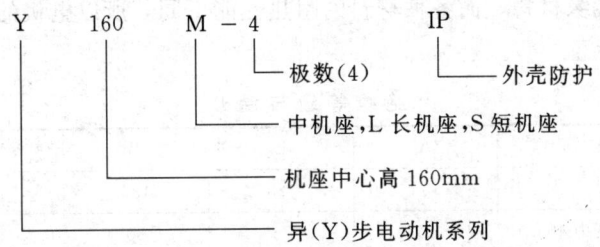

2. 功率

铭牌上的功率是指电动机在额定运行情况下电动机轴上输出的机械功率。

3. 电压

铭牌上的电压是指电动机的额定电压，它表示电动机定子绕组对应某种接法时（△接法或 Y 接法）应加的电源线电压。

4. 电流

铭牌上的电流是指电动机的额定电流，它表示电动机在额定电压下，轴上输出额定功率时的定子线电流。

5. 接法

铭牌上的接法是指电动机定子三相绕组的接法。笼型三相异步电动机接线盒中的 6 根引出线，用 D_1、D_2、D_3、D_4、D_5、D_6 表示，其中 D_1 和 D_4 表示第一相绕组始、末端，D_2

和 D_5 表示第二相绕组始末端，D_3 和 D_6 表示第三相绕组始末端。

在接电源以前，这 6 个引出线端必须正确连接。连接方法有 Y 形和 △ 形两种，如图 6-24 所示。

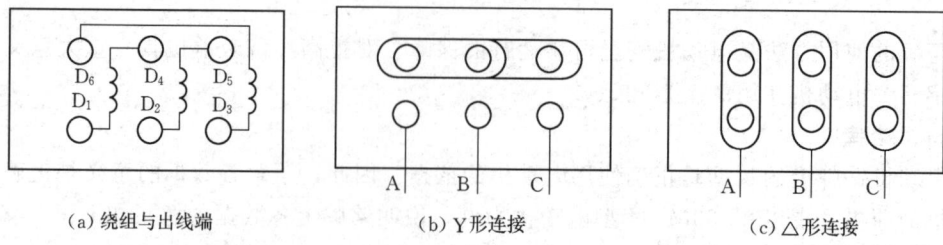

(a) 绕组与出线端　　　(b) Y 形连接　　　(c) △ 形连接

图 6-24　异步电动机定子绕组出线端的连接

6. 转速

铭牌上的转速是指电动机在额定运行情况下的转速。

7. 功率因数

铭牌上的功率因数是指电动机在额定运行下定子电路的功率因数。三相异步电动机的功率因数较低，额定负载时约为 0.7~0.9，而在轻载和空载时更低，空载时只有 0.2~0.3。因此，必须正确选择电动机的容量，以防止"大马拉小车"，并力求缩短空载运行时间。

8. 温升

铭牌上的温升是指环境温度为 40℃ 时，电动机在运行中定子绕组发热而升高的温度。电动机发热，影响绝缘材料，而各种材料的耐热性能不同，所以电机的容许温升与绝缘等级有关，见表 6-2。

表 6-2　　　　　　　　　　绝缘等级与温升　　　　　　　　　　单位：℃

绝　缘　等　级	A	E	B	F	H
允许最热点温度	105	120	130	155	180
最高允许温升（环境温度为 40℃）	60	75	80	100	125

二、三相异步电动机的启动

电动机接通电源后，从转速为零瞬间开始直到转速稳定为止的过程称为启动过程，简称启动。

1. 启动中的问题

启动开始瞬间，$n=0$，即 $s=1$，旋转磁场以最大的相对速度 n_0 切割转子导体，转子电动势达到最大。将使转子中的电流极大，这时的定子线电流（启动电流 I_{st}）也将增大到额定电流 I_N 的 4~7 倍，即 $I_{st}=(4\sim7)I_N$。

这样大的启动电流，将导致供电电压的显著下降，致使接在同一电网的其他负载不能正常工作。

另一方面，启动时的转子感抗为（设 $s_N=0.05$）

$$X_{20}=\frac{X_{2N}}{s_N}=\frac{X_{2N}}{0.05}=20X_{2N}$$

X_{20}是额定运行时转子感抗 X_{2N} 的 20 倍,启动时转子电路的功率因数$\left(\cos\varphi_2 = \dfrac{R_2}{\sqrt{R_2^2 + X_{20}^2}}\right)$很低,虽然启动电流很大,启动转矩却不大。

综上所述,异步电动机启动时存在的主要问题是启动电流大、功率因数低、启动转矩小等。为此,要采取适当的启动方法。

2. 启动方法

(1) 直接启动(全压启动)。直接给电动机加上额定电压的启动方法称为直接启动或全压启动。

电动机采用直接启动方法是有条件的,应严格按照电力规程执行。一般要求启动时的电网电压降应不大于电网电压的 10%,有照明负载时,电网电压降应不大于电网电压的 5%。有专用变压器供电时,电动机不经常启动,其容量应不大于变压器容量的 30%;启动频繁时,其容量应不大于变压器容量的 20%。

(2) 降压启动。对于容量较大的笼型异步电动机,在不允许直接启动的情况下,需采用降压启动,就是在启动时降低加在电动机定子绕组上的电压,以降低启动电流。常用的降压启动方法如下:

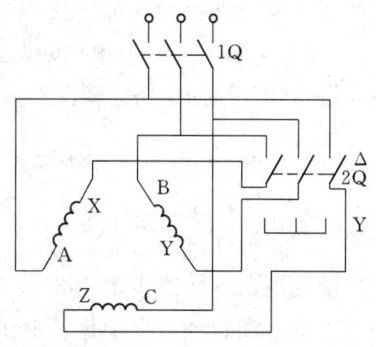

图 6-25 Y—△换接启动

1) Y—△换接启动。电动机在正常运行时其定子绕组是三角形连接的,启动时可把它接成星形,待转速接近稳定转速时再换接成三角形。这种启动方法称为 Y—△启动,如图 6-25 所示。

如果电源线电压为 U_1,Z 为启动时定子每相的等效阻抗,则 Y 接降压启动时的线电流为

$$I_{1-Y} = \frac{U_1/\sqrt{3}}{|Z|}$$

△接直接启动时的线电流为

$$I_{1-\triangle} = \sqrt{3}\frac{U_1}{|Z|}$$

比较上列两式,可得

$$\frac{I_{1-Y}}{I_{1-\triangle}} = \frac{1}{3}$$

即星形连接的线电流只有三角形连接的 1/3。

由于转矩和电压的平方成正比,即 $T \propto U_1^2$,因此星形连接的启动转矩也减小到三角形连接直接启动时的$(1/\sqrt{3})^2 = \dfrac{1}{3}$。

Y—△换接启动只适用于正常运行时三相定子绕组为三角形连接的异步电动机,并且只能在空载或轻载时启动。

图 6-25 是利用三刀双投开关 2Q 来实现 Y—△换接启动的,还可以用专门的 Y—△

启动器或用继电接触器控制电路来实现换接。

2)自耦降压启动。自耦降压启动是利用三相自耦变压器来降低电动机启动时的端电压,原理电路如图6-26所示。启动时,先合上电源开关(图中未画出),然后将开关Q(手柄)扳到"启动"位置,降低加在定子绕组的电压以限制启动电流。当转速接近额定转速时,迅速将手柄扳到"运行"位置,切除自耦变压器,使电动机定子绕组换接到电源上,在额定电压下进入工作运转。

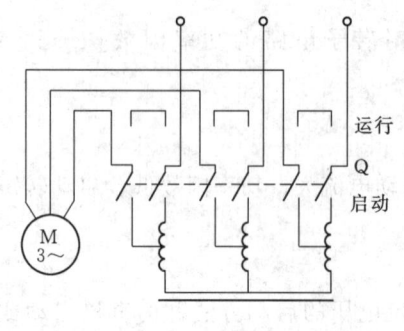

图6-26 自耦降压启动

用作启动的三相自耦变压器也称作启动补偿器,它的低压侧有3组抽头可供选择,其输出电压分别为电源电压的40%、60%、80%(或55%、64%、73%),可根据对启动转矩的要求而选用。用这种设备启动可减小启动电流。例如选用60%抽头的电压启动时,电动机的启动电流(即变压器二次绕组的电流I_2)只有直接启动的60%。因变压器一、二次绕组中电流之比等于电压之比的倒数,即$I_1 = \frac{U_2}{U_1} I_2$,所以当选用60%抽头电压启动时($\frac{U_2}{U_1} = 60\%$),由于启动电流$I_2$只有直接启动时的60%,故自耦变压器一次绕组的电流(即供电线路上的电流)I_1只有直接启动时的$(60\%)^2 = 36\%$。但启动转矩与定子每相电压的平方成正比,因而此时电动机的启动转矩也相应减小为直接启动的$(60\%)^2 = 36\%$。

自耦降压启动适用于容量较大的或正常运行时是Y连接不能采用Y—△启动的笼型异步电动机。

3)绕线转子异步电动机的启动。绕线转子异步电动机的启动,通常采用转子电路串入启动电阻的方法(图6-27)。启动后,随电动机转速的上升将启动电阻逐段切除,达到减小启动电流的目的。同时,转子中串入电阻后,启动转矩相应提高(图6-22),改善了启动性能。

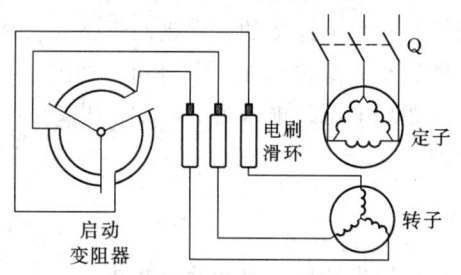

图6-27 绕线转子电动机启动接线图

所以这种启动方式常用于要求高启动转矩的生产机械上,例如卷扬机、锻压机、起重机及转炉等。

【例6-1】 Y200L-4型三相异步电动机的额定数据如下。

功率/kW	电流/A	电压/V	转速/(r/min)	效率/%	功率因数	I_{st}/I_N	T_{st}/T_N	T_{max}/T_N
30	56.8	380	1470	92.2	0.87	7	2.2	2.2

试求:(1)启动电流I_{st}。

(2)额定转差率s_N。

(3) 额定转矩 T_N、最大转矩 T_{max}、启动转矩 T_{st}。

(4) 若负载转矩为 408N·m，当电压在 $U=U_N$ 和 $U=0.9U_N$ 两种情况下电动机能否启动？

(5) 采用 Y—△启动时，启动电流和启动转矩各为多少？当负载转矩为额定转矩的 80% 和 70% 时，电动机能否启动？

解：(1) 因为 $I_N=56.8A$，$I_{st}/I_N=7$，所以

$$I_{st}=\left(\frac{I_{st}}{I_N}\right)I_N=7\times 56.8=397.6(A)$$

(2) 因电动机为 Y200L-4 型，其磁极数是 4，即 $p=2$，则 $n_0=1500\text{r/min}$（也可以从 $n=1470\text{r/min}$ 判断出 $n_0=1500\text{r/min}$），所以

$$s_N=\frac{n_0-n}{n_0}=\frac{1500-1470}{1500}=0.02$$

(3)
$$T_N=9550\frac{P_N}{n_N}=9550\times\frac{30}{1470}=194.9 \text{ (N·m)}$$

$$T_{max}=\frac{T_{max}}{T_N}T_N=2.2\times 194.9=428.8(\text{N·m})$$

$$T_{st}=\frac{T_{st}}{T_N}T_N=2.2\times 194.9=428.8(\text{N·m})$$

(4) 在 $U=U_N$ 时，$T_{st}=428.8\text{N·m}>408\text{N·m}$，可以启动。

在 $U=0.9U_N$ 时，$T_{st}=0.9^2\times 428.8=347.3\text{N·m}<408\text{N·m}$，所以不能启动。

(5)
$$I_{st-\triangle}=I_{st}=397.6A$$

$$I_{st-Y}=\frac{1}{3}I_{st-\triangle}=\frac{1}{3}\times 397.6=132.5(A)$$

$$T_{st-Y}=\frac{1}{3}T_{st-\triangle}=\frac{1}{3}\times 428.8=142.9\text{N·m}$$

当在 80% 额定负载时，$T_N\times 80\%=194.9\times 0.8=155.9\text{N·m}>T_{st-Y}=142.9\text{N·m}$，不能启动；而在 70% 额定负载时 $T_N\times 70\%=194.9\times 0.7=136.4\text{N·m}<T_{st-Y}=142.9\text{N·m}$，可以启动。

三、三相异步电动机的反转

由前面分析可知，要改变电动机的转向，只要改变三相电源引入定子绕组的相序就可以了。实际上，就是将接在定子绕组上的三根电源线的任意两根对调，电动机就反转。如图 6-28 所示，当开关 Q 上投时，电动机正转；Q 下投时，电动机就反转。

四、三相异步电动机的制动

为了缩短辅助工时，提高生产率，以及为了安全可靠地实现生产工艺要求，往往要求电动机能够迅速而准确地停车和反转。这就需要对电动机进行制动，也就是要求电动机的转矩和转子的转动方向相反。

异步电动机常用的制动方法有以下几种。

1. 能耗制动

这种方法是在电动机断开三相电源的同时，接通直流电源 [图 6-29 (a)]，使

定子绕组通入直流电流，产生固定磁场［图 6-29（b）］。而转子绕组由于惯性继续在原方向转动，根据右手定则和左手定则不难确定这时的转子电流与固定磁场互相作用产生的转矩的方向。它与电动机转动的方向相反，从而起到制动的作用。制动转矩的大小与直流电流的大小有关，可根据制动要求通过电阻 R 来调节。直流电流的大小一般为电动机额定电流的 0.5~1 倍。

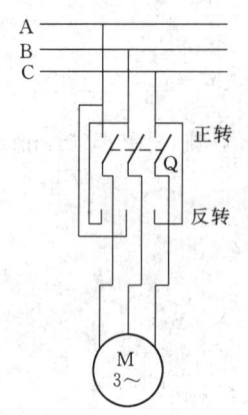

图 6-28 电动机的反转

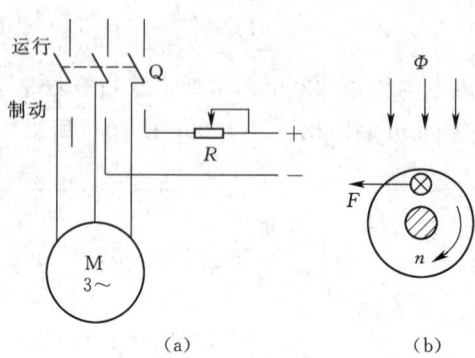

图 6-29 能耗制动电路及原理

因为这种制动方法是消耗转子的动能（转换为电能）来进行制动的，所以称为能耗制动。

能耗制动的特点是：制动准确、平稳，耗能小，但需要直流电源，且制动转矩随转速降低而减小。

2. 反接制动

参照图 6-28，当将开关 Q 由正转位拉开时，虽然切断了电动机的电源，但转子由于惯性仍按原方向转动；如把开关 Q 投向反转位，由于电机与电源接线中有两相对调位置而使旋转磁场反向旋转，电动机的反转转矩与惯性转矩方向相反（图 6-30），就会起到制动作用。当转速接近零时，应立即拉开开关 Q，使电动机脱离电源，否则电动机将会进入反转而达不到制动目的。但靠人工很难掌握准确，通常是利用具有速度继电器的继电接触器控制线路来实现反接制动。反接制动时，由于旋转磁场与转子的相对速度（n_0+n）很大，因而电流也很大。为了限制电流，对功率较大的电动机进行反接制动时必须在定子电路（笼型）或转子电路（绕线型）中串接限流电阻。

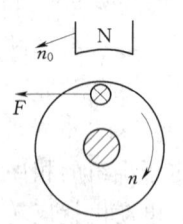

图 6-30 反接制动转矩

反接制动方法比较简单，效果较好，但能量消耗较大。反接制动多用于中型车床和铣床的主轴制动。

3. 发电反馈制动

运行工作的异步电动机，当转子的转速 n 超过同步转速 n_0 时，将产生与原转动方向相反的制动转矩（图 6-31）。例如起重机快速下放重物时，由于重物拖动转子，使其 $n > n_0$，电动机便受到制动作用而使重物等速下降。此时电动机已转入发电机运行状态，将重物的位能转换为电能并反馈给电网，故称为发电反馈制动。

另外，当多速电动机从高速调到低速的过程中，也自然发生这种制动。因为刚将极对数加倍时，磁场转速立即减半，但由于惯性，转子的转速只能逐渐下降，因此就出现 $n > n_0$ 的情况。

五、三相异步电动机的调速

调速就是在同一负载下人为地改变电动机的转速，以满足生产过程的需要。

根据式（6-9），异步电动机的转速为

$$n = n_0(1-s) = \frac{60f_1}{p}(1-s)$$

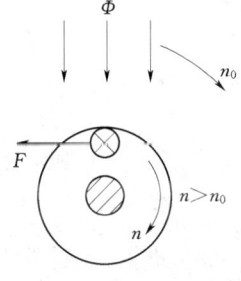

图 6-31 发电反馈制动

可见，要调节异步电动机的转速 n，可有如下三种方法。

1. 变极调速

由公式 $n_0 = \frac{60f_1}{p}$ 可知，当电源频率一定时，异步电动机的同步转速 n_0 与极对数 p 成反比。当 p 增大 1 倍，则 n_0 降低 1 倍，而转子转速 n 也接近降低 1 倍，因此改变 p 就可以得到不同的转速。

改变极对数 p 是通过改变定子每相绕组的接法来实现的。如图 6-32 所示是定子绕组的两种接法。为了清晰起见，只画了 A 相绕组的两个线圈（A_1X_1、A_2X_2），当两个线圈相串联[图 6-32(a)]，产生四极旋转磁场，即 $p = 2$，$n_0 = 1500$ r/min；当两个线圈相并联[图 6-32(b)]，则产生两极旋转磁场，$p = 1$，$n_0 = 3000$ r/min。

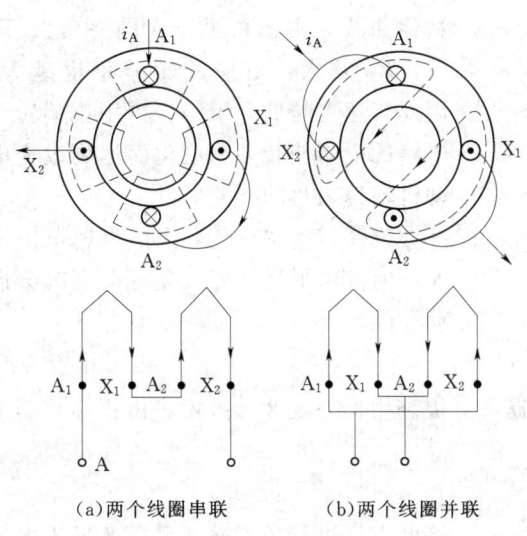

(a) 两个线圈串联　　(b) 两个线圈并联

图 6-32 变极调速方法

图 6-33 是单绕组双速电动机的接线图。在适当位置引出六个接线端。将接线端 1、2、3 接电源（4、5、6 空着），则为三角形连接，每相两个线圈串联，形成两对磁极，为低转速状态。如将接线端 4、5、6 接电源，而 1、2、3 端短接，则为双星形连接，每相两个线圈并联，形成一对磁极，为高转速状态。

变极调速实际是倍极比调速（如 2/4、4/8 等），因此是有级的。变极调速的电动机称为多速电动机。多速电动机的转子都是笼型的。

2. 变频调速

采用改变电源频率的方法进行调速称作变频调速。当连续调节电源频率时，可获得平滑的调速，即无级调速。异步电动机的变频调速机械特性如图 6-34 所示。调速时，随频率的变化机械特性曲线平行地上下移动，特别在低速区，特性硬度好，调速范围大，调速的相对稳定性和平滑性较好，适用于恒转矩负载。

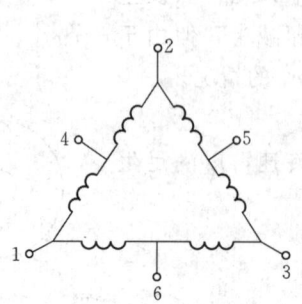

图 6-33 单绕组双速电动机接线图

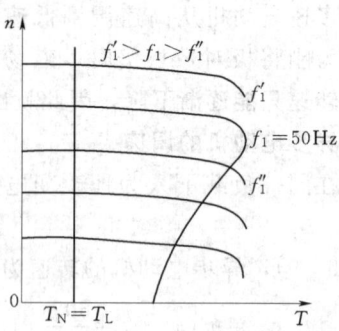

图 6-34 变频调速的机械特性曲线

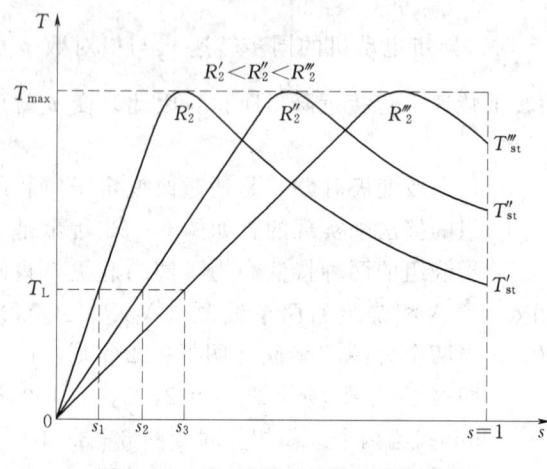

图 6-35 R_2 不同时的转矩特性曲线

3. 改变转差率调速

这种调速方法仅适用于绕线转子异步电动机。图 6-35 是电源电压 U_1 不变时，不同转子电路电阻 R_2 下的转矩特性曲线。由图可见，在同一负载 T_L 下，R_2 越大，对应的转差率也越大，因此转速也越低。于是，可用调节转子电路的电阻使转差率变化而达到改变电动机转速之目的。

改变转差率调速，虽然调速范围不大，但调速平滑性好，还可适当改善启动性能。

六、三相异步电动机的选择

合理选择电动机是正确使用电动机的前提，对提高生产率及改善技术经济指标有着重大意义。

1. 类型的选择

使用时要根据生产机械的要求，并从技术和经济两方面进行考虑选择采用的异步电动机的类型。

(1) 对于无调速要求的中小容量的生产机械，如水泵、通风机、压缩机、金属切削机床等设备，要尽可能选用结构简单、坚固耐用、工作可靠、维修方便、价格低廉的笼型异步电动机。

(2) 对于有一定调速要求，又经常启动和容量较大的生产机械，如起重机、卷扬机、吊车、电梯等，可选用绕线转子异步电动机。

2. 结构型式的选择

为保证电动机在不同环境条件下安全可靠地运行，必须正确选择电动机的结构形式。选型时通常应参照如下原则：

(1) 空气干燥、灰尘少、无水土飞溅和无腐蚀性气体的场合选用防护式。

(2) 尘土飞扬、潮湿或有腐蚀性气体的场合，如脱谷机、饲料加工车间、排灌站、化工车间等，应用封闭式。

(3) 有爆炸性气体的场合，如石化工业和煤矿等，选用防爆式。

3. 转速的选择

形式和容量相同的电动机，其额定转速越低，则结构尺寸越大，价格越高。因此，对于低转速工作的生产机械，选用一台高转速电动机（通常是 $n_0 = 1500 \text{r/min}$），再另配减速器是适宜的。但是，生产机械的工作转速很低，如选用电动机转速太高，则减速器势必庞大而昂贵，同时机械传动效率也会相应降低。因此，电动机转速的选择，要根据具体情况全面综合考虑。

4. 容量的选择

容量选择关系到电动机能否得到充分合理的利用。如果容量选的太大，就会出现"大马拉小车"的现象。不仅电动机得不到充分利用，而且由于轻载运行的异步电动机功率因数及效率均较低，使电网线损加大，极不经济。如果容量选的太小，便出现"小马拉大车"的现象，造成电动机过载，使电动机过早地损坏。

一般地说，电动机的容量是由生产机械所需功率来选定的。为适应不同生产机械的工作方式，电动机相应生产出连续、短时和重复短时3种工作方式。

(1) 连续工作方式电动机容量的选择。连续工作方式的电动机适用于长期负载，如长期恒载的水泵、长期变载的脱谷机和粉碎机等。

恒定负载的电动机容量应满足

$$P_N \geq \frac{P_2}{\eta_1 \eta_2} \tag{6-22}$$

式中：P_N 为电动机的额定功率；P_2 为生产机械的负载功率；η_1 为生产机械的效率；η_2 为传动效率，联轴器传动 $\eta_2=1$，带传动 $\eta_2=0.95$。

【例6-2】 某离心式水泵的技术数据为：流量 $Q=0.03 \text{m}^3/\text{s}$，扬程 $H=10\text{m}$，转速为 1440r/min，机械效率 $\eta_1=0.55$；电动机与水泵用联轴器连接（$\eta_2=1$）。试选择该水泵的拖动电动机。

解：因为对泵类用电动机，要求

$$P_N \geq \frac{P_2}{\eta_1 \eta_2} = \frac{Q \rho H}{102 \eta_1 \eta_2}$$

将 $\rho=1000 \text{kg/m}^3$（水的密度）代入得

$$P_N \geq \frac{0.03 \times 1000 \times 10}{102 \times 0.55 \times 1} = 5.35(\text{kW})$$

查电机产品目录，可选用 Y 系列封闭式三相笼型异步电动机，其额定数据为：$P_N=5.5\text{kW}$，$n=1440\text{r/min}$，工作方式为连续。

对长期变动负载的生产机械，选择拖动电动机的容量一般要根据其负荷图进行等值计算来确定，对选定的电动机还要进行过载能力的校验，这里不再讨论。

(2) 短时运行电动机容量的选择。有些生产机械，如小型水电站和渠道的闸门、机床辅助运动机械等，工作时间短、停歇时间较长，属于短时运行负载。我国有为短时运行负载生产的短时运行电动机。其短时运行的标准有 10min、30min、60min 和 90min 四个级别，额定功率与标准运行时间相对应。因此，凡过载的工作时间与上述标准时间接近时，可按所需功率选择额定功率与之相接近的电动机。

如果无合适的短时运行电动机可选，也可采用连续运行方式的电动机在过载情况下运行。但负载转矩必须小于电动机的最大转矩，一般可近似地用下式选择电动机的容量，即

$$P_N \geqslant P_2/\lambda \qquad (6-23)$$

式中：P_N 为电动机的额定功率；λ 为电动机的过载系数；P_2 为生产机械的功率。

（3）重复短时运行电动机容量的选择。重复短时运行的特点是运行与停歇是交替进行的，运行与停歇的时间均较短。为适应这种运行方式，厂家制造了重复短时运行电动机的系列产品（JZR、JZ 系列）专供重复短时运行的负载使用。选择这种电动机时，应考虑运行与停歇的时间长短，为此使用暂载率（或负载持续率）的概念，如用 ε_L 表示，则

$$\varepsilon_L = \frac{t_W}{t_W + t_0} \times 100\% \qquad (6-24)$$

式中：t_W 为工作时间；t_0 为停车时间。

国产重复短时运行电动机的标准暂载率有 15%、25%、40% 和 60% 四种。重复运行周期不大于 10min，电动机的额定功率与标准暂载率相对应。同一型号的电动机，暂载率越小，额定功率就越大，允许输出的功率就越大。

选择重复短时运行电动机的容量时，应先计算出生产机械的暂载率，然后与电动机的标准暂载率对照，找到相应的暂载率，再按实际负载功率选用在该暂载率下的额定功率与之相近的电动机。如果实际暂载率 ε_L 与标准暂载率 ε_S 相差较大，则要将实际负载功率 P_L 换算成与标准暂载率 ε_S 相对应的等效负载功率 P_S，即

$$P_S = P_L \sqrt{\frac{\varepsilon_L}{\varepsilon_S}} \qquad (6-25)$$

再根据 P_S 和 ε_S 选用适当的电动机。

【例 6-3】 有一桥式起重机，图 6-36 是它的负荷图。要求采用绕线转子异步电动机，转速在 720r/min 左右，试选用合适的电动机。

解： 由图 6-36 可知，起重机的暂载率

$$\varepsilon_L = \frac{t_W}{t_W + t_0} = \frac{134}{434} = 0.3$$

起重机功率 $P_L = 20\text{kW}$。

由于实际暂载率 $\varepsilon_L = 0.3$，与标准暂载率不一致，取相近标准暂载率 $\varepsilon_S = 0.25$ 进行折算，其等效负载功率为

$$P_S = P_L \sqrt{\frac{\varepsilon_L}{\varepsilon_S}} = 20 \times \sqrt{\frac{0.3}{0.25}} = 21.9(\text{kW})$$

根据 $\varepsilon_S = 0.25$ 和 $P_S = 21.9\text{kW}$ 查电机产品目录，选用 JZR51—8 型绕线转子异步电动机，其额定数据为：$\varepsilon_S = 25\%$，$P_N = 22\text{kW}$，$n_N = 723\text{r/min}$。因为 P_N 稍大于 P_S，$n_N \approx 720\text{r/min}$，所以满足要求。

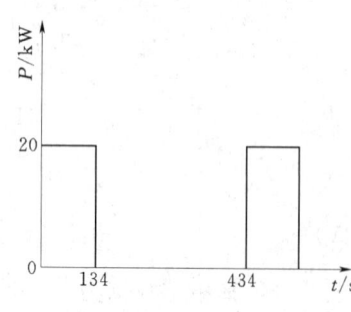

图 6-36 桥式起重机的负荷图

第四节 单相异步电动机

单相异步电动机由单相交流电源供电。这种电动机在小型工业装置和家用电器中得到十分广泛的应用。

一、结构特点和基本原理

从基本结构上看，单相异步电动机的定子只有一个单相绕组，而转子多为笼型（图6-37）。

当单相正弦电流通过定子绕组时（图6-37），产生交变脉动磁场，这个磁场的轴线即为定子绕组的轴线，在空间保持固定位置。根据双旋转磁场理论，交变脉动磁场可分解成两个同步转速相等 $\left(n_0 = \pm \dfrac{60 f_1}{p}\right)$、旋转方向相反、大小相等（旋转磁通 $\varPhi_+ = \varPhi_- = \dfrac{1}{2}\varPhi_m$）的两个

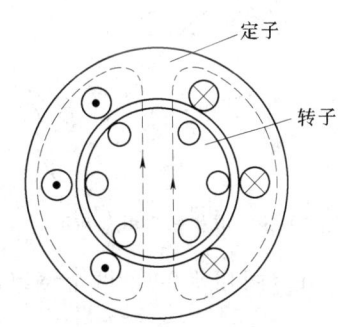

图6-37 单相电动机的基本结构

旋转磁场（图6-38）。这样的两个旋转磁场分别与笼型转子相作用，产生大小相等、方向相反的转矩 T_+ 和 T_-，如图6-39所示。图6-39中的 $T = f(s)$ 曲线是由 $T_+ = f(s)$ 和 $T_- = f(s)$ 合成的单相异步电动机的转矩特性曲线。在转子不动，即 $n=0$ 或 $s=1$ 时，$T_+ = T_-$，$T = T_+ + T_- = 0$，无启动转矩，不能启动。但如果通过外力朝 $\varPhi_+$ 旋转的方向转动一下，则 $s_+ < 1$，$s_- > 1$，这时 $T_+ > T_-$，$T = T_+ + T_- \neq 0$，转子顺着外力方向旋转起来，当施加的外力相反时，转子亦反转。

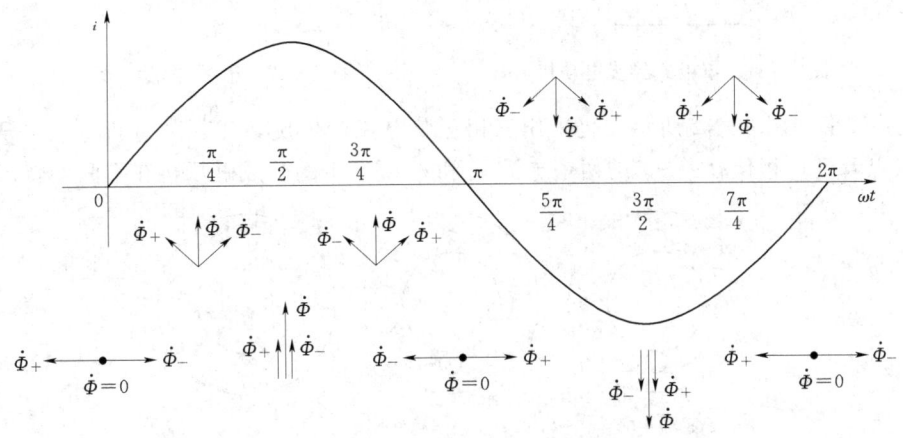

图6-38 脉动磁场的分解

由于单相异步电动机启动转矩为0，在使用时要用某些特殊的启动装置。常见的有电容分相式异步电动机（图6-40）和罩极式异步电动机（图6-41）。下面以电容分相式异步电动机为例分析其启动原理。

二、电容分相式异步电动机

如图6-40（a）所示，在它的定子中除放置工作（主）绕组AX外，还增加了一个启

动（副）绕组 Q_1Q_2，它与工作绕组 AX 在空间相隔 90°。Q_1Q_2 与电容器 C 串联，使两个绕组中的电流在相位上近于相差 90°，这就是分相。

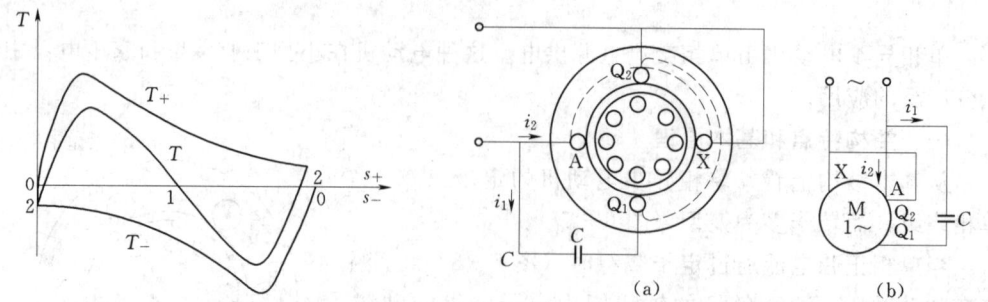

图 6-39　单相异步电动机的 $T=f(s)$ 曲线　　图 6-40　电容分相式异步电动机

在空间相差 90°的两个绕组，分别通入相位相差 90°的电流时[图 6-40（b）]，假设
$$i_1 = I_m \sin\omega t$$
$$i_2 = I_m \sin(\omega t - 90°)$$

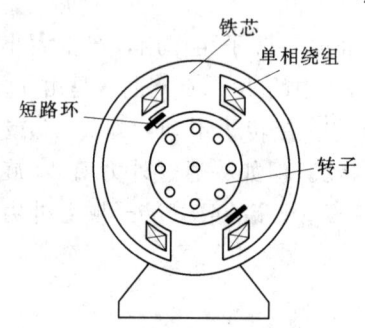

图 6-41　罩极式异步电动机

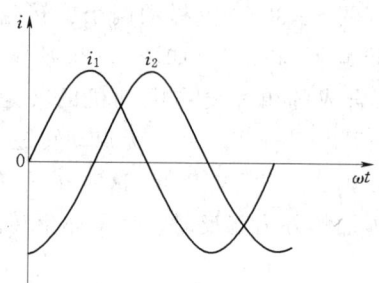

图 6-42　i_1 和 i_2 的波形

正弦波形如图 6-42 所示，仍采用三相正弦电流产生旋转磁场的分析方法，从图 6-43 中可以看到，相位互差 90°的两个电流 i_1 和 i_2 所产生的合成磁场也在空间旋转。

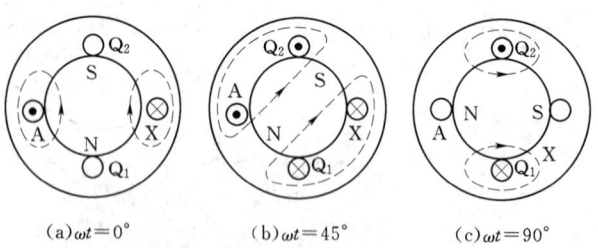

(a) $\omega t = 0°$　　(b) $\omega t = 45°$　　(c) $\omega t = 90°$

图 6-43　单相异步电动机的旋转磁场

在旋转磁场的作用下，电动机的转子就可以转动起来。电动机启动后，启动绕组就完成了启动作用，这时可以通过离心式开关或启动继电器切断启动电路。

三、单相异步电动机的反转和调速

1. 单相异步电动机的反转

某些单相电动机，需要正反两个转向工作，即要求它能改变旋转方向。图 6-44 是单相异步电动机改变转向的原理电路图。需要改变转动方向时，只要将开关S扳到反转位置即可。这是因为开关S从正转投向反转位置后，调换了初级和次级绕组的功能地位（凡与电容器C串联的即为启动绕组），使原来初级和次级绕组中的电流相差90°的相位关系也同时对调。这时的两极旋转磁场已改变了旋转方向，因而转子也就随之反转了。

2. 单相异步电动机的调速

分相式单相异步电动机的转速，一般是采用降压调速。利用主绕组上电压降的变化来改变电机旋转磁场的强弱，达到调速的目的。下面介绍电风扇电动机的几种调速方法。

（1）串联电抗器调速。如图6-45所示，在分相式异步电动机的电路中串联一个有抽头的电抗器，改变电抗器的抽头即改变了加在初级和次级绕组两端的电压，从而实现调速。

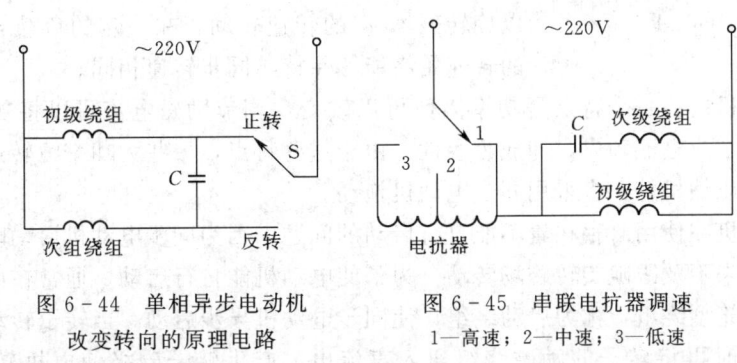

图6-44 单相异步电动机改变转向的原理电路　　图6-45 串联电抗器调速
1—高速；2—中速；3—低速

（2）串联调速绕组调速。在初级绕组上串联一组有抽头的调速绕组（也绕在定子内），改变抽头位置便改变了加在初级绕组两端的电压，可相应控制旋转磁场的强弱，达到调速之目的。如图6-46所示，当开关S处于"1"的位置时，电源全部加在初级绕组上，电动机的转速最高；而开关S处于"3"的位置时，主绕组上的电压只是电源电压的一部分，两相旋转磁场被减弱，转子的转速降为最低；开关S在"2"的位置时是中速。

（3）利用晶闸管调速。晶闸管调速方法是用改变晶闸管导通角来改变加在电动机初级和次级绕组的端电压实现调速的。图6-47是电容分相电动机晶闸管调速的简化示意图。

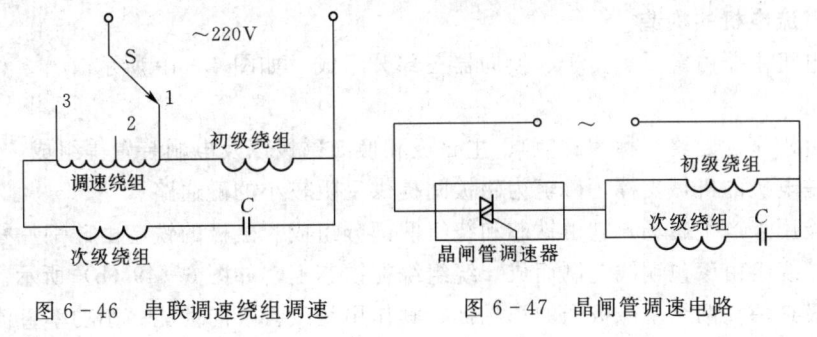

图6-46 串联调速绕组调速　　图6-47 晶闸管调速电路

第五节 同步电动机简介

同步电动机可分为同步发电机和同步电动机。同步发电机在运行时，将机械能转化为电能，它被广泛应用于水力、火力发电厂。同步电动机是将电能转化为机械能，主要应用于恒速的、容量较大的电力驱动上。本节简单介绍同步电动机的结构及工作原理。

三相交流同步电动机的结构示意图如图6-48所示。

同步电动机的定子与异步电动机的定子相同，定子三相绕组接入三相电源后，产生转速 $n_1=60f_1/p$ 的旋转磁场。但同步电动机的转子不同，它的转子上装有磁极，励磁绕组通入直流电流，产生磁场。

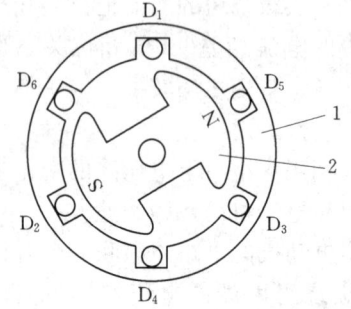

图6-48　同步电动机结构示意图
1—定子；2—转子

同步电动机在定子三相绕组接入三相电源，转子绕组内通入直流电流后，转子的磁极在定子旋转磁场的带动下以旋转磁场 n_1 的转速转动，在一定的负载转矩下，转子的转速始终能够保持与同步转速相同。

同步电动机的另一个特点是功率因数可以改变，调节励磁电流可以将功率因数 $\cos\varphi$ 调整到1或调节成电流领先，即成为容性。由于这些特点，一些大功率恒转速的设备，如大型鼓风机、压缩机等，多采用同步电动机拖动。

同步电动机在使用时存在着不能自行启动的问题，因为同步电动机启动时，由于惯性的原因，转子来不及跟随旋转磁场转动。为了使电动机能自行启动，通常在同步电动机的转子上还装有笼型绕组，称为启动绕组，使同步电动机异步启动。当转子转动起来，转速接近同步转速时再将转子的励磁绕组通入直流电，产生转子磁极使电机转子转入同步运行。

第六节　直流电机简介

直流电机是机械能和直流电能互相转换的旋转机械装置。直流电机分直流电动机和直流发电机两大类。将直流电能转化为机械能的称为直流电动机，将机械能转化为直流电能的称为直流发电机。

一、直流电机的构造

直流电机主要由定子、转子、换向器三部分组成，如图6-49所示。

1. 定子

定子由机座、磁路（称为磁轭）、主磁极和换向磁极以及电刷装置等组成。

机座是电机的机械支撑，磁轭为磁极间提供磁阻较小的磁通路。

主磁极用来产生磁场，它由铁芯和绕组两部分组成。磁极的铁芯由硅钢片叠成，固定在机座上。绕组由漆包铜线绕制而成，绕组绕在铁芯上，如图6-49（b）所示。

换向极是装在两个主磁极间的小磁极，其作用是改善换向性能。小功率直流电机一般不装换向极。

在小型直流电机中，也有用永久磁铁作为磁极的。

2. 转子

转子又称电枢，是电机的旋转部分，它由电枢铁芯和绕组两部分组成。铁芯由

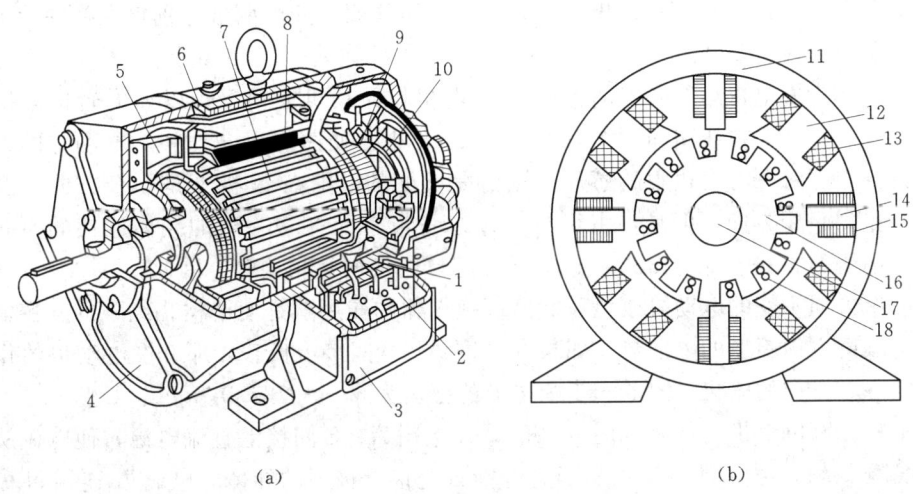

图 6-49 直流电机的结构
1—换向磁极；2—接线板；3—出线盒；4—端盖；5—风扇；6—机座；7—电枢；8—主磁极；
9—电刷装置；10—换向器；11—机座（磁轭）；12—主磁极铁芯；13—励磁绕组；
14—换向极铁芯；15—换向极绕组；16—电枢铁芯；17—转轴；18—电枢绕组

0.5mm 厚的硅钢片叠成，表面冲有槽，槽中放有绕组。绕组由圆形或矩形漆包铜线绕制而成，如图 6-49（a）所示。

3. 换向器

换向器又称整流子，它的作用是把绕组内部的交流电动势用机械换接的方法，转换为直流电动势。换向器是由很多彼此绝缘的换向片构成的。如图 6-50（a）所示为一种常见的普通换向器，这种换向片制造工艺较复杂。目前小型直流电机已改用塑料换向器，如图 6-50（b）所示。

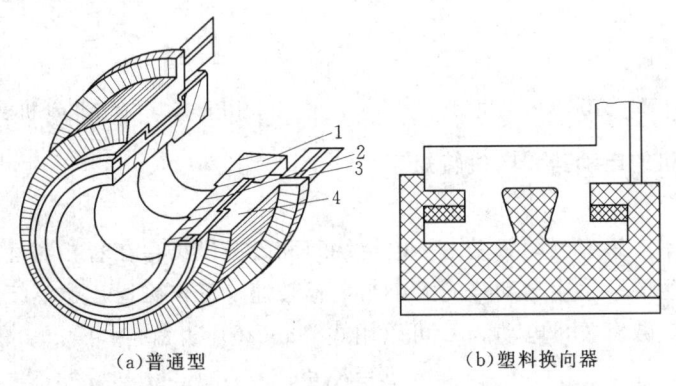

(a) 普通型　　　　　　(b) 塑料换向器

图 6-50 换向器
1—V 形套筒；2—云母环；3—连接片；4—换向片

在换向器表面用弹簧压着固定的电刷，使转动的电枢绕组得以同外电路连接起来。

二、直流电机的工作原理

为了研究的方便，把复杂的电机简化为如图 6-51 和图 6-52 所示的直流电机的物理模型。简化后的电机具有一对磁极，电枢只有一匝线圈，线圈两端分别接在换向片上，换向片上压着 A、B 两个电刷。

当电机作为发电机运行时（图 6-51），电枢在原动机驱动下，以 n 的转速沿逆时针方向在磁场中旋转，在线圈的两个有效边 ab、cd 中，便感应出电动势。电动势的方向由右手定则判定。每一有效边中的感应电动势是交变的，即在 N 极下是一个方向，当它转到 S 极下是另一个方向。但是，由于电刷 A 总是与靠近 N 极一边的导体连接的换向片相接触，而电刷 B 总是和靠近 S 极一边的导体连接的换向片相接触，因此，在 A、B 电刷间就出现一个方向不变的电动势或电压。所以换向器的作用就是使电枢绕组中的交变电动势变换成电刷间方向不变的电动势。如果在电刷 A、B 间接上负载，那么在电动势的作用下便会产生一定方向的电流（图 6-51 中电流的方向为 $d \to c \to b \to a$）。

当电机作为电动机运行时（图 6-52），在电刷 A、B 间接上直流电源，使电流从电刷 B 流入线圈 $dcba$，由电刷 A 流出。因为电刷 B 连接 S 极下的导体，电刷 A 连接 N 极下的导体，此时的电流总是经 S 极下的导体流入，而经 N 极下的导体流出。此二导体在磁场中受电磁力的作用，其方向由左手定则判定。电磁力方向如图 6-52 所示，在 N 极下导体受力的方向和 S 极下导体受力的方向始终不变。它们所产生的力矩总是顺时针方向。这样，电动机在电磁力矩的作用下，就可以带动生产机械沿一定方向转动。

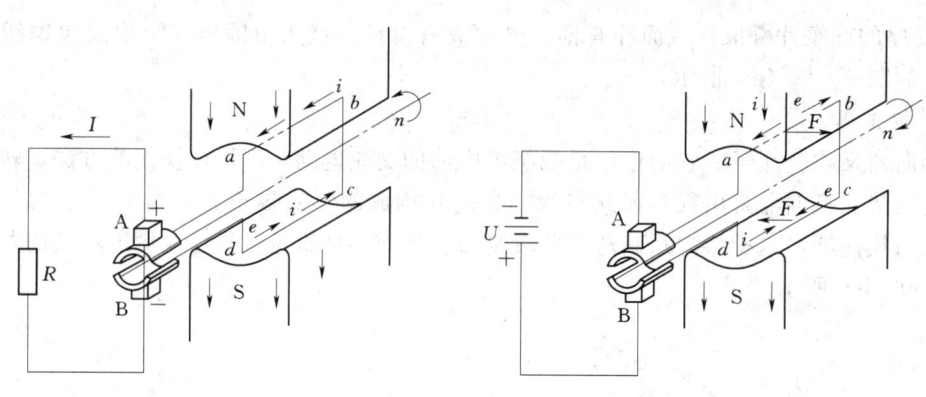

图 6-51　直流发电机模型　　　　图 6-52　直流电动机模型

三、直流电机的电动势和电磁转矩

1. 电动势

在直流电机中，感应电动势是由于电枢绕组和磁极磁场存在着相对运动，绕组切割磁场的磁力线而产生的。感应电动势的大小与电枢转速、工作磁通、电枢绕组匝数及有效边长度等电机结构参数有关，电动势 E 可以用式（6-26）表示

$$E = K_e \Phi n \tag{6-26}$$

式中：Φ 为磁通，Wb；n 为转子转速，r/min；K_e 为电动势常数，取决于电机结构。

电动势的方向由磁通的方向和转子的旋转方向决定，两者之中任何一个方向改变了，电动势的方向就会随之改变。

在发电机中，电动势的方向与电枢电流的方向相同，是电源电动势。在电动机中，电动势的方向与电枢电流的方向相反，如图 6-52 中箭头所示，称它为反电动势。

2. 电磁转矩

在直流电机中，电磁转矩是由电枢电流与主磁极磁场相互作用而产生的电磁力形成的。

对于给定的电机，由于电磁转矩 T 与电枢电流、工作磁通及电机结构参数有关，电磁转矩的大小可用式（6-27）表示

$$T = K_m \Phi I_a \tag{6-27}$$

式中：T 为电磁转矩，N·m；I_a 为电枢电流，A；K_m 为转矩常数，取决于电机结构。

电磁转矩的方向由磁通 Φ 的方向和电枢电流 I_a 的方向决定，两者之中有一个方向改变了，电磁转矩的方向就会随之改变。

在电动机中，电磁转矩的方向与转子的旋转方向相同，它是驱动电枢旋转的。因此，电动机的电磁转矩 T 必须与负载转矩 T_L 及空载损耗转矩 T_0 相平衡，即 $T = T_L + T_0$，当负载转矩 T_L 发生变化时，电动机的转速、电动势、电流及电磁转矩将自动进行调节，以适应负载的变化，保持新的平衡。例如：当负载增加时，即阻转矩增加，电机的电磁转矩便暂时小于负载转矩，这时转速便下降。当磁通 Φ 不变时，根据式（6-26），反电势 E 将减小，而电枢电流 $\left(I_a = \dfrac{U-E}{R}\right)$ 将增加，于是电磁转矩 T 也随之增加，一直达到与负载转矩相平衡后转速不再下降，电动机在新的转速下稳定运行。但这时的电枢电流已大于原来的电流。这也说明当负载增加时，电动机从电源索取的功率也增加了，将更多的电能转换为机械能。

在发电机中，电磁转矩的方向与转子的旋转方向相反，在图 6-51 中应用左手定则就可以判断出。因此，在作发电机运行时，原动机的转矩 T_1 必须与发电机的电磁转矩 T 及空载损耗转矩 T_0 相平衡，即 $T_1 = T + T_0$，当发电机负载（即电枢电流 I_a）增加时，这时原动机的驱动转矩 T_1 和所供给的机械功率也必须相应增加，以保持转矩之间和功率之间的平衡，而转速基本不变。

由上述分析可知，直流电机作发电机运行和作电动机运行，虽然都产生电动势和电磁转矩，但两者的作用截然不同。在此做一对比如下：

发电机运行　　　　　　　　电动机运行

E——电源电动势　　　　　　E——反电动势

T——阻转矩　　　　　　　　T——驱动转矩

E 与 I_a 同方向　　　　　　　E 与 I_a 方向相反

$T_1 = T + T_0$　　　　　　　　$T = T_L + T_0$

$U = E - I_a R_a$　　　　　　　$U = E + I_a R_a$

式中：R_a 为电枢电阻；U 为电源端电压。

四、直流电机的分类

直流电机的励磁绕组和电枢绕组的连接方式有以下四种。

1. 他励电机

他励电机的励磁绕组和电枢绕组是各自分开的，励磁绕组由独立的直流电源供电。现以直流发电机为例，如图 6-53（a）所示。励磁电流不受电枢端电压和电枢电流的影响。

2. 并励电机

并励电机的励磁绕组与电枢绕组并联,如图6-53(b)所示。它的励磁绕组的导线较细、匝数较多,因而电阻较大,其中通过的励磁电流较小。励磁回路的电流与电枢两端的电压有关。

3. 串励电机

串励电机的励磁绕组和电枢绕组串联,如图6-53(c)所示。其励磁绕组的匝数少,导线粗,其中通过较大的电枢电流。

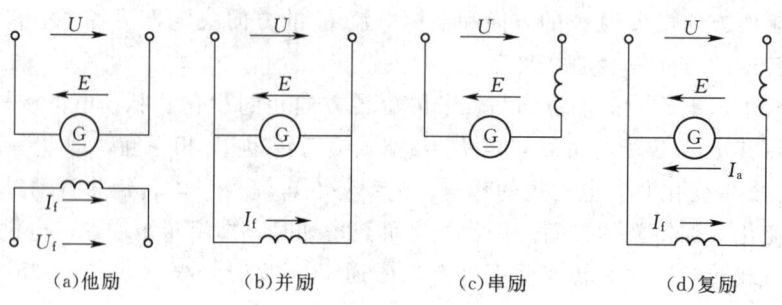

(a)他励　　(b)并励　　(c)串励　　(d)复励

图6-53　直流电机按励磁方式分类

4. 复励电机

复励电机有两个励磁绕组,一个与电枢绕组串联,一个与电枢绕组并联,如图6-53(d)所示。

一般直流发电机的励磁方式为他励、并励和复励,串励发电机很少应用。因并励、串励、复励的励磁电流是本身供给的,所以又统称为自励发电机。直流电动机的励磁电流都是由外电源供给的。

五、他励直流电动机的机械特性

图6-54所示他励直流电动机的转矩与转速之间的关系,即$n=f(T)$式可通过基本方程式导出,即

$$n=\frac{U}{K_e\Phi}-\frac{R_a}{K_eK_T\Phi^2}T \tag{6-28}$$

由于K_e、K_T及R_a均是常数,当电枢电压U及励磁电流I_f一定时(即φ一定时),他励直流电动机的转速n与转矩T之间为直线关系。

根据式(6-28)作出的他励直流电动机的机械特性曲线如图6-55所示。

图6-55中,$n_0=\frac{U}{K_e\Phi}$是电磁转矩$T=0$时电动机的转速,称为理想空载转速。

如图6-55所示他励直流电动机的机械特性曲线是在额定电压及励磁和电枢回路没有串入附加电阻情况下得到的,这条特性曲线称为自然机械特性曲线。如果电枢电压或励磁电流不是额定值或电枢回路串有附加电阻,这种情况下得到的机械特性曲线称为人为特性曲线。

在使用直流电动机时,应根据其机械特性曲线,人为改变某些参数来满足生产工艺的

要求。有关直流电机的其他特性请参阅电机学有关内容。

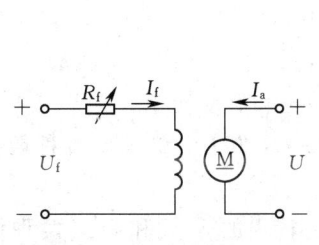 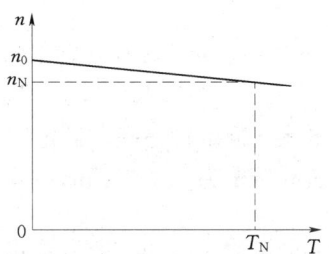

图 6-54 他励直流电动机　　图 6-55 他励直流电动机的 $n=f(T)$ 曲线

习　题

6-1　三相异步电动机的额定转速为 980r/min，这台电动机的同步转速是多少？有几对磁极、转差率是多少？

6-2　为什么三相异步电动机不能在接近最大转矩 T_{max} 处运行？

6-3　某台三相异步电动机的技术数据如下。

型号	额定功率 /kW	额定电压 /V	满载时				$\dfrac{I_{st}}{I_N}$	$\dfrac{T_{st}}{T_N}$	$\dfrac{T_{max}}{T_N}$
			转速/ (r/min)	电流 /A	效率 /%	功率因数			
Y160M—4	10.0	380	1460	20.0	86.8	0.88	6.5	1.5	2.3

试求电动机的：

(1) 转差率。

(2) 额定转矩。

(3) 启动转矩。

(4) 最大转矩。

(5) 直接启动电流。

6-4　同一台异步电动机在空载和满载两种情况下启动时，其启动电流或启动转矩是否一样？为什么？

6-5　有一台 220/380V、△/Y 连接的三相异步电动机，拖动恒转矩负载工作在下列情况是否可以？为什么？

(1) 三相定子绕组接成△形，接到 380V 电源上。

(2) 三相定子绕组接成 Y 形，接到 380V 电源上。

(3) 三相定子绕组接成 Y 形，接到 220V 电源上。

6-6　Y132S1-2 型三相异步电动机的技术数据如下：$P_N=5.5$kW，$U_N=380$V，$I_N=11.1$A，$n_N=2900$r/min，$I_{st}/I_N=7.0$，$T_{st}/T_N=2.0$。试求：

(1) 当负载转矩为额定转矩的 70% 时，能否采用 Y—△换接启动？

(2) 当负载转矩为额定转矩的 60% 时，能否采用 Y—△换接启动？如可以，启动电流为多大？

6-7 某三相异步电动机的数据如下：$P_N=40\text{kW}$，$U_N=380\text{V}$，$n_N=1470\text{r/min}$，$\eta_N=90\%$，$\cos\varphi_N=0.9$，$I_{st}/I_N=6.5$，$T_{st}/T_N=1.2$，$T_{max}/T_N=2.0$。试求：

(1) 额定电流、额定转差率、额定转矩、最大转矩和启动转矩。

(2) 如果负载转矩为 274.4N·m，在电源电压 $U=U_N$ 和 $U=0.9U_N$ 两种情况下，电动机能否启动？

(3) 采用 Y—△换接启动时，在负载转矩为额定转矩的 50% 和 30% 两种情况下，电动机能否启动？

6-8 一台 4 极三相异步电动机的额定转差率为 5%，试计算：

(1) 电动机的额定转速。

(2) 空载转差率为 2.5% 时的空载转速。

(3) 转子额定电流的频率。

(4) 额定状态下，转子旋转磁场相对于转子、定子和定子旋转磁场的转速。

6-9 一台 4 对磁极的三相异步电动机，它从空载到满载时，转差率由 0.6% 变到 4%，若电源的频率为 50Hz，电动机的转速应怎样变化？

6-10 已知一台三相异步电动机的转速 $n_N=960\text{r/min}$，电源频率 $f_1=50\text{Hz}$，转子电阻 $R_2=0.03\Omega$，感抗 $X_{20}=0.16\Omega$，$E_{20}=25\text{V}$，试求启动时和额定运行时转子的电流和功率因数。

6-11 有一离心式水泵，$Q=0.03\text{m}^3/\text{s}$，$H=20\text{m}$，$n=1460\text{r/min}$，$\eta_2=0.55$。今用一笼型异步电动机拖动做长期运行，电动机与水泵直接连接（$\eta_1\approx1$）。试选择电动机功率。

第七章 电气控制线路

电气控制线路是电力拖动系统的重要组成部分。随着科学技术的发展，为了提高控制精度和可靠性，继电器和接触器正朝着无触点和弱电化的方向发展。本章介绍了常用低压电器的工作原理，着重讨论了基本控制线路和设计原则，最后以 OMRON—20 为例讲述了可编程序控制器的原理和编程方法。

第一节 常用低压电器

一、手动电器

1. 按钮

按钮通常用来接通或断开控制电路（如接触器或继电器的线圈所在电路），从而控制电动机或其他电气设备的运行。它是专门发布信号或命令的电器。

图 7-1 是按钮的外形、结构原理和符号。从图 7-1 (c) 所示的结构原理图看出，按钮帽通过推杆操纵下端桥式动触点的上下移动。当不揿按钮时，桥式动触点在复位弹簧的作用下与上面的一对静触点相接触，这时上面的一对静触点经过桥式动触点接通，称为常闭（或动断）触点；这时下面的一对静触点处于断开状态，称为常开（或动合）触点。当揿下按钮时，桥式触点随着推杆一起往下移动，直至和下面的一对静触点接触，于是常闭触点断开、常开触点闭合。释放按钮时，复位弹簧使桥式触点复位，此时常开触点恢复断

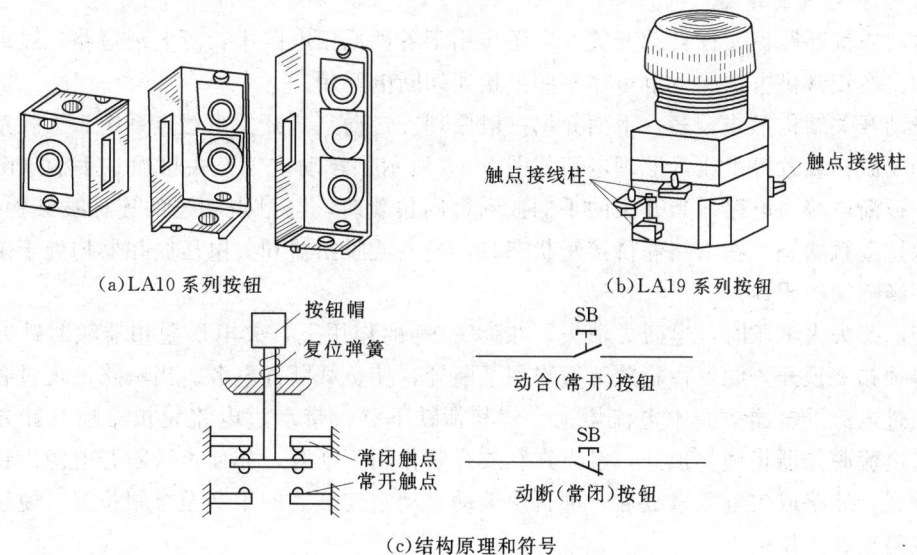

图 7-1 按钮的外形、结构原理和符号

开状态，常闭触点恢复闭合状态。图7-1（c）给出了按钮的图形符号和文字符号。

所谓"常开""常闭"触点，是以电器不受外力作用时（对接触器、继电器而言，是指线圈不得电时）触点所处的状态来命名的。此外还应注意到，电器在外力作用下动作时，常闭触点先断开，常开触点后闭合；外力消失后，常开触点先断开，常闭触点后复位。

按钮触点的工作电压一般为500V以下，工作电流为5A。这对控制接触器、继电器的线圈电路是足够的。

选择按钮主要是根据触点数量、工作环境和按钮本身的用途来决定的。例如：工作环境较差时应该选用保护式或防水式；要求触点对数较多时，应该选积木式按钮；停车按钮应该选用紧急式按钮。

2. 组合开关

在电气控制线路中，组合开关一般用作电源引入开关，也可直接用来控制小容量笼型异步电动机的启停或正反转。

组合开关的种类很多，常用的有HZ10系列，图7-2是HZ10—10/3型组合开关的结构图。它有3对静触片，每个静触片的一端固定在绝缘垫板上，另一端伸出盒外接到接线柱上，以便电源与用电设备连接。3个动触片套在装有手柄的绝缘转动轴上，转动手柄就可以将3对触点（彼此相隔一定角度）同时接通或断开。

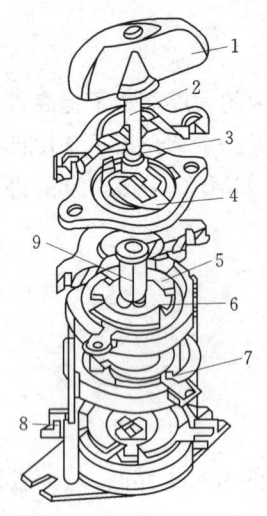

图7-2 组合开关
1—手柄；2—转轴；3—弹簧；
4—凸轮；5—绝缘垫板；
6—动触片；7—静触片；
8—接线柱；9—绝缘杆

在选用或购置组合开关时，要根据控制要求以及线路的工作电压和工作电流来选择。

3. 自动空气断路器

自动空气断路器又称自动开关，广泛应用于各种低压电路中，可实现短路、过载及失压保护。在正常供电情况下也可作不频繁接通切断电路用。

自动开关结构形式较多，下面介绍一般原理。自动空气开关由触点系统、灭弧室、操纵机构及脱扣装置等组成，原理电路如图7-3所示。自动空气开关可通过手柄（图中未画出）扳断或接通电路。当开关的手柄扳到合闸位置时，与触点相连的连杆被锁钩扣住，触点保持接触状态。在电路保持接触状态时，过电流脱扣器和欠电压脱扣器均处于图示位置，不影响锁扣闭锁。

当电路失去电压时，电磁力消失，在弹簧10的作用下，欠电压脱扣器顺时针方向转动，将锁扣器顶开，触点在释放弹簧作用下断开，使负载断开电源。当电路出现过载或短路后，过电流继电器线圈中电流增大，使其衔铁下移，带动过电流脱扣器顺时针方向转动，过电流脱扣器将锁扣顶开，触点在释放弹簧作用下断开，亦使负载断开电源。在电路排除过载、短路或欠电压事故后，须再次扳动自动空气开关的手柄至合闸位置，使触点闭合，电路重新工作。

选择自动空气开关主要考虑以下几项：极数（分单极、双极、三极三种）、额定电压和额定电流等。自动空气开关有DZ系列、H系列等诸多品种，具体可查阅有关手册。

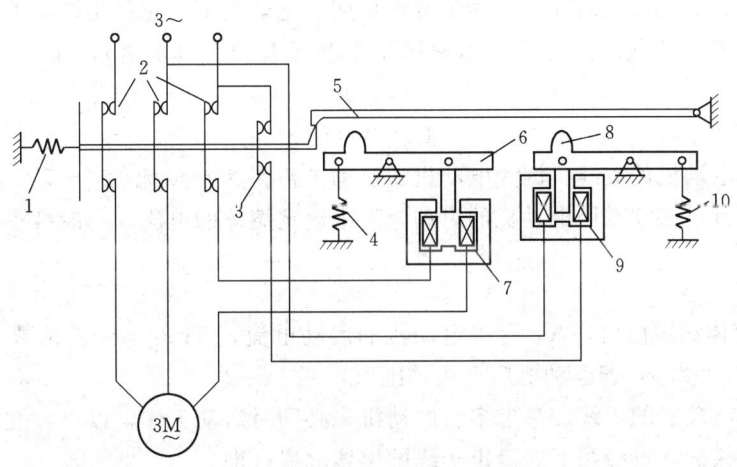

图 7-3 自动空气开关原理示意图
1—释放弹簧；2—主触点；3—辅助触点；4—弹簧；5—锁扣；6—过电流脱扣器；
7—电流继电器；8—欠电压脱扣器；9—电压继电器；10—弹簧

4. 熔断器

熔断器主要用来对电动机进行短路保护。在控制、照明电路中的熔断器，既有短路保护作用，又有过载保护作用。常用的熔断器有 RC1、RL1 等系列。

图 7-4（a）、(b) 是较常用的两种熔断器的结构图，图 7-4（c）是熔断器的图形符号和文字符号。

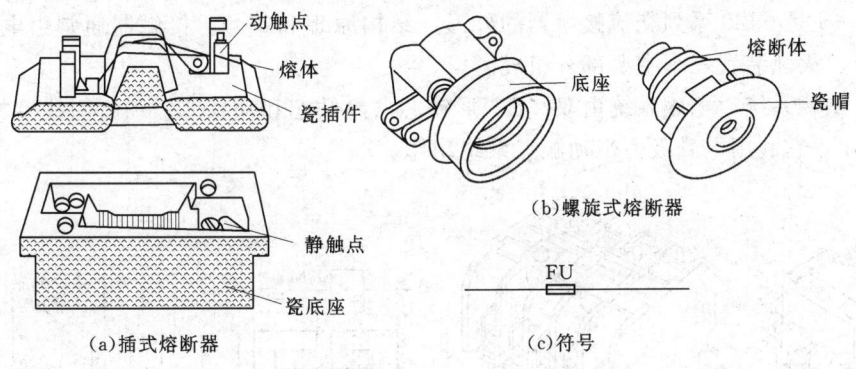

图 7-4 熔断器

熔断器中的熔体（熔片或熔丝）用电阻率较高的易熔合金制成，例如铅锡合金等；也可用截面积很小的良导体制成，例如铜、银等。熔断器通常串接在被保护的电路之中。在电路正常工作情况下，熔断器的熔体不应熔断。当电路发生短路故障时，很大的电流通过熔断器，使熔体发热而被熔断，将故障电路从电源切除，从而起到保护电路或电气设备的作用。

熔断器的选择，除了根据应用场合选择适当的结构形式外，主要是选择熔体。具体方法如下：

(1) 照明、电热负载的支线。为了确保照明、电热负载的正常工作而不致损坏，所选熔体的额定电流 I_{rN} 应略大于或等于线路的工作电流 I_{JS}（计算电流），即

$$I_{rN} \geqslant I_{JS} \qquad (7-1)$$

通常取

$$I_{rN} = 1.1 I_{JS} \qquad (7-2)$$

(2) 一台电动机的支线。因为电动机的启动电流是额定电流的 4~7 倍，为使电动机能正常启动运行，必须按照电动机的启动电流来确定熔体的电流，一般可按下式计算

$$I_{rN} \geqslant \frac{I_{st}}{\alpha} \qquad (7-3)$$

式中：I_{rN} 为熔体额定电流，A；I_{st} 为电动机的启动电流，A；α 为经验系数，电动机启动不频繁时，取 $\alpha=2.5$，若电动机启动频繁则取 $\alpha=1.6$~2。

(3) 几台电动机的干线。考虑多台电动机未必同时启动工作，以及对按发热条件选择截面的线路的保护，可参照下式确定干线的熔体电流，即

$$I_{rN} = (1.5 \sim 2.5) I_{max} + \sum_{i=1}^{n-1} I_i \qquad (7-4)$$

式中：I_{max} 为容量最大的一台电动机的额定电流，A；$\sum_{i=1}^{n-1} I_i$ 为除去最大容量的电动机外，其余 $n-1$ 台电动机额定电流之和，A。

二、自动电器

1. 交流接触器

接触器是用来接通和断开带有负载的主电路、大容量控制电路的自动切换电器。它与按钮配合可以对电动机进行远距离自动控制。

图 7-5 是 CJ20 系列交流接触器的外形、结构原理和符号。接触器通常由电磁系统、触点系统、灭弧装置三个主要部分组成。

(1) 电磁系统。电磁系统由双 "E" 形铁芯（静铁芯和动铁芯）和吸引线圈构成 [图 7-5 (b)]，它利用电磁吸力牵动触点系统动作。

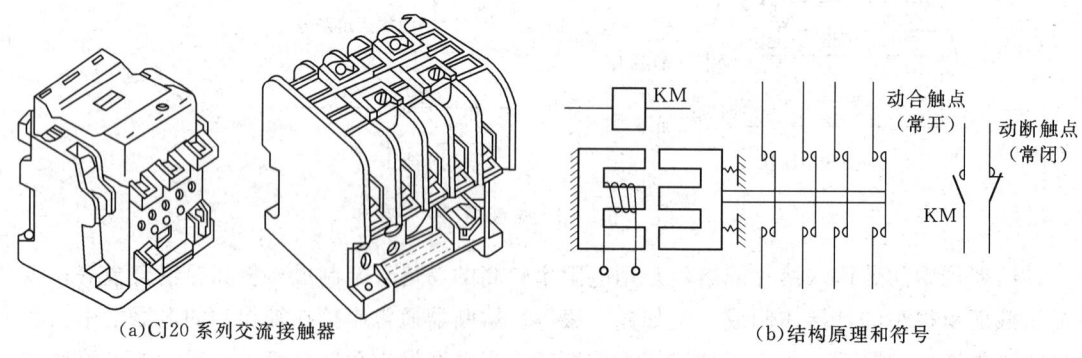

(a) CJ20 系列交流接触器　　　　　(b) 结构原理和符号

图 7-5　CJ20 交流接触器

(2) 触点系统。接触器的触点形式有指式和桥式两种，图 7-5（b）中为桥式双断点触点。接触器的触点按其功能分为主触点和辅助触点。前者触点体积较大，适于通、断负载电流较大的主电路，后者体积较小，适于通、断电流较小的控制电路。接触器的主触

点，一般都作成常开（动合）触点。触点是接触器的执行部分，因此必须工作可靠、接触良好。

(3) 灭弧装置。接触器的主触点在接通，特别是在分断具有较大感性负载的电路时，在动、静触点之间将产生强烈的电弧，为了减轻电弧对触点的烧蚀作用，必须采取灭弧措施。常用的灭弧装置有灭弧栅、灭弧罩、灭弧线圈等。中、小容量的交流接触器，主触点上部多装有半封闭式陶土制成的灭弧罩。触点断开负载电路时，产生的电弧在灭弧罩内迅速冷却而熄灭。

当吸引线圈通电后，产生电磁吸力，它克服释放弹簧的反作用力将动铁芯（衔铁）吸合，动铁芯牵动触点系统动作，使常闭触点断开、常开触点闭合。而当吸引线圈断电时，则电磁力消失，动铁芯在释放弹簧的作用下返回到原来位置，常开触点又复位到断开状态，常闭触点复位到闭合状态。因此，只要控制吸引线圈的通电或断电，就可以控制接触器触点的闭合或断开，从而达到控制主电路的接通或断开的目的。

图 7-5 (b) 中给出了接触器的图形符号和文字符号。

接触器的选择必须根据电动机容量、负载工作状况、主电路的工作电压、吸引线圈的工作电压及辅助触点的种类和数量来决定。

2. 中间继电器

在继电器—接触器控制系统中，为了解决接触器辅助触点不够用的矛盾，专门生产了一种有多对触点的继电器称之为中间继电器。一般用它来作中间控制环节，以便转换、传递信号或同时控制多个电路；也可直接用来控制小容量电动机或其他电气执行元件。

图 7-6 (a) 是中间继电器的结构示意图。与交流接触器相似，中间继电器也是由电磁系统和触点系统组成的，只是电磁系统较小、触点对数较多。不难看出，它的动作属直动式，触点是双断点式，有两对常开和两对常闭触点。

当线圈通电时，衔铁被吸合，联动机构使常开触点闭合、常闭触点打开；线圈断电时，在复位弹簧（图中未画出）的作用下，触点恢复原来的常开和常闭状态。中间继电器在控制线路中的图形符号和文字符号如图 7-6 (b) 所示。

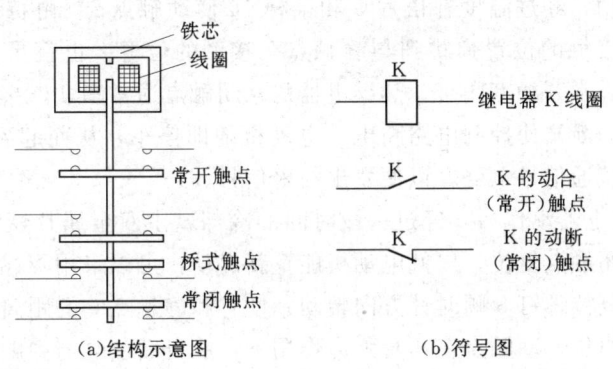

图 7-6 中间继电器

常用的中间继电器有 JZ7 系列和 JZ8 系列两种，JZ8 系列是交直流两用。此外还有 JZX 系列小型通用继电器，常用在自动装置上，用以接通或断开电路。

中间继电器在控制系统中的用途是多方面的,要求也极不相同。一般情况下,主要根据控制电路的电压和控制的需要来选择线圈额定电压等级和触点的种类及数量。

3. 热继电器

热继电器是对电动机进行过载保护的一种自动电器,它能在电动机过载时自动切断电源,使电动机停车。

(1) 结构和工作原理。

1) 基本工作原理。图7-7 (b) 是JR15系列热继电器的结构原理图。加热元件3和主双金属片2构成发热元件。主双金属片由两种膨胀系数不同的金属辗压制成,受热后因膨胀系数不同使双金属片弯曲。主双金属片与加热元件相串联,即采用直接加热和间接加热并用的加热方式。使用时,加热元件与主双金属片一起串联在电动机的主电路中,这样主电路中的电流即通过加热元件,也通过主双金属片。

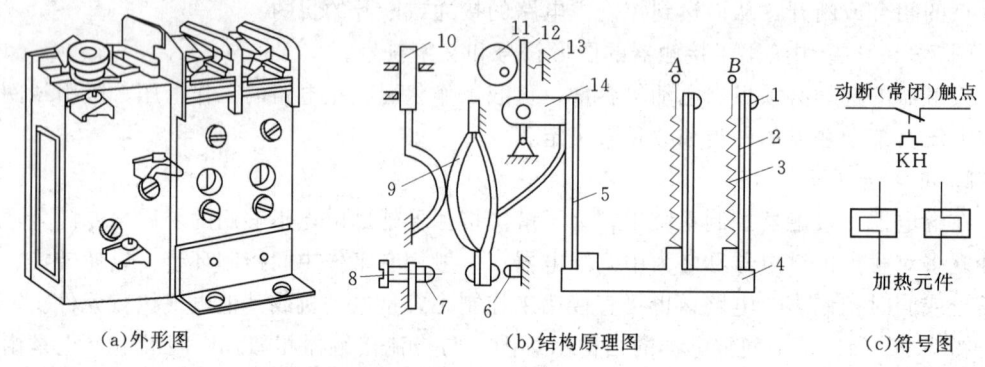

图7-7 热继电器

1—主双金属片支架;2—主双金属片;3—加热元件;4—导板;5—温度补偿片;6—常闭静触点;7—常开静触点;8—复位调节螺钉;9—动触点;10—再扣钮;11—整定调节钮;12—支杆;13—压簧;14—推杆

当主电路通过的电流超过热继电器的整定电流时,主双金属片受热弯曲的位移较大,推动导板4向左移动,经过温度补偿片5和推杆14使动触点9 (由特制弹簧片弹动) 迅速地由与静触点6接触的位置弹跳到与静触点7接触的位置。也就是说,热继电器动作后,常闭触点断开、常开触点闭合。热继电器的常闭触点通常串联连接在接触器线圈所在的控制电路内,它的断开使控制电路断电,电动机随即停车,从而起到了过载保护作用。常开触点可以用来接通信号电路,以便发出报警信号。

2) 复位。热继电器动作后,经过一段时间的冷却,主双金属片恢复原状,导板4也退回原处。为使常闭触点复位,以使电动机能重新启动,可以采用下述两种方法。

自动复位:将复位螺钉8顺时针方向转动,使它和静触点6的距离缩短。当主双金属片冷却、导板退回原位,动触点在本身弹力作用下,能自动恢复与静触点6接触,即常闭触点能自动恢复闭合。

手动复位:将复位调节螺钉8逆时针方向转动,使它与静触点6的距离加大。这样,即使导板4退回原处,动触点9也接触不到静触点6,必须揿按再扣钮10,在外力的帮助下使动触点9回到与静触点6相接触的位置。

热继电器自动复位时间不大于 5min；手动复位时，在热继电器动作 2min 后，按再扣钮使之复位。

3) 温度补偿。为使热继电器的动作不受环境温度变化影响，设置了温度补偿双金属片 5。温度补偿原理如下：温度补偿片 5 受热弯曲的方向与主双金属片受热弯曲方向一致。当受到环境温度影响时，主双金属片和温度补偿片受热弯曲而产生的位置移动相同。因此由导板移动而使热继电器动作的位移大小不会改变，这就达到了温度补偿的目的。采用温度补偿后，当环境温度在 $-30 \sim 40$℃ 的范围内变化时，热继电器的动作特性基本不受环境温度的影响。

4) 整定电流的调节。所谓整定电流，就是使热继电器动作的电流。电动机功率、电压、转速和型号不同，其额定电流也不同。为使热继电器能更好地适应各种电动机的需要，故设置了整定电流调节装置。

当整定电流调节旋钮 11 转到不同位置时，推杆 14 与动触点 9 之间的相对距离不同。该距离越大，则使热继电器动作所需主双金属片的弯曲度也越大，亦即通过加热元件的电流也越大。一般热继电器整定电流的调节为 $60\% \sim 100\%$。例如，加热元件的额定电流为 100A，则整定电流可在 $60 \sim 100$A 的范围内调节。

图 7-7 (a) 是 JR15 型热继电器的外形图，图 7-7 (c) 是热继电器在控制线路中的图形符号和文字符号。

(2) 电动机的过载保护对热继电器的要求。

1) 电动机启动时，虽然启动电流很大，但热继电器不应动作，应保证电动机的正常启动。

2) 电动机本身具有一定的过载能力，为了充分利用电动机，短时过载是允许的，此时热继电器也不应动作。只有当电动机过载超出限定时间，热继电器才产生保护动作。

热继电器由于热惯性的缘故，正好适合上述的要求。只要热继电器发热元件的额定电流大于或等于电动机的额定电流，电动机就可以在额定负载下长期运行，这就为选择热继电器提供了依据，即

$$I_{rN} \geqslant I_N \tag{7-5}$$

式中：I_N 为电动机额定电流，A；I_{rN} 为热继电器发热元件额定电流，A。

发热元件额定电流确定后，就可以从有关手册中选择热继电器型号。常用的热继电器有 JR0、JR15、JR16 等系列。

第二节 继电器—接触器控制的基本电路

利用继电器、接触器和按钮等电器元件组合起来的自动控制系统，称为继电器—接触器控制系统。

尽管生产实际中的控制线路多种多样，但它们多是由基本线路（基本控制环节或单元控制环节）组合而成。因此，了解和熟悉基本控制线路，是阅读和设计复杂控制线路的基础。

在绘制控制线路原理图时应注意以下事项：

（1）在控制线路的原理图中，所有电器元件都应统一用国家标准电气图形符号表示。

（2）画在原理图中的所有电器元件的触点均为常态位置，即各电器元件在未操作时触点所处的状态。

（3）同一电器的各个部件（如接触器的线圈和触点）是按其控制作用分散画在线路中的不同位置。为了便于识别，对每个电器的各部件均采用同一文字符号来标注。对于复杂的线路，为了阅读和分析的方便，还可以在文字符号后标注数字、下标或序号。

（4）习惯上，将主电路画在线路的左边（或上边）；控制电路画在线路的右边（或下边）。

只要掌握了电器的图形符号和文字符号的使用规则，分析电气控制原理图就十分方便了。

一、笼型电动机直接启停的控制线路

笼型电动机直接启停控制线路是最基本的控制环节之一，广泛应用于各种控制电路中。图7-8是笼型电动机直接启停控制线路的原理图。

主电路是：

三相电源—Q—1FU—KM（主触点）—KH（发热元件）—M

控制电路是：

电源的一相—2FU—1SB—┬—2SB—┬—KM（线圈）—KH（常闭触点）—电源的另一相
　　　　　　　　　　　└—KM—┘

图7-8的工作原理说明：闭合Q，按下启动按钮2SB使接触器线圈通电，KM主触点动作使电动机M启动；同时，与2SB并联的接触器KM辅助常开触点也随即闭合，在松开2SB（其触点复位断开）后，接触器的线圈电路通过已经闭合的KM辅助触点仍然接通，使接触器继续保持通电动作状态。接触器通过自身常开辅助触点来保持继续通电工作状态的控制作用，称为接触器的自锁或自保持。起自锁控制作用的常开触点称为自锁触点。按下1SB即可停车。

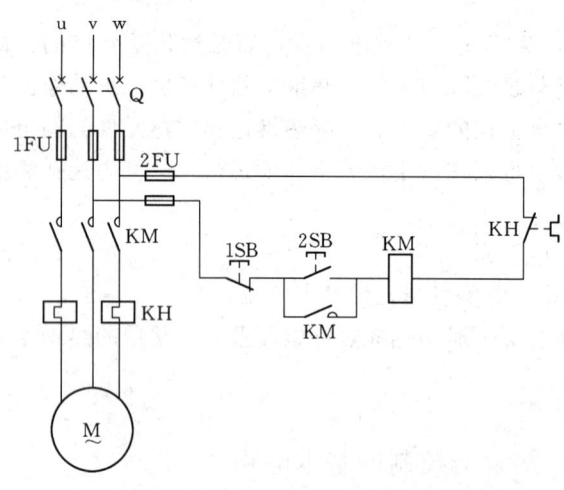

图7-8　笼型电动机直接启停的控制线路

上述线路具有三种保护作用：

（1）熔断器FU的短路保护。一旦发生短路事故，熔体立即熔断，电动机自动停车。

（2）热继电器KH的过载保护。当过载时，它的热元件加热主双金属片驱使常闭触点跳开，使接触器线圈断电，主触点断开，使电动机从电源切除而停车。

（3）自锁触点的零压（或欠压）保护。当电动机启动后，电源暂时停电或电源电压偏低时，电动机自动从电源切除而停车；而电源电压恢复时，如果不重新按下启动按钮2SB，则电动机不能自行启动，因为自锁触点已经断开。如果电动机是直接用三相刀开关控制的，如暂时停电又未及时拉断开关，当电源电压恢复时，电动机便自行启动，可能造成事故。

二、点动控制线路

生产设备在正常工作时，需要连续运行，叫做长动控制。所谓点动，就是按下按钮电动机就转动，释放按钮时电动机就停车的一种控制方法。如车床（主轴的调整和横梁上下移动）及起重机等生产机械上，都广泛应用着点动控制。

点动控制比较容易实现，将图 7-8 控制电路中的自锁触点从线路上拆掉即可实现点动控制，如图 7-9（a）所示。

某些工作部件，除在调整时需要点动外，尚需能长期工作。此时可采用如图 7-9（b）所示的控制电路。按下启动按钮 1SB 后，接触器通电动作并自锁，实现长期工作；而按下点动按钮 2SB 时，接触器的自锁回路被切断而失去自锁，实现点动控制。图 7-9（c）是实现点动、长动的另一种控制电路，此电路利用中间继电器 K 进行联锁控制。按 1SB 后，通过 K 接通 KM 并自锁，使电动机长期工作。若仅按下点动按钮 2SB，因为没有自锁回路只能点动工作。如果电动机已经长期工作的情况下，再按点动按钮 2SB 也不起作用。

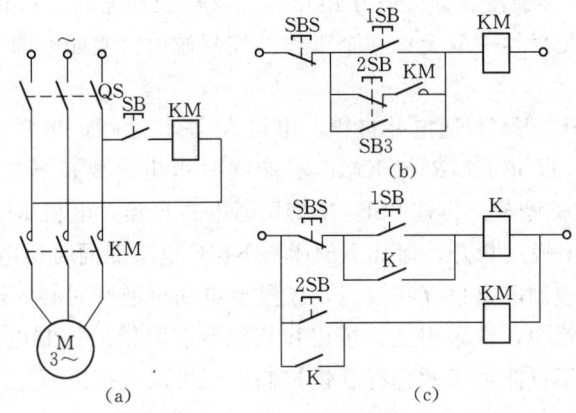

图 7-9 点动控制线路

三、笼型电动机正反转的控制线路

生产实践中，生产机械往往要求拖动电动机能作正反向运转，如主轴的正转与反转等，其基本方法就是调换电动机电源的引入相序。

图 7-10 是实现正反转的控制线路。从主电路看，当正转接触器 KMF 工作时，三相定子绕组的引入相序为 A→B→C，电动机正转；当反转接触器 KMR 工作时，由于调换了两根电源引线，引入三相定子绕组的相序为 C→B→A，所以电动机反转。

图 7-10（a）是实现正反转的基本控制电路，按下 1SB，KMF 通电并自锁，电机 M 正转运行。要反转时，先按下停车按钮 SBS，KMF 断电，电机停车；再按 2SB，KMR 通电并自锁，电机 M 反转。这个电路有个缺点，就是在错误操作情况下，譬如正转运行时欲停车而错误地按了反转启动按钮 2SB，两个接触器将同时通电动作，通过它们的主触点造成主电路中三相电源短路事故，这是绝对不允许的。为了避免错误操作而出现事故，在

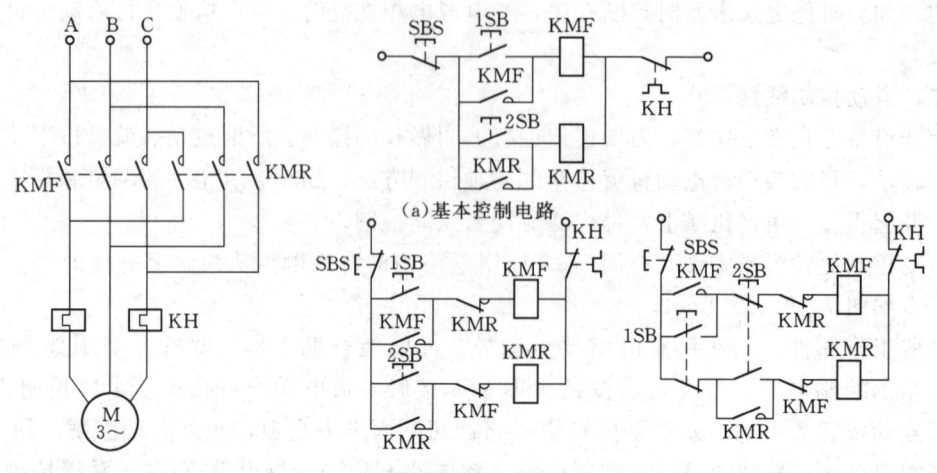

图 7-10 三相异步电动机的正反转控制线路

正反转控制线路中,必须保证两个接触器不能同时工作。

图 7-10(b)是接触器联锁(或互锁)的正反转控制电路。所谓联锁(或互锁)指在同一时间里,两个接触器中只允许一个工作的控制作用。假如电源引入开关已投入,线路的工作原理如下:

正转时,按下 1SB,KMF 通电并自锁,电机 M 正转运行,串联在 KMR 线圈回路的 KMF 常闭触点断开,保证 KMR 与 KMF 不能同时得电。要反转时,先按下停车按钮 SBS,KMF 断电,电机停车;再按 2SB,KMR 通电并自锁,电机 M 反转;串联在 KMF 线圈回路的 KMR 常闭触点断开,保证 KMR 与 KMF 也不能同时得电。

该接触器联锁的控制电路也存在缺点,就是要电动机逆转时必须经过停车操作,这是不方便的。在生产实践中,常采用复式按钮和接触器双联锁的控制电路,如图 7-10(c)所示。这种控制电路不仅能可靠的进行联锁控制,还可以直接进行正反转操作。其线路的工作原理,请读者自行分析。

四、顺序控制线路

某些生产机械的各运动部件之间,为了完成预定的生产工艺过程,常需要按照一定的先后顺序工作。如机床中的主传动和润滑油泵传动之间,只有在润滑油泵电动机启动之后,主动电动机才能启动。这种实现一定工作顺序的控制称为顺序控制。

图 7-11 是主传动电动机 2M 与润滑油泵电动机 1M 之间的顺序联锁控制线路。从控制电路看,在电动机 2M 的控制电路中串接了接触器 1KM

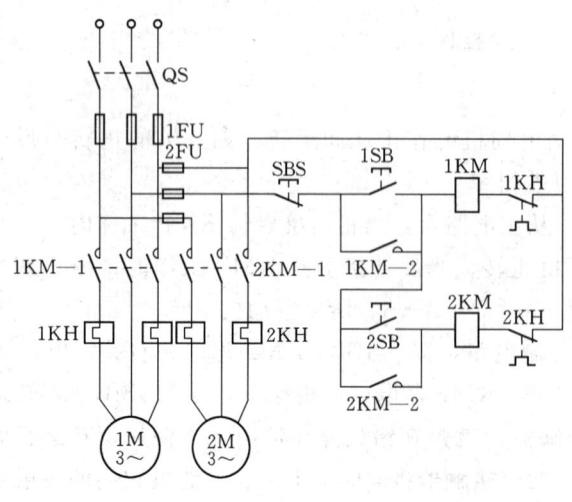

图 7-11 顺序控制线路

的自锁触点1KM—2，只有接触器1KM通电动作并自锁后，接触器2KM才能通电动作。这样，通过1KM的自锁触点1KM—2形成了电动机2M与1M之间的顺序联锁控制。也就是只有1M启动后2M才能启动；若1M不启动，2M就不能启动。这里触点1KM—2具有对1KM自锁和对2KM联锁的双重控制作用。

第三节　电气控制的基本方法

为了满足复杂的控制要求，可以利用生产过程中各种变化量因素实现电动机的自动控制。按照控制过程中不同性质的变化量因素，电力拖动的自动控制有以下几种常用的基本方法：时间控制、行程控制、速度控制、电流控制等。

一、行程控制

行程控制是依照机构的行程距离来控制，行程开关是实现行程控制的信号元件。行程开关是根据运动部件的位置而切换控制电路的自动电器，其功能是感测运动部件的机械位移并转换成电信号。当运动部件碰撞行程开关时，其常闭触点断开、常开触点闭合。

行程开关的类型很多，用处也各不相同。图7-12是几种行程开关的外形、图形符号及其文字符号。

选择行程开关时，主要考虑其结构形式、动作力、触点形式以及能否自动复位等因素。

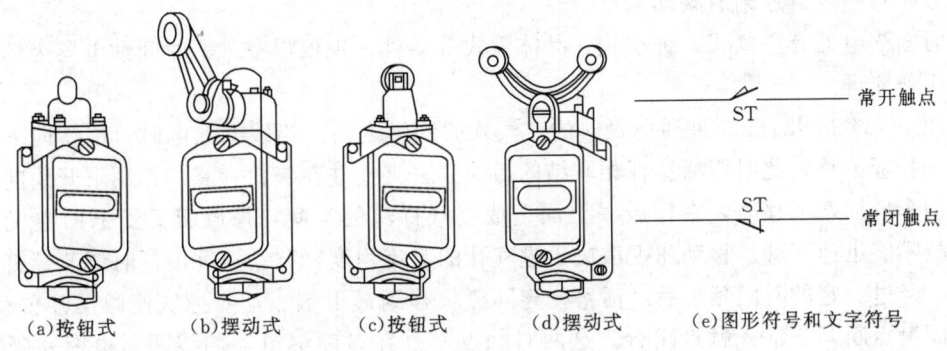

图7-12　行程开关的外形和符号

图7-13是用行程开关来控制工作台前进与后退的示意图和控制电路（主电路未画出）。行程开关1ST和2ST分别在工作台的原位和终点，由装在工作台上的挡块来撞动。

工作台在原位时，其上的挡块将1ST压下，使它串接在反转控制电路中的常闭触点断开，这时电动机不能反转。按下SBF，电动机正转，拖动工作台前进。当到达行程终点时挡块压下2ST，将它串接在正转控制电路中的常闭触点断开，电动机停止正转；与此同时，将它在反转控制电路中与SBB并联的常开触点压合，电动机反转。拖动工作台后退。退至原位时，挡块又压下1ST，断开反转控制电路，于是电动机在原位停车。如果工作台前进中（挡块已释放1ST）按下SBB，工作台立即后退，到原位停车。

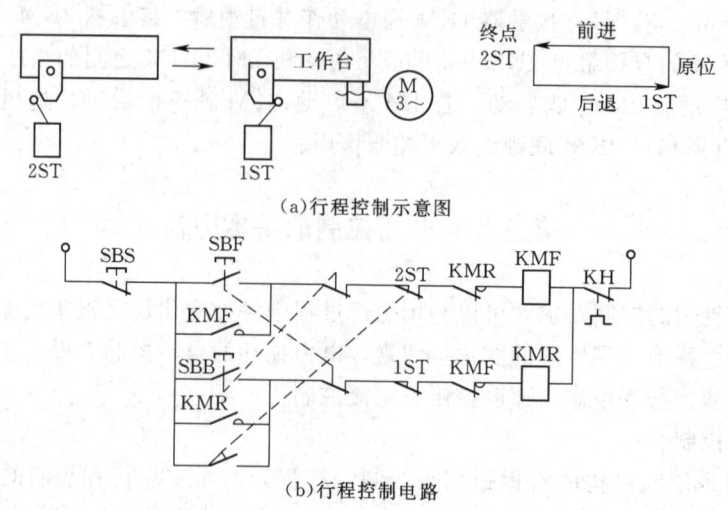

图7-13 工作台前进与后退的行程控制

二、时间控制

根据一定时间间隔来控制，定时时间由时间继电器来实现。

1．时间继电器

时间继电器是检测时间间隔的自动切换电器。它的特点是：线圈通电或断电后，触点并不立即动作，而是经过一段时间（延时）后才动作。这类触点称为延时触点。此外，目前多数时间继电器还附有瞬动触点。

时间继电器有空气式、钟摆式、晶体管式等多种，现仅以空气式时间继电器为例来说明其工作原理。

图7-14是JS7—A型通电延时的空气式时间继电器。当线圈通电时，衔铁向下吸合并带动托板下移，此时跟活塞杆相联结的撞块失去支托并在释放弹簧的作用下开始向下移动。但伞形活塞下移时，在橡胶膜上面造成空气稀薄的空间，橡胶膜又受下面空气的压力，故不能迅速下移。移动速度取决于进气孔的节流程度，移动速度由延时调节螺钉进行调节。经过一定的时间延迟后，活塞杆连同撞块移到最下端。这时撞块使微动开关动作，其常闭触点断开、常开触点闭合。这两对触点都是在时间继电器的线圈通电衔铁吸合开始，经过整定的延迟时间后才动作的，故分别称为延时断开的常闭触点和延时闭合的常开触点，它们的图形符号如图7-14（c）所示。

空气式时间继电器除通电延时型外，还有断电延时型。与通电延时型比较，断电延时型仅是电磁铁倒置180°安装的，它们的工作原理相似。断电延时型具有延时断开的常开触点和延时闭合的常闭触点［图7-14（c）］。

空气式时间继电器的特点是结构简单、工作可靠、延时的整定范围宽（可达0.4～180s）。

时间继电器的选择，主要是根据所需的延时时间和线圈的额定电压。

2．时间控制线路举例

（1）笼型电动机Y—△启动的控制线路。图7-15是用通电延时型时间继电器实现笼

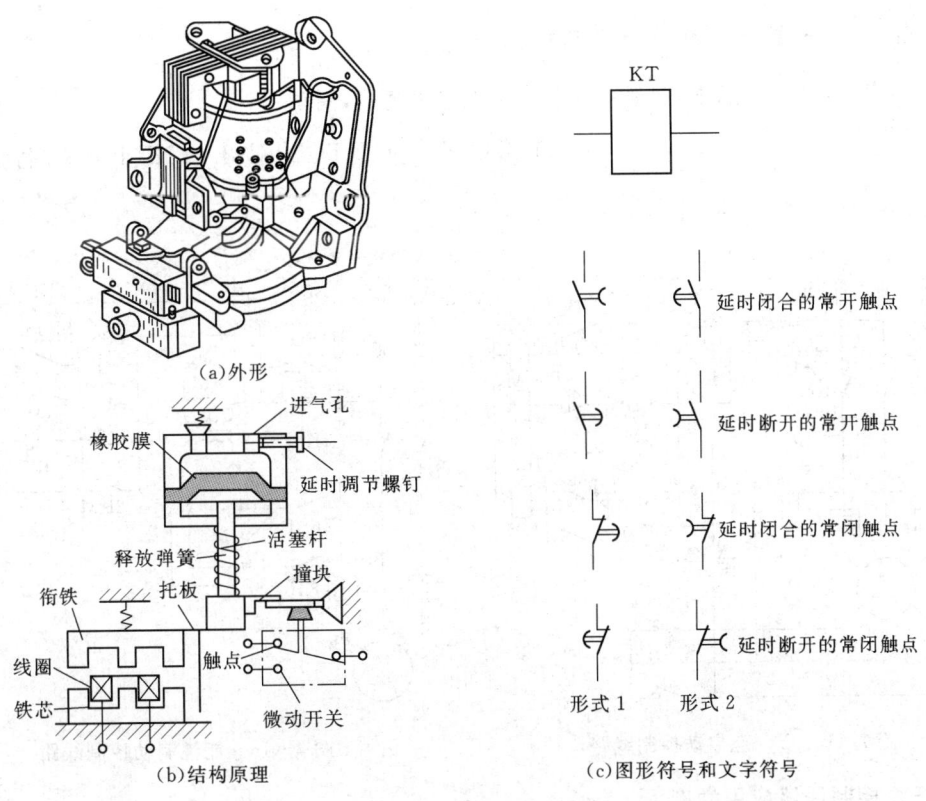

图 7-14 空气式时间继电器

型电动机 Y—△启动的控制线路。启动时接触器 KM、KM_Y 工作,电动机接成 Y 形;运行时接触器 KM、$KM_\triangle$ 工作,电动机接成△形。

在开关 QS 闭合后(电源引入),线路的动作次序如下:

按 SB ——→ KM 通电,自锁 ——→ KM_Y 通电 ——→ M—Y 接启动
　　　　　　　　　　　　　　　断开 $KM_\triangle$ 联锁

　　　　　↓延时
　　　KT 通电 ——→ KT(常闭)开 ——→ KM_Y 失电 ——→ $KM_\triangle$ 通电
　　　　　　　　　　　　　　　　　　　　　　　　　　　　　　　↓
　　　　　　　　　　　　　　　　　　　　　　　　　　　　　KT 失电
　　　　　　　　　　　　　　　　　　　　　　　　　　　　　M—△接运行

电动机启动过程(从 Y 形接到改成△形接)所需延迟时间,可以通过调节时间继电器来整定。

(2)笼型电动机能耗制动的控制线路。能耗制动方法是在切断三相电源的同时,接通直流电源,使直流电通入定子绕组,产生制动转矩。

图 7-16 是笼型电动机能耗制动的控制线路,其中的时间继电器为通电延时型。直流电源由桥式整流电源供给。在制动时,线路的动作次序如下:

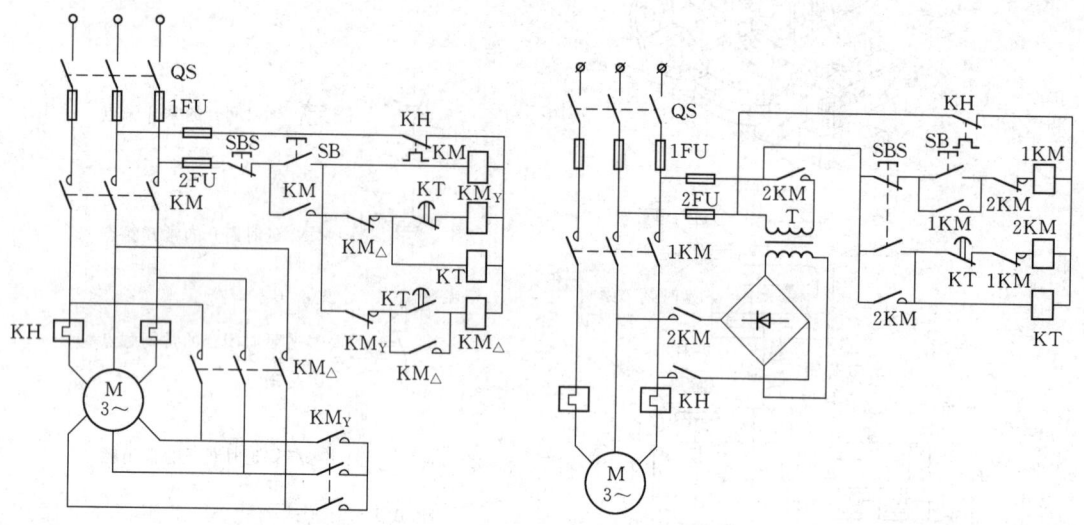

按 SBS ─→ 1KM 失电 ─→ 电动机 M 断电
　　　　└→ 2KM 通电,自锁 ─→ 直流通入定子绕组,制动
　　　　　　　　　　　　　└→ KT 通电 ─延时→ KT(常闭)开 → 2KM 失电,制动结束

图 7-15　Y—△启动控制线路　　　　　　图 7-16　能耗制动控制线路

三、控制线路应用举例

控制线路设计的一般原则：控制线路的设计应在充分满足电气控制要求的前提下，力求工作可靠，动作准确，结构简单，操作、安装、调整和检修方便，以及能防止事故发生，实现必要的保护。下面就控制线路设计的具体问题加以说明。

1. 线路结构简单

图 7-17（a）是不合理的，应改成图 7-17（b）的接法。在图 7-17（a）中，对整个接触器来说，要引出四条线；而图 7-17（b）只需从接触器引出三条线就可以了。因为，辅助触点与线圈的一端可先作内部连接后，再把公共点引出来。

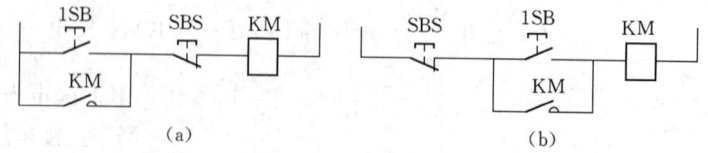

图 7-17　控制线路

2. 控制的可靠性

（1）交流接触器和继电器的线圈不允许串联使用，因为交流接触器和继电器的线圈感抗取决于衔铁的吸合间隙。因此，即使两个型号相同的电器，当衔铁吸合间隙不同时，它们线圈上的分压就会不相同。如图 7-18（a）所示的接法是错误的，要改成图 7-18（b）的接法。

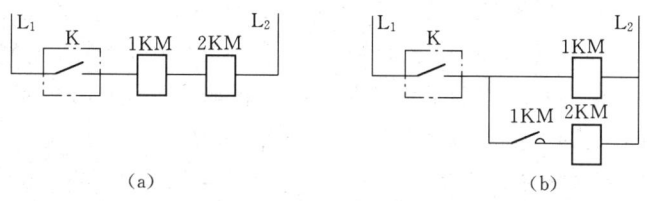

图 7-18 两个接触器的同时使用

（2）控制电器的线圈要统一接在电源的同一端，如图 7-19 所示。这样接线的好处是使同一电器的各触点接到同一电源端或等电位的线路上。当各触点发生短路时，不致引起电源短路和避免烧毁触点。

（3）尽量减少被控制电路接通时所经历的触点数。如图 7-20（a）所示，继电器 K_3 是在 K、K_1 和 K_2 相继动作后接通。如改为图 7-20（b），每个继电器的接通则只需经过一个触点，工作就较为可靠了。

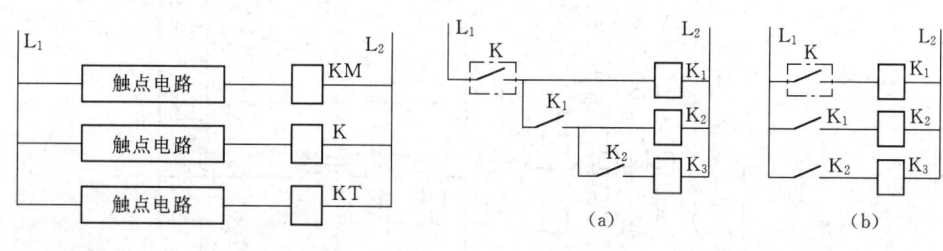

图 7-19 控制电器的布置　　　　　图 7-20 触点的合理布置

3. 控制的灵活性

可以在两处或两处以上的地点进行控制。如图 7-21 所示，装置在各地点的启动按钮并联连接，而各地点的停止按钮串联连接。

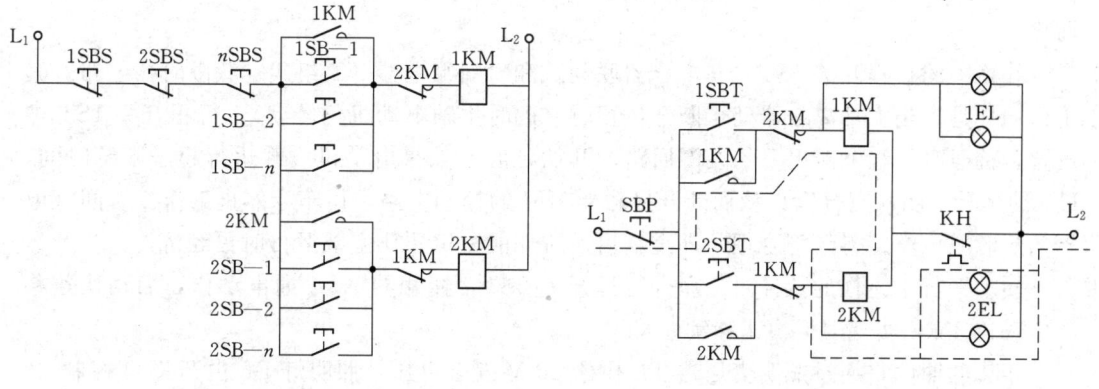

图 7-21 多点控制电路　　　　　图 7-22 有寄生回路的控制电路

4. 正常工作和发生事故时线路动作的准确性

控制线路应保证没有"寄生回路"，以防止损坏电器或线路的正常工作。图 7-22 是具有指示灯和过载保护的电动机正、反转控制电路。电路正常工作时，完成正、反转启动和停车是没有问题的。但在电动机正转（或反转）过载时，便不能准确动作了。因为当过载一段时间后,热继电器的常闭触点 KH 虽断开,但这时图中虚线所示"寄生回路"仍能使电流形成通路,接触器 1KM 未必能释放,电动机也就不停车,电路得不到保护。

我们学习了电力拖动系统中的常用控制电器、基本控制线路和控制方法,它们是构成各种自动控制线路的基础。下面就几个典型线路进行分析。

1. C620 车床的自动控制线路

我国大量生产的 C620 车床是典型的普通小型车床。它由主轴电动机传动,主轴通过摩擦离合器实现正反向旋转。为了节省辅助工时,又增加了一台刀架快速移动电动机,其自动控制线路如图 7-23 所示。

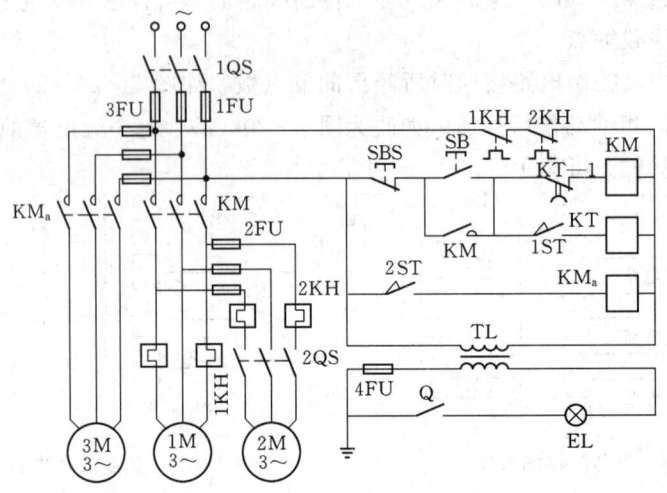

图 7-23 C620 车床的电气控制线路

将组合开关 1QS 转到接通位置即可准备工作。按 SB 后,接触器 KM 通电动作,主轴电动机 1M 启动运行。冷却泵电动机 2M 通过组合开关 2QS 能单独操纵将其接入或切除。

线路中的行程开关 1ST(与离合器联动)和时间继电器 KT 组成空载限时器电路,其工作原理是:当主轴离合器处于断开位置时(此时主轴电动机仍转动),行程开关 1ST 被压合,接通时间继电器 KT 的线圈回路,开始延时。如果电动机空载运行超过限定时间,KT 的延时常闭触点分断,从而断开接触器 KM 的控制电路,使车床停止工作。时间继电器的延时应该整定得经济合理,即重新启动所耗能一定要比空载运行时更经济。

转动平行于光杠的拉杆时,压合行程开关 2ST,接触器 KM_a 通电动作,启动快速移动电动机 3M,实现刀架快速移动。

车床的照明是通过照明变压器 TL 供给 36 V 安全电压,照明灯 EL 由开关 Q 控制。

2. X53T 立式铣床升降的控制线路

国产立式升降台铣床,可以进行平面、斜面、沟槽和齿轮等多种铣削工作。图 7-24 是这台铣床的电气原理图,各线路环节的工作原理简述如下。

(1) 主轴控制。主轴电机采用 Y—△ 启动,能耗制动,而且主轴可以正反转。

1) 转向选择。图 7-24 中的 QS 是鼓形转换开关,即作为电源引入开关,又作为转

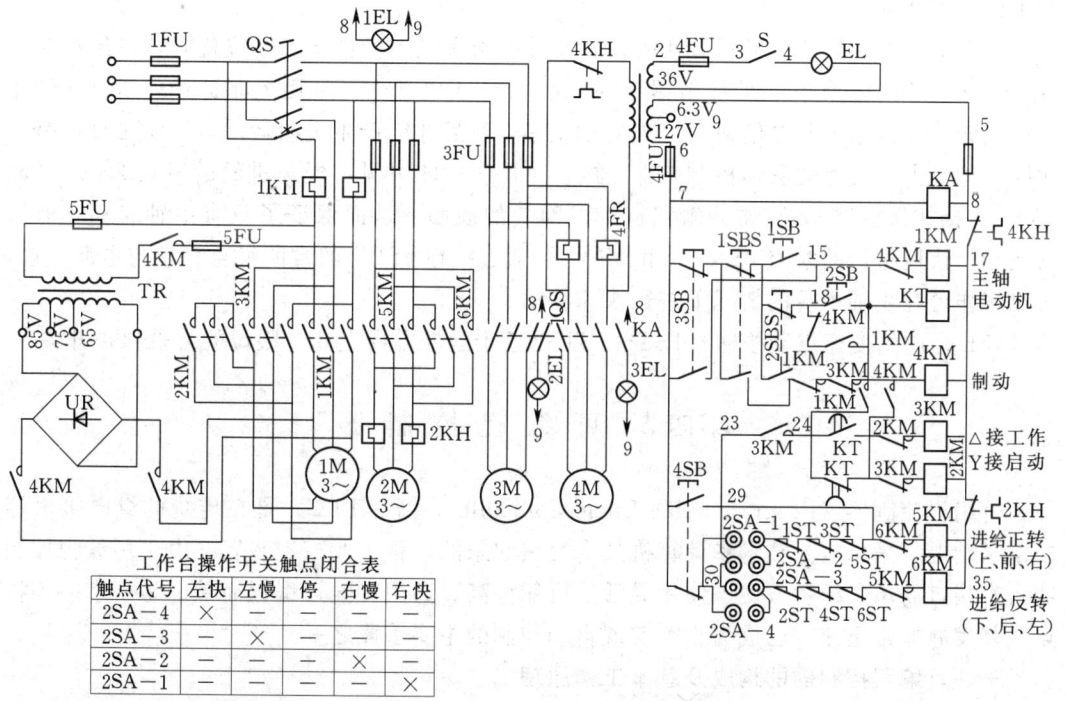

图 7-24 X53T 立式升降台铣床的电气控制线路

向选择开关,它有倒、停、顺三个位置,置于"倒"或"顺"时,引入电动机的相序不同,从而使主轴电机改变转向。

当 QS 按所需转向接通后,控制润滑泵电机 4M 的中间继电器 KA 通电动作,润滑泵供油,保证主轴旋转前使机床各部分得到充分润滑。

2)启动。按下启动按钮 1SB 或 2SB,接触器 1KM 通电动作并自锁;与此同时,接触器 2KM 和时间继电器 KT 也通电。接触器 2KM 是经过时间继电器 KT 的延时常闭触点而接通的。

1KM 和 2KM 通电动作,使主轴电机接成星形启动。经过 2~3s(启动过程)的时间延迟,时间继电器的延时常闭触点分断,2KM 失电;而时间继电器的延时常开触点闭合,3KM 通电动作,主轴电机接成三角形运转。

3)制动。按下停车按钮 1SBS 或 2SBS,1KM、3KM 失电复位,同时 1SBS 或 2SBS 的常开触点闭合使接触器 4KM 通电动作,而 4KM 的常开触点闭合后使 2KM 通电动作。这时直流电流(由变压器 TR 和桥式整流器 UR 供给)流入电机定子绕组,主轴电机进行能耗制动。待完全停车后松放按钮,制动完毕。

4)变速时的点动。按下 3SB,1KM、KT、2KM 通电,电动机接成星形点动。这时使变速齿轮"瞬间"转动一下,以使变速齿轮易于啮合。

(2)进给运动的控制。进给方向(纵向、横向、升降)和变速(快速、慢速)由操纵手柄控制,主要是采用机械的(手柄连动机构)方法。

当进给变速手柄置于某位置时,相应的丝杠和齿轮啮合,使工作台在相应的方向上按要求的速度移动。

电气上仅控制进给电动机 2M 的正、反转。当操纵手柄置于不同位置时，进给控制开关 2SA 相应的触点闭合，使接触器 5KM 或 6KM 通电动作，从而控制进给电机 2M 的正转或反转。在慢速工作进给时，应先启动主轴，然后才能产生进给运动，以防工件与铣刀相撞。这是由电气上的联锁控制来保证的。由图 7-24 可见，慢速进给的触点 2SA—2 和 2SA—3 接在接触器 3KM 常开触点（23-24）的后面，从而保证了只有主轴启动才有进给运动。快速进给的触点 2SA—1 和 2SA—4 通过按钮 4SBT 的常闭触点直接与电源相连，所以工作台在主轴不转的情况下进行快速移动。

4SB 是进给变速点动按钮。1ST~6ST 是 3 个运动方向上 6 个限位的终端保护开关。

第四节 可编程控制器

可编程控制器（Programmable Logic Controller，简称 PLC）是在传统的继电接触器控制基础上，采用电子技术和计算机技术发展起来的一种工业控制装置。由于可编程控制器具有接口简单、维护方便、使用灵活、可靠性高、通用性强且编程简单、易于掌握等特点，其发展非常迅速，已成为当今实现自动控制的主要手段之一。

一、可编程控制器的构成及基本工作原理

1. 基本构成

可编程控制器产品的品种较多，其结构形式可分为模块式、组合式两种。主要由主机、输入输出电路、编程器等组成，如图 7-25 所示。

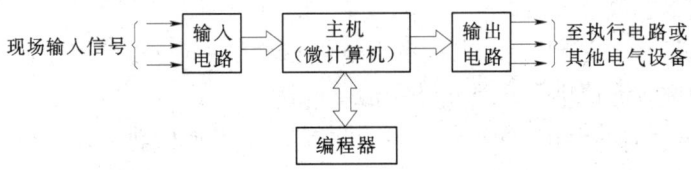

图 7-25 可编程序控制器结构框图

主机是 PLC 的核心部分，由 CPU、存储器和 I/O（输入/输出）接口电路组成。CPU 是 PLC 控制系统的中枢核心部件，用来实现逻辑运算、算术运算及对全机进行控制。它根据用户程序的要求，接收现场输入设备的状态和数据，按照用户程序指令的要求进行运算，将运算结果送到输出端，去控制输出继电器的通断电。

存储器是具有记忆功能的半导体电路，用来存储数据和程序。在 PLC 中使用两种类型存储器：只读存储器 ROM 和随机存储器 RAM。ROM 中的数据是由 PLC 制造厂家写入的，并且永远驻留，在工作过程中只能读出，不能写入，一般存放 PLC 制造厂家的系统程序。RAM 中的内容读出时不被破坏，写入时，用新写入的内容覆盖原来的信息。RAM 的内容在掉电时会丢失。为了防止掉电后 RAM 中内容丢失，采用了对 RAM 的电池供电电路。这样在 PLC 断电后 RAM 仍有电池供电，使得存储器在 RAM 中的用户程序得以保持。RAM 中一般存放用户程序及中间运算结果。

I/O 接口电路是 PLC 与被控对象间传递输入/输出信息的接口部件。为了保证 PLC

能正常工作，I/O 单元应具有电平转换和电气隔离电路。

在 I/O 单元中，输入电平转换电路是将输入端不同的电压或电流信号转换成 PLC 内部微处理器所能接受的低电平信号。输出电平转换电路是将微处理器控制的低电平信号转换为现场的执行部件所需的控制信号。电气隔离电路是为了防止干扰和保证 PLC 不受意外强电的侵袭，一般用光电器件或继电器来实现隔离。

编程器的作用是编制用户程序，将程序送入存储器。利用编程器检查、修改用户程序和在线监视 PLC 的工作状态。

PLC 的工作电源一般为单相交流电源，也有用直流 24V 供电的。考虑到供电现场供电条件差、电源波动较大等因素，要求 PLC 有性能良好的稳压电源，用于对内部 CPU 及 I/O 单元供电。有些 PLC 还提供了 24V 直流输出，用于对外部传感器供电。

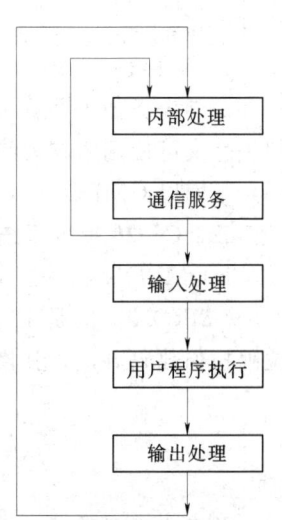

2. 基本工作过程

PLC 采用循环扫描的工作方式。整个工作过程分为内部处理、通信服务、输入处理、用户程序执行、输出处理几个阶段，工作过程如图 7-26 所示。PLC 执行一次整个过程所需时间称为一个扫描周期。

在内部处理阶段，PLC 检查 CPU 模块内部硬件是否正常，复位监视定时器，以及完成其他一些内部处理。在通信服务阶段，PLC 与带微处理器的智能装置通信，响应编程器键入的命令，更新编程器的显示内容。

图 7-26 PLC 工作流程图

在 PLC 处于停止运行（STOP）状态时，只完成内部处理器和通信服务工作。在 PLC 处于运行（RUN）状态时，除完成上述操作外，还要完成输入处理、程序执行、输出处理工作。

（1）输入处理阶段。PLC 在输入处理阶段，以扫描方式顺序读入所有输入端的通/断状态，并将此状态存入输入映象寄存器。接着转入程序执行阶段。在程序执行期间，即使输入状态发生变化，输入映象寄存器的内容也不会发生变化，只有在一个扫描周期的输入处理阶段才能被读入。

（2）程序执行阶段。PLC 在该阶段，按先左后右、先上后下的步骤，逐条执行程序指令，并将运算结果存入有关的输入映象寄存器中。

（3）输出处理阶段。在所有用户程序指令执行完毕后，将输入映象寄存器的通/断状态转存到输出锁存器，通过隔离电路、驱动功率放大电路、输出端子，向外输出控制信号，这才是 PLC 的实际输出。

二、可编程序控制器的编程语言

可编程控制器的编程语言简单，但应用范围窄，不同厂家的产品使用的编程语言互不相容。本书以 OMRON—20 机型为例介绍可编程控制器的编程方法。可编程控制器使用的编程语言有梯形图语言、指令语句表（助记符）语言和计算机高级语言等多种。一般小型机多使用梯形图语言或助记符语言。

1. 梯形图

梯形图语言是由继电器控制系统的电气原理图演变而来的，它沿用了继电器线路的一些符号，这些图形符号称为编程元件，每一个编程元件对应地有一个编号。不同厂家的PLC，其编程元件的多少及编程方法不尽相同，但基本元件及功能相差不大。在梯形图中的继电器不是继电器控制线路中的物理继电器，它实际上是变量寄存器中的位，因此称为软继电器。

2. 语句表

语句表类似于计算机的汇编语言，用指令的助记符编程。一般的PLC既可使用梯形图编程又可使用语句表编程，并且二者可以相互转换。

下面以OMRON—20为例介绍PLC的基本指令。

三、C—20指令系统

1. OMRON—20 简介

OMRON—20是12点输入、8点输出的小型机，在OMRON产品中，寄存器采用4位阿拉伯数码寻址，其格式如下所示：

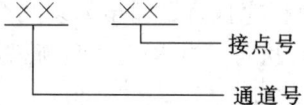

前两位为通道号，后两位为位（接点）号。每个通道16个点，编号为00～15。例：0005表示00通道的第六个寄存器。各类寄存器编号见表7-1。

输入寄存器（继电器），编号为0000～0011，用来接收外部信号，共12点。

输出寄存器（继电器），编号为0500～0507，用来对外输出信号，共8点。

表7-1 C—20寄存器编号

名　　称	点　数	继 电 器 编 号
输入寄存器	12	0000～0011
输出寄存器	8	0500～0507
内部辅助寄存器	136	1000～1807
计数器，定时器	48	（TIM/CNT）编号00～47
保持寄存器	160	HR000～HR915
暂存寄存器	8	TR0～TR7
特殊辅助寄存器	16	1808～1815、1900～1907

内部辅助寄存器（IR继电器），编号为1000～1807，共136点，逻辑运算时作中间存储器，相当于中间继电器。

定时器/计数器，C—20中定时器和计数器的总和为48个，编号为00～47。这48个寄存器既可以全部作为定时器用，也可以全部作为计数器用。在分配计数器或定时器编号时，注意不能给计数器和定时器分配相同的编号，例如，不能既有00编号的定时器TIM00，又有00编号的计数器CNT00。

保持寄存器（继电器），保持寄存器的数据在可编程控制器断电后不丢失。

暂存寄存器，TR0～TR7共8个，对于不能使用IL和IC指令来编程的分支，可以使用暂存寄存器。

特殊辅助寄存器，共16个，用于表示PLC的工作状态，如存放特殊标志、产生时钟、存放系统内部命令等。它不能由用户任意占用。

2. 系统指令

指令由地址、助记符和数据组成，它是程序的最小单位。表7-2给出了C—20的常用指令。

表7-2　　　　　　　　　　　　C—20 常 用 指 令

序号	名称与功能	梯 形 图	助记符
1	逻辑开始动合触点	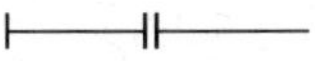 ─┤├─	LD
2	逻辑开始动断触点	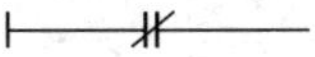 ─┤╱├─	LD NOT
3	逻辑"与"动合触点	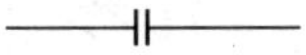 ─┤├─	AND
4	逻辑"与"动断触点	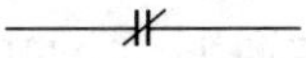 ─┤╱├─	AND NOT
5	逻辑"或"动合触点	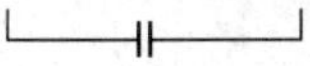 ─┤├─	OR
6	逻辑"或"动断触点	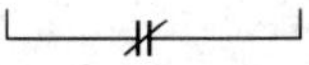 ─┤╱├─	OR NOT
7	输出指令	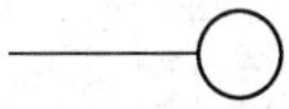 ─○	OUT
8	"块"与指令	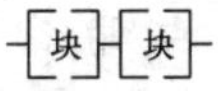 ─[块]─[块]─	AND LD
9	逻辑"或"块	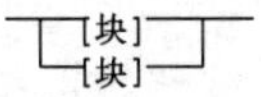 ─[块]─/─[块]─	OR LD
10	定时器	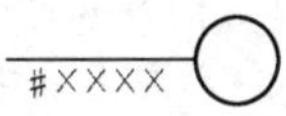 #××××─○	TIM # (000)
11	计数器	 R─┤CNT #××××├─	CNT # 计数器

下面举例说明这些指令的用法。在给出语句表的同时也给出了语句表的程序以便分析。

(1) 逻辑开始 LD，LD NOT 和输出指令 OUT。LD 指令梯形图如图7-27所示。

每一条逻辑线都是从左母线开始，而且终止于一个继电器线圈或定时器/计数器。

语句表

　　LD 0001

　　OUT 0500

　　LD NOT 0002

　　OUT 0501

　　如果从左母线开始的是一常开触点用 LD，常闭触点用 LD NOT。LD 或 LD NOT 后面的接点对象是存储器中的任何接点。

　　OUT 指令是输出指令，它是将该逻辑运行结果输出给该线圈，后面的接点对象是输出通道继电器、所有中间继电器。

　　(2) 逻辑与（AND）、与非（AND NOT）指令。AND 指令梯形图如图 7-28 所示。

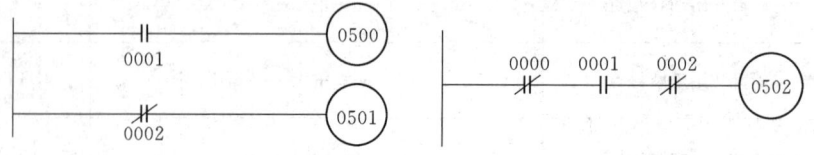

图 7-27　LD 指令梯形图　　　　图 7-28　AND 指令梯形图

　　与常开接点串联时，用逻辑与（AND）指令；与常闭接点串联时，用逻辑与非（AND NOT）指令。

语句表

　　　LD NOT 0000

　　　AND 0001

　　　AND NOT 0002

　　　OUT 0502

　　(3) 逻辑或（OR）和逻辑或非（OR NOT）指令。指令梯形图如图 7-29 所示。

　　并联常开接点用 OR 指令，并联常闭接点用 OR NOT 指令。

语句表

　　　LD 0000

　　　OR 0500

　　　OR NOT 0003

　　　AND NOT 0001

　　　OUT 0500

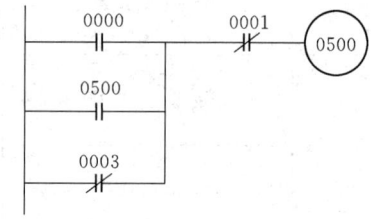

图 7-29　OR 指令梯形图

　　(4) 块与（AND LD）指令。

　　块与指令梯形图如图 7-30 所示。

　　两个或多个程序块之间的与运算使用 AND LD 指令。

语句表

　　　LD 0000

　　　OR 0001

LD 0002
OR 0003
AND LD
OUT 0500

在每条逻辑行上可串联使用的程序块数是没有限制的。

(5) 块或 (OR LD) 指令。块或指令梯形图如图 7-31 所示。

当两个或多个程序块之间进行或运算时，使用 OR LD 指令。

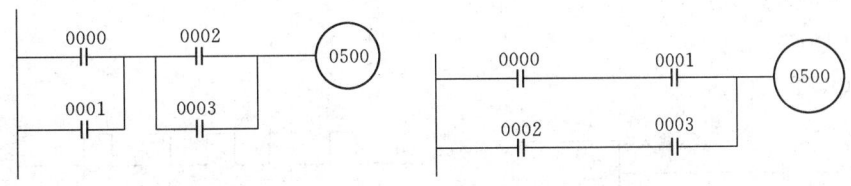

图 7-30 块与指令梯形图　　　图 7-31 块或指令梯形图

语句表

　　LD 0000
　　AND 0001
　　LD 0002
　　AND 0003
　　OR LD
　　OUT 0500

与 AND LD 指令类似，逻辑上并联的程序块数是没有限制的。

(6) 定时器 (TIM) 指令。定时器指令及时序图如图 7-32 所示。

C—20 PLC 中的定时器是递减型的，定时单位为 0.1s，设置在 0～999.9s 之间。当定时器输入条件满足 ON 时开始计时，其时间设定值减 1，当经过设定时间后，定时器输出为 ON，这时其内部计数器值为 0000；当定时器输入为 OFF 时，定时器输出为 OFF，其当前值恢复预设置。定时器号可以在 00～47 范围内指定，但不能把相同编号分配给几个定时器或计数器。语句表

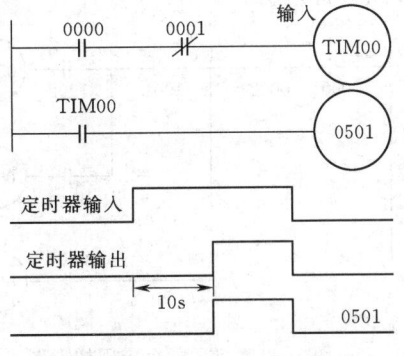

　　LD 0000
　　AND NOT 0001
　　TIM 00
　　♯ 0100
　　LD TIM00
　　OUT 0501

图 7-32 定时器指令及时序图

(7) 计数器 (CNT)。计数器指令梯形图如图 7-33 所示。

计数器设定计数范围为0～9999,计数器号设置方法同定时器。计数器工作时,输入端每来一个脉冲,记一个数,计数器内容减1,当计数器内容为0时,输出为ON,直到复位信号为ON时,计数器复位,输出为OFF,计数器当前值返回到初始设定值。

语句表

LD 0000

LD 0001

CNT 10

♯ 0003

LD CNT10

OUT 0501

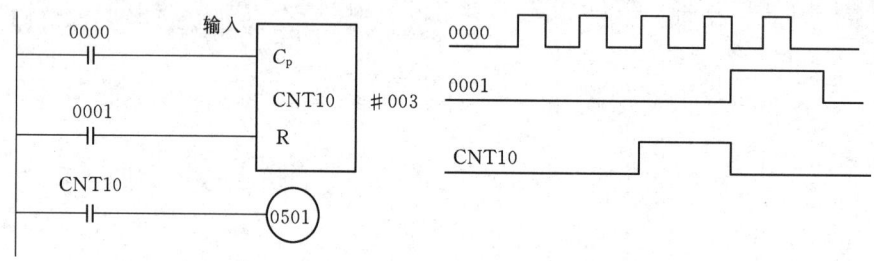

图7-33 计数器指令梯形图

(8) TR指令。暂存寄存器指令,该指令用于多个接点组成的输出分支电路中,每个分支点上使用暂存继电器。

C—20共有8个TR位,所以在一段程序中最多只能有8个TR暂存的分支点。TR不是独立的编程指令,必须与OUT或LD指令联用,联用的方法通过如图7-34所示梯形图进行说明。

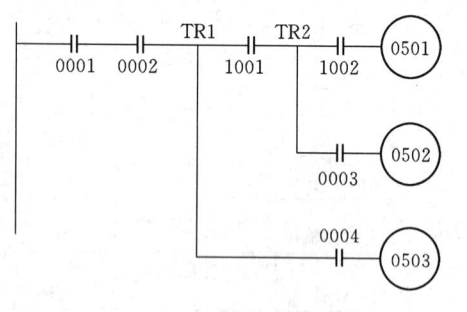

语句表

LD 0001

AND 0002

OUT TR1

AND 1001

OUT TR2

AND 1002

OUT 0501

LD TR2

图7-34 TR指令应用梯形图

AND 0003

OUT 0502

LD TR1

AND 0004

OUT 0503

3. 特殊功能指令

C—20 除上述基本指令外，还有一些特殊功能指令，这些特殊功能指令在输入时需使用编程器的"FUN"键和数字键。下面介绍一些常用的特殊功能指令。

(1) END 指令。功能号 FUN01，表示程序的结束。程序结束后必须有该指令，否则 PLC 将不能正常运行。

(2) KEEP 指令。功能号 FUN11，符号如图 7-35 所示。

锁存继电器指令，锁存继电器输入时必须按照置位输入、复位输入和锁存继电器线圈输入的顺序。锁存继电器的置位输入端（S 端）有一个瞬态的 ON 时，锁存继电器为 ON；复位端（R 端）有一个瞬态的 ON 时，锁存继电器为 OFF；二者同时到达时，复位优先。KEEP 指令操作对象编号范围为 0500～1807 和 HR000～HR915。

KEEP 指令应用梯形图如图 7-36 所示。

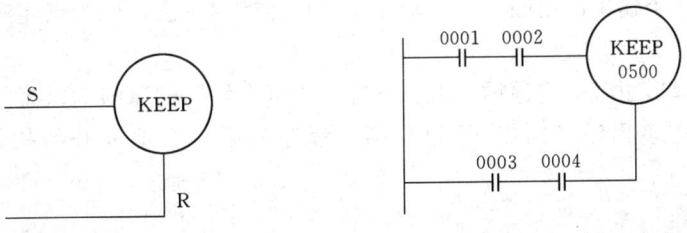

图 7-35　功能号 FUN11 符号　　图 7-36　KEEP 指令应用梯形图

语句表

　　LD 0001

　　AND 0002

　　LD 0003

　　AND 0004

　　KEEP 0500

(3) DIFU 指令。功能号 FUN13，符号如图 7-37 所示。

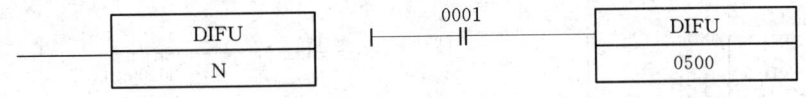

图 7-37　功能号 FUN13 符号　　图 7-38　DIFU 指令应用梯形图

前沿微分指令，输入状态由 OFF 跳变为 ON 时，产生一个扫描周期的脉冲，并把此脉冲送到指定的继电器，指定寄存器可以是 0500～1807 和 HR000～HR915 中的一个。

图 7-38 中当 0001 由 OFF 变为 ON 时，该指令使 0500 输出继电器输出为 ON 持续一个扫描周期。

语句表

　　LD 0001

　　DIFU 0500

(4) DIFD 指令。功能号 FUN14，符号如图 7-39 所示。

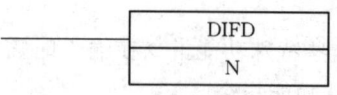

图 7-39 功能号 FUN14 符号

将输入状态的微分由 ON 变为 OFF 时，产生一个扫描周期的脉冲，并把此脉冲输出到指定的继电器。其他同 DIFU 指令。

C—20 特殊功能指令共 37 条，其他指令读者可参考 C—20 的有关手册。

四、编程及应用

1. 编程原则

在编写 PLC 程序时，首先根据控制系统要求确定机器型号，分配 I/O 点，编写程序。在编程时应该注意以下几点：

（1）在画梯形图时，每一条逻辑线都是从左母线开始画起，必须终止于一个继电器线圈、定时器、计数器或特殊功能指令，且线圈不能直接与左母线相连。

（2）每个作为输出的线圈在一个程序中，只能使用一次，但接点能够被重复使用，且数量不限。

（3）编写梯形图时，应遵循"上沉下轻、左沉右轻"的原则，以简化编程。

（4）一段完整程序必须以 END 结束，程序从第一个地址开始执行，终止于 END 指令。

2. 应用举例

【例 7-1】 用 PLC 实现电动机启停控制，其继电器控制原理图如图 7-8 所示。

将传统继电器控制电路改用 PLC 实现时，可按以下步骤进行：

根据给出的继电器控制电路，确定 PLC 的输入、输出信号，分配 I/O 接点号。需要说明的是，在继电器控制线路中输入量如果是常闭触点，一般在作 PLC 输入时，都取其常开触点，以利于统一编程。

根据原理图的控制逻辑关系画出梯形图、写出语句表。

直接启停控制 PLC 实现的输入输出原理图如图 7-40 所示，梯形图如图 7-41 所示。

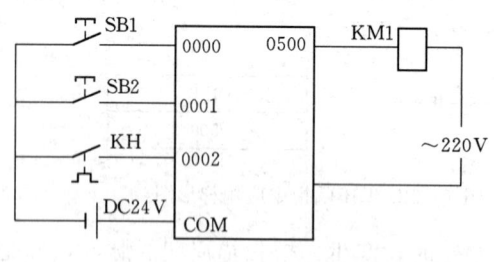

图 7-40 PLC 输入输出原理图

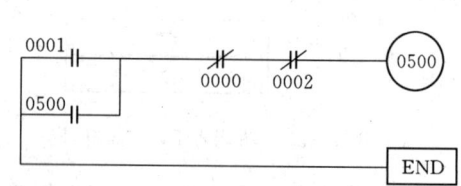

图 7-41 直接启停梯形图

语句表

    LD 0001
    OR 0500
    AND NOT 0000
    AND NOT 0002
    OUT 0500

END

【例 7-2】 如图 7-10 所示的电动机正反转控制电路，改用 PLC 控制后，其接线图和梯形图如图 7-42 所示。

语句表

    LD 0001
    OR 0500
    AND NOT 0000
    AND NOT 0002
    AND NOT 0501
    AND NOT 0003
    OUT 0500
    LD 0002
    OR 0501
    AND NOT 0000
    AND NOT 0001
    AND NOT 0501
    AND NOT 0003
    OUT 0501
    END

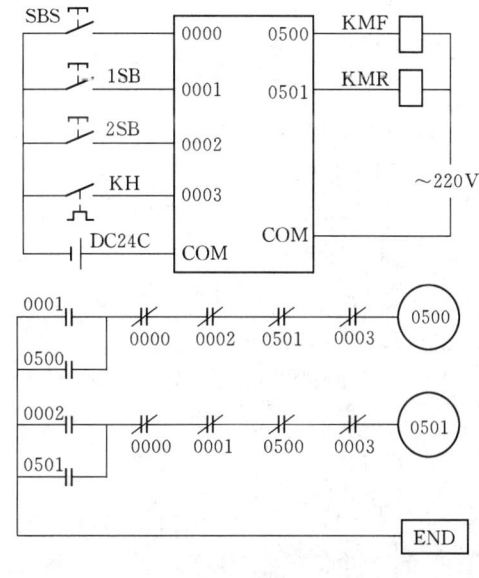

图 7-42 正反转控制梯形图

【例 7-3】 某工作台作自动往复循环，采用电动机正反转来拖动。按下启动按钮 1SB，工作台立即从 A 点前进，到达 B 点后，压下 STB 行程开关，停止 2s 后，返回 A 点，压下行程开关 STA，停止 3s 后，继续前进，进入下一循环，直到按下停止按钮 SB2 工作结束。

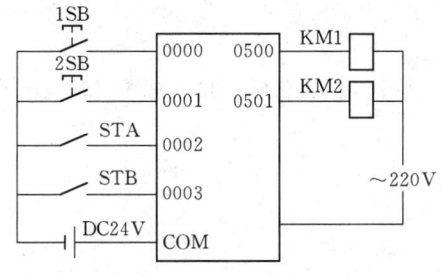

图 7-43 连线图

设计步骤：

主电路采用电动机正反转控制线路，设小车前进用 KM1 接触器，后退用 KM2 接触器（电机主电路略）。

（1）确定 PLC 机型（本例采用 C—20），确定各元件对应 PLC 的 I/O 点，其连线如图 7-43 所示。

（2）编制程序。梯形图如图 7-44 所示。

语句表

    LD 0000
    OR 1000
    AND NOT 0001
    OUT 1000
    LD 0000
    OR 0500

OR TIM01
AND 1000
AND NOT 0003
AND NOT 0501
OUT 0500
LD 1000
AND 0003
TIM 00
♯0020
LD TIM00
OR 0501
AND 1000
AND NOT 0002
AND NOT 0500
OUT 0501
LD 1000
AND 0002
TIM 01
♯ 0030
END

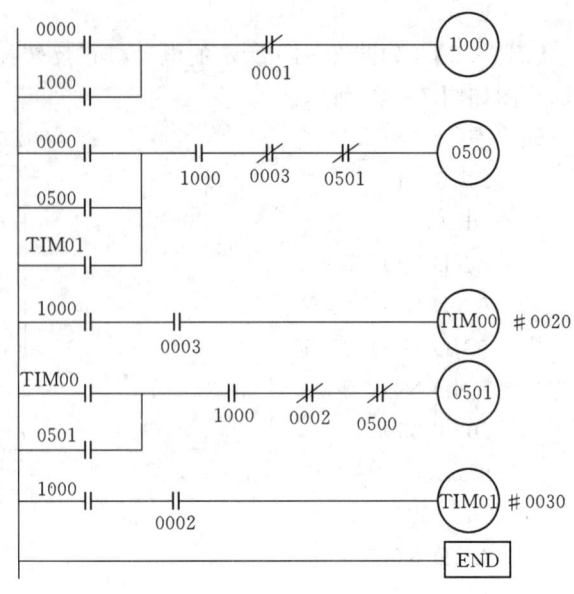

图 7-44 梯形图

习 题

7-1 如果要求在两处地点都能对笼型电动机进行正反转控制,并有短路和过载保护,试拟定它的控制线路。

7-2 试拟定多台电动机的启停控制电路。要求:

(1) 每台电动机都能单独启停。

(2) 多台电动机能同时启停。

7-3 根据下列要求,分别画出控制电路(1M、2M 都是笼型电动机)。

(1) 电动机 1M 先启动,2M 才能启动;2M 能单独停车。

(2) 电动机 1M 先启动,2M 才能启动;2M 并能点动。

(3) 1M 先启动,经过一定延时后,2M 能自动启动。

(4) 1M 先启动,经过一定延时后,2M 能自动启动;2M 启动后,1M 立即停车。

(5) 启动时,1M 启动 2M 才能启动;停止时,2M 停车后 1M 才能停车。

7-4 今要求三台电动机 1M、2M、3M 按一定顺序启动,即 1M 启动 2M 才能启动,2M 启动 3M 才能启动;而停车时,按照 3M、2M、1M 的顺序。试画出控制电路。

7-5 图 7-45 中,要求按动按钮 SB 后能顺序完成下列动作:

(1) 运动部件 A 从 1 到 2 位。

(2) 接着 B 从 3 到 4 位。

(3) 接着 A 从 2 回到 1。
(4) 接着 B 从 4 回到 3 位。

试画出控制电路（提示：用 4 个行程开关，装在原位和终点；每只行程开关有一常开触点和一常闭触点）。

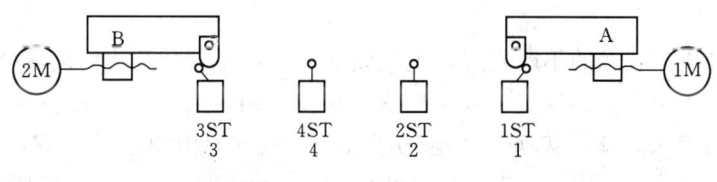

图 7-45 习题 7-5

7-6 用 PLC 实现习题 7-5 的控制功能，画出 PLC 接线图，编制梯形图，写出语句表程序。

7-7 用 PLC 实现异步电动机的 Y—△转换启动控制电路。

第八章 安全用电和节约用电

随着科学和生产技术的不断发展，电气设备在工农业生产及其他领域中的应用日益广泛，有力地促进了生产力的发展。家用电器的普及使用，给人们带来了巨大的物质文明，但同时又给人们带来了新的灾害——电气事故。因电气原因引起的火灾、爆炸等事故很多，触电伤亡人数惊人。因此，普及安全用电知识，加强预防措施，对保障人身和设备安全是十分重要的。

电能是生产和生活的重要能源，由于近年来我国国民经济的迅速发展和人民生活水平的提高，供电相对紧张，电力的供需矛盾将会长期存在。因此，必须执行"电能的开发和节约并重，近期以节约为主"的方针，研究和采取各种节电措施，减少用电中的浪费，以合理有效地使用电能资源。

第一节 触电及其预防

触电就是人体触及带电体，使通过人体的电流超过了一定值。轻者感觉麻刺，重者导致伤亡。本节我们要讨论的是：触电危害的程度决定于什么因素？什么情况下会发生触电？如何预防触电？

一、触电危害程度的影响因素

1. 触电电流

触电的危害实质上就是电流对人体的危害。据有关实验和事故分析的资料表明，触电的危害程度与触电电流的大小、频率、流经途径、触电时间等因素有关。

当工频电流 2~3mA，或直流 5~7mA 流经人体时，就会有麻刺感觉。工频 10mA，会使肌肉收缩痉挛，摆脱电源困难。当工频触电电流达 50mA 以上时，就有生命危险。电流的频率以工频 50Hz 左右最危险，而 20kHz 以上的交流电对人体无危害。

触电的时间越长，伤害越严重。电流的途径，以从手流到脚及由一只手流向另一只手为最危险，因为这两种情况下流经人体要害部位心脏的电流较多。

触电的伤害后果：一种是电伤（俗称触电外伤），使皮肤烧伤，深度可能很深；另一种是电击（俗称触电内伤），引起内部器官的伤害，电击在皮肤上是不露痕迹的，所以不能因为外伤不严重而忽视对电击的治疗。

2. 人体电阻

人体在相同的触电电压下，人体电阻高者则触电电流小，危害就小。

人体电阻主要取决于皮肤的电阻，它是一个非线性电阻。受许多因素影响，主要因素有以下几个方面：

（1）与皮肤表面状况有关。清洁、干燥的，则电阻大。

（2）与人体和带电体的接触面及压力有关。接触面大、压力大，则电阻小。

(3) 与加在人体上的电压大小有关。在皮肤干燥的条件下,用万用表测量人体电阻,可达数万欧;当电压为 60V 时,电阻约有 6kΩ;当电压为 250V 时,电阻约为 2kΩ。

3. 触电电压与安全电压

加在人体上的电压统称触电电压。触电电压越高,触电电流就越大,则危害性也越大。

安全电压是指对人体没有任何伤害的触电电压。我国规定的安全电压是工频 36V、24V、12V 三种,具体数值根据用电场所的危险程度来决定。危险场所(如金工车间、水泵房)的行灯、机床照明用 36V,特别危险场所(如浴室、矿井、酸洗、电镀车间)的工作手灯用 12V。

二、触电类型

什么情况下会发生触电事故?可以归纳为以下 4 种触电类型。注意,除了人体接触带电体的情况以外,在一定条件下,不接触带电体也会触电。

1. 人接触带电体

(1) 中性点接地系统的单相触电(图 8-1)。380V 低压网路均为中性点接地系统。当人立于地面,人体的一部分接触到一根相线(火线),触电电压是相电压 U_P,触电电流 I 决定于人体电阻 R_T 及附加的从人体到大地土壤的电阻 R_F,有

$$I = \frac{U_P}{R_T + R_F} \qquad (8-1)$$

这类触电有死亡的危险。如果人穿有胶底鞋,站在干燥的木板上,R_F 就大,触电的危险程度就大大减小了。

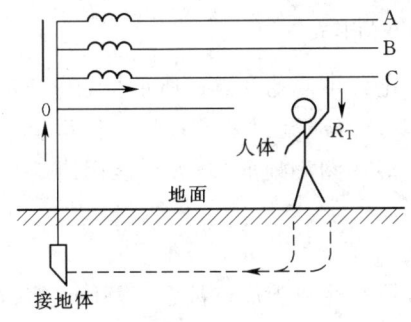
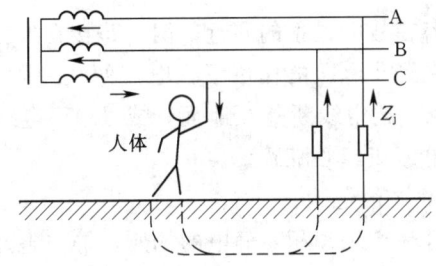

图 8-1 中性点接地系统的单相触电　　图 8-2 中性点不接地系统的单相触电

(2) 中性点不接地系统的单相触电。一般 10kV 及 35kV 高压网络为中性点不接地系统。当人在地面上或楼房上,接触到一根相线时(图 8-2),由于输电线对地存在有绝缘阻抗 Z_j,所以电流经过人体和另外两相的绝缘阻抗形成回路,也会造成触电伤亡。

(3) 两相触电。若人体(例如两手)同时触及两根相线,人体处于线电压 U_L 之下,触电电流为

$$I = \frac{U_L}{R_T} \qquad (8-2)$$

这种情况的触电是最危险的。

2. 接触正常不带电的金属部分

在正常情况下,电气设备的金属外壳和机架是不带电的,但如果设备内部绝缘损坏而漏电,便成了外壳带电体。人一旦接触了这样带电的金属部分,便和上述的单相触电一样,同样有伤亡危险。

3. 与带电体的距离小于安全距离

若人体距带电裸线的距离过小,其间空气会被击穿导电,形成电弧,使人遭到伤害。因此《电业安全规程》(DL 408—91) 对不同电压等级的电气设备规定了最小安全距离。如对于 1kV 以下为 0.1m,10kV 为 0.7m,110kV 为 1.5m。

4. 跨步电压触电

这类事故发生在接地故障设备的附近,如架空电线断线落在地上,或雷击避雷针时接地体 d 上有强大的电流通过[图 8-3(a)],或电动机由于漏电使外壳的接地体上有大的接地电流,这时接地电流便自接地体 d 向四周流散。因为离 d 点愈近的地方,电流密度愈大,在每米土壤电阻上的压降就愈大,所以其地面电位 U_φ 就愈高,电位梯度也愈大。接地体周围地面电位分布情况如图 8-3(b) 与图 8-3(c) 所示。

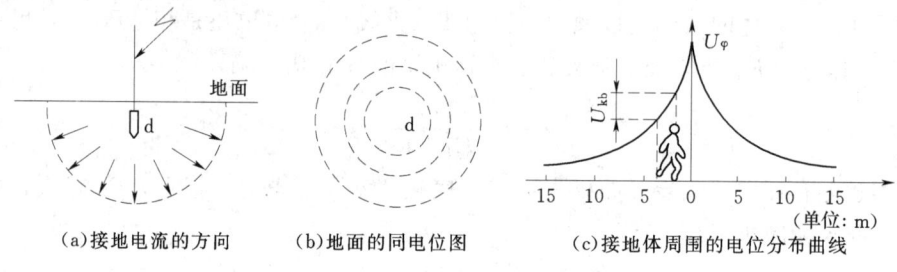

(a) 接地电流的方向　　(b) 地面的同电位图　　(c) 接地体周围的电位分布曲线

图 8-3　跨步电压的形成

人若在故障设备的附近,两脚跨接在地面上电位不同的两点,所承受的电压称为跨步电压。在跨步电压的作用下,电流便从一脚经腿、胯部流到另一只脚。若跨步电压较高(例如 6kV 架空线断落在地面,或 380V 电线断落在潮湿地面),人可能因脚腿抽筋而倒地,使电流流经心脏致死。

5. 静电触电

在容易产生和积累静电的场所,静电电压常可高达数千伏,甚至上万伏。当静电通过人体放电时,也会给人体造成一定程度的伤害。不过,因放电时间很短,一般不至于导致死亡。

6. 雷击触电

雷击是大家熟悉的自然现象,是大气云层中聚集的大量电荷向大地放电的结果。当大量电荷通过人体而流入地下,即人体成为雷击直接击中的目标时,这是直击。在雷电击中目标附近的人,也可能有部分雷击电流流过,这是侧击。在雷击目标附近的人或者在防雷保护装置接地体附近的人,在雷击时,还可能受到跨步电压触电,使人身受到危害。

三、触电的预防

根据触电的原因与类型的分析,从用电人员的角度出发,提出预防触电的主要措施有以下几点:

（1）对于正常情况下带电的导体，应保持其绝缘良好，定期检查。移动式电器，如行灯、手电钻，以及家用电器，其电源线有破损老化时，要及时更换。电线的接头处要用黑胶布等绝缘带包扎牢。

（2）电气设备的金属外壳一定要进行保护接零或保护接地（见下一节）。家用电器的3芯插座中的接地脚必须用一根专用绝缘导线接到来自配电箱的保护零线上。

（3）操作电气设备时，应穿有绝缘良好的胶底鞋、塑料鞋，站在干燥的木板上或橡胶垫上。

（4）人体切勿离带电裸线过近，距离要大于规定的最小安全距离，不可在高压架空线附近放风筝、伐树等。

（5）保护切断。电气设备都应装设必要的保护装置，如熔断器、自动开关、漏电开关（触电保护器）等。当设备发生短路、漏电或人身触电时，能及时自动切断电源，对设备和人身起到保护作用。熔丝的额定电流应和被保护设备的容量相适应，不能随意选用铜丝或过粗的熔丝。

（6）避免跨步电压。若发现带电的架空线落在地上，不要走近，应通知电业人员来处理。若电线已搭在别人身上，可用干燥的长木棒或其他绝缘棒将电线挑开。在可能存在跨步电压的区域内，只能双脚并拢蹦跳行进。

（7）对于使用12~36V安全电压的电器，必须用合格的双线圈变压器供电，严禁用自耦变压器供电，因为在自耦变压器高低压侧之间有电的联系。

四、触电现场急救

1. 迅速脱离电源

发生触电事故时，不可惊慌失措，首先要设法马上切断电源，使触电者脱离受电流伤害的状态，这是能否抢救成功的首要因素；其次要注意，当人体触电时，身上有电流通过，已成为一带电体，同样会使抢救者触电。所以，必须先使触电者脱离电源后，方可抢救。使触电者脱离电源的方法很多，如：

（1）出事附近有电源开关或电源插头时，应立即将闸刀拉开或将插头拔掉，以切断电源。但普通的电灯开关（如拉线开关）只能断开一根线，有时断开的不一定是相线，所以不能肯定电源已切断。

（2）当电线触及人体导致触电时，一时无法找到并断开其电源开关时，可用绝缘的物体（如干燥的木棒、竹竿、绝缘手套）将电线移掉，使触电者脱离电源。必要时可用绝缘工具（带有绝缘柄的电工钳、木柄的斧以及锄头等）切断电线，以断开电源。

总之，在现场可因地制宜，灵活运用各种方法，快速切断电源。

2. 脱离电源要注意的问题

（1）脱离电源后，人体的肌肉不再受到电流刺激，会立即放松，触电者会自行摔倒，造成新的外伤（如颅底骨折等），特别在高空时更是危险。所以，脱离电源时需有相应的措施配合，避免此类情况发生。

（2）脱离电源时要注意安全，决不可误伤他人，将事故扩大。

3. 简单诊断

解脱电源后，触电者往往处于昏迷状态，应尽快对心跳和呼吸情况作一判断，看看是否处于"假死"状态。

处于"假死"状态的触电者，因全身组织严重缺氧，情况十分危险，故不能用一套完整的常规方法进行系统检查，只能用一些简单有效的方法判断一下，看看是否"假死"及"假死"的类型。具体方法如下：

（1）将脱离电源后的触电者迅速移至比较通风干燥的地方，使其仰卧，将上衣与裤带放松。

（2）观察一下有否呼吸存在。当有呼吸时，我们可看到胸廓或腹部的肌肉随呼吸能上下运动，用手放在胸部可感到胸廓在呼吸时的运动，用手放在鼻孔处，呼吸时可感到气体的流动。相反，无上述现象，则往往是呼吸已停止。

（3）摸一摸颈部的颈动脉或腹股沟处的股动脉有没有搏动。因为当有心跳时，定有脉搏。颈动脉和股动脉都是大动脉，位置比较浅，所以很容易感觉到它们的搏动，因此常常以此作为是否有心跳的依据。另外，在心前区也可听一听是否有心音，有心音则有心跳。

（4）看一看瞳孔是否扩大。人的瞳孔是一个由大脑控制自动调节的光圈，当大脑细胞正常时，瞳孔的大小会随着外界光线的变化，自行调节，使进入眼内的光线强度适中，便于观看。当处于"假死"状态时，人脑细胞严重缺氧，处于死亡边缘。所以整个自动调节系统的中枢失去了作用，瞳孔也就自行扩大，对光线的强弱变化不再作出反应。所以，瞳孔扩大说明了大脑组织细胞严重缺氧，人体也就处于"假死"状态。

通过以上简单的检查，即可判断触电者是否处于"假死"状态，并依据"假死"的分类标准（①心跳停止、呼吸尚存在；②呼吸停止，心跳尚存在；③心跳呼吸均停止），在抢救时便可有的放矢，对症治疗。

第二节 保护接地和保护接零

一、保护接地

为了防止触电事故，将电气设备的金属外壳或机架用导线与接地体相连接。称为保护接地，如图 8-4（a）所示。

在中性点不接地的三相系统中，保护接地的作用可从图 8-4（a）和图 8-4（b）的对比中看出。

图 8-4（b）中的电机外壳未接地，如果电机有一相绝缘损坏而使外壳带电，当人体接触外壳时，电流便经人体、大地及输电线对地的绝缘阻抗 Z_j 形成回路，就有触电危险。图 8-4（a）是有保护接地的情况，按安全规定，1kV 以下电气设备的接地电阻 R_d（从外壳到大地的电阻）应小于 4Ω。当电机有一相碰壳时，接地体中便流过接地电流 I_d，在低压不接地系统中，由于绝缘阻抗 Z_j 很大（远远大于接地电阻 R_d），一相碰壳时的接地电流 I_d 很小，所以电机外壳对地电压 $I_d R_d$ 小于安全电压，当人体触及外壳时是安全的。

但在三相四线制中性点接地的系统中，对于容量稍大的用电设备，采用保护接地则是不安全的。如图 8-5 所示，当电动机单相碰壳时，接地体将流过接地电流

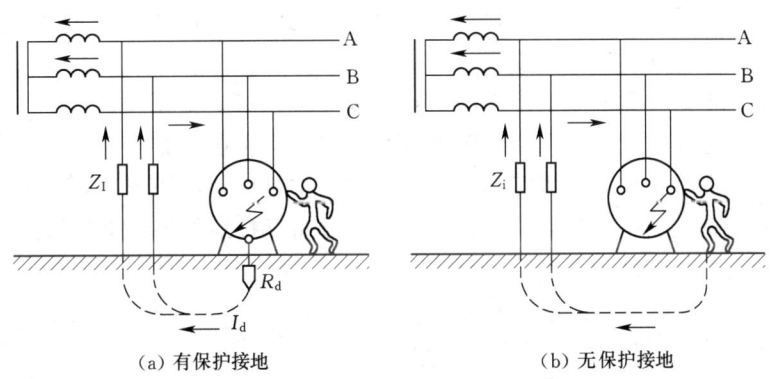

(a) 有保护接地　　　　　　(b) 无保护接地

图 8-4　保护接地的作用

$$I_\mathrm{d} = \frac{U_\mathrm{P}}{R_\mathrm{d} + R'_\mathrm{d}} = \frac{220}{4+4} = 27.5(\mathrm{A})$$

这时机壳对地电压为

$$U_\mathrm{P} = I_\mathrm{d} R_\mathrm{d} = 27.5 \times 4 = 110(\mathrm{V})$$

一般 27.5A 的事故电流尚不足以引起稍大容量电气设备的保护装置自动切断电源，例如大于 4kW 的电动机的熔丝可能不会熔断，机壳上的危险电压会长期存在，此时就有触电危险。为保证设备的保护装置可靠迅速地动作，熔断器的熔断电流应小于接地电流 I_d 的 1/4（即约 7A），或自动开关的动作电流应小于接地电流的 1/1.5（即约 18A），方能自动迅速地切断电源。

由上可见，在中性点接地的 380/220V 系统中，保护接地仅适用于小容量电气设备，其熔断器熔断电流小于 7A，或自动开关动作电流小于 18A 的场合。

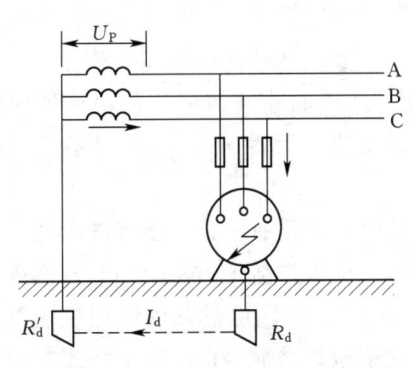
图 8-5　中性点接地系统机壳接地的故障情况

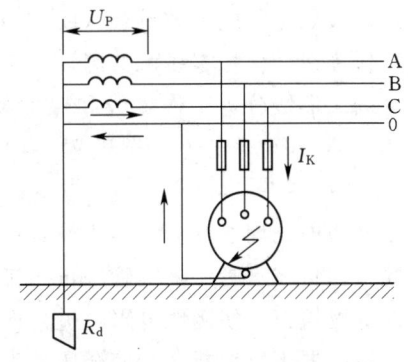
图 8-6　保护接零的作用

二、保护接零与重复接地

在中性点接地的 380/220V 三相四线制电网中，为了预防触电，将电气设备的金属外壳用导线和零线（中线）连接，称为保护接零，其接线如图 8-6 所示。若电动机或其他电气设备的一相绝缘损坏而使机壳带电，则此相电源经机壳和零线形成短路。由于相线和零线的阻抗远比前述的接地电阻小得多，所以短路电流很大，足以使熔断器或其他保护装置动作，切断电源，从而保障了安全。

有了保护接零，如果零线发生断线故障，就不安全了。如图8-7（a）所示，断线右面电动机的一相碰壳，外壳带电，对地电压为相电压，是危险的。为此，零线应多处重复接地，在输电线每公里处及进入车间、楼房处都应重复接地，如图8-7（b）所示。当零线断线，右面电动机的一相碰壳时，由于零线多处重复接地的接地电阻相并联，使机壳上的对地电压大大降低，减少了危险程度。

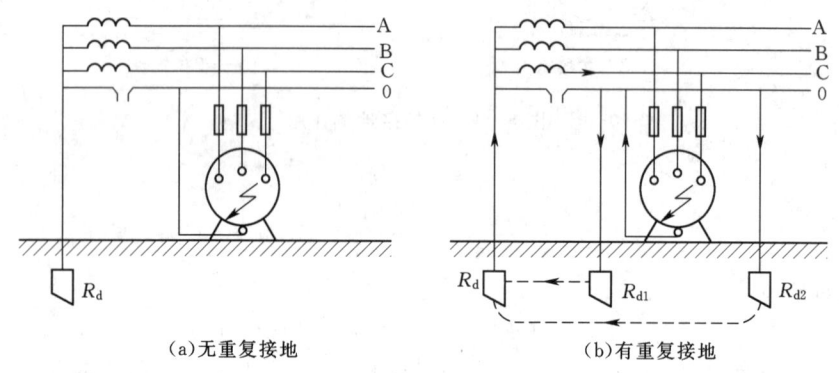

图8-7 零线断线时的接零保护

为确保安全，零线必须牢固，连接可靠，且零线上不允许安装熔断器和开关。

如果电气设备有了保护接零。电气设备的外壳又接地，则设备的接地成了系统的重复接地，这样当然更安全了。

家用电器的供电是三相四线制中性点接地的低压系统，引入家庭的是其中一根相线和零线。这种系统采用保护接零是行之有效的方法，但这种接零保护可靠的前提之一是零线要重复接地。按照国际电工委员会（IEC）的规定，在专用变压器至建筑物入口处的一段线路中，工作零线和保护零线可共用，并在入户前要接至建筑物的接地体上，进户后另拉一条保护零线。零线分为工作零线和保护零线。新建的建筑物都应采用这种保护接零方法，并选用符合国际规定的电器装置，10A以下者选用扁三极插头（座），如图8-8所示。

对于大多数旧民用建筑物，零线没有重复接地，也没有另设一条保护零线。有人采用将设备外壳接向自来水管、暖气管等自然接地体上的保护接地方法。由于水管连接处常有铅油、麻线等物填充，使接地电阻超过允许值（4Ω）。当用电设备的一相碰壳时，因接地电阻较大，熔断器不能熔断，会使金属外壳长期带电，造成触电危险。所以在《电力设备接地设计技术规程》（SDJ 8—79）中规定，在接零系统中不应单纯采用这种保护接地措施。比较理想的是这种保护接地的方法与"漏电开关"合用，将能有效地防止触电事故。对于漏电开关，当有微小漏电流时，它能使电路在0.1s内切断。所以在如上述的保护接地中，虽然自来水管等接地体的接地效果并不好，但只要有较小的漏电流产生，都能使漏电开关动作，迅速切断电源。漏电开关在国外已很普及并已用电法规的形式确定下来。我国也制定了有关规程和国家标准，这将为在我国推广使用创造必要的条件，使我国家庭的

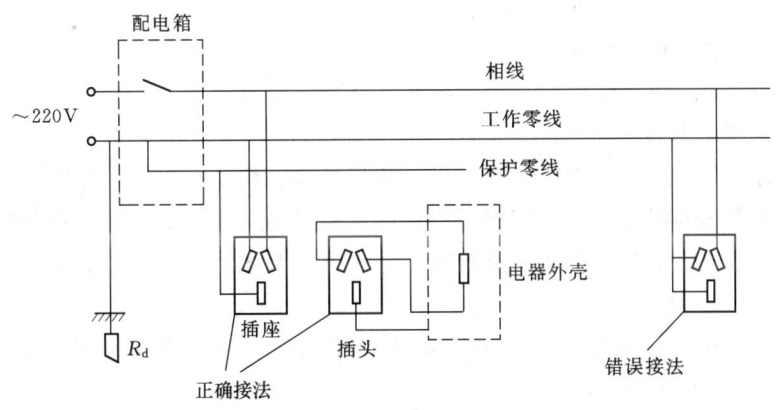

图 8-8 家用电器三极插座的接线

安全用电得到保证。

第三节 电气火灾、爆炸的预防及静电防护

一、电气火灾和爆炸的原因

电可能引起火灾和爆炸。由于电气方面的原因形成火源而引起火灾和爆炸，称为电气火灾和爆炸。

发生电气火灾和爆炸的条件有两个：一是有可燃易爆物质和助燃物质（氧化剂），二是有电气火源引燃引爆。

1. 易燃易爆环境

许多场所的可燃气体、粉尘、纤维一类的物质，接触火源就会燃烧，例如乙炔、乙醇、煤气、树脂粉尘、棉、麻粉尘、金属粉尘等。可燃的气体、粉尘、纤维与空气发生混合，当浓度达到一定比例范围时，就有爆炸的危险——形成爆炸性混合物，此浓度比例的范围称为爆炸极限。爆炸极限可用可燃体在空气中的含量百分数来表示，例如乙炔的爆炸极限是 2.5%（下限）～82%（上限）。一氧化碳是 12.5%～74.2%，甲烷是 5%～15%，爆炸极限范围愈宽的物质爆炸危险性愈大。

矿井中往往出现瓦斯（主要成分是甲烷），亚麻厂、面粉厂、铝粉筛分机房的室内常含有大量粉尘，都是有爆炸危险的场所。

2. 电气火源

形成引燃引爆的电气火源的原因主要有：

（1）有些电气设备在正常工作中能产生火花、电弧或高温。如开关电器的断开、闭合，运行中的直流电机，均会产生火花；电焊机工作时有电弧；100W 白炽灯泡的表面温度约 180℃，碘钨灯管壁温度可达 700℃，电炉温度更高。有人用电炉烘烤衣服，引起了楼房失火。

（2）电气设备或电线过载、短路，熔断器的熔体熔断，或导线断裂，都会产生高温或火花、电弧。

(3) 静电放电，产生火花。

二、电气火灾和爆炸的预防

针对电气火灾和爆炸的原因，预防措施可从两方面着手。

1. 排除可燃易爆物质

可采用通风和密封两种方法。通风是降低可燃气、粉尘在空气中的浓度，使之降到可能引起火灾和爆炸的限度以下。密封是防止可燃易爆物质从容器、管道中泄漏出来。例如厨房煤气漏气是很危险的，若能保持通风良好，遇到明火就没有爆炸危险了。

2. 排除电气火源

(1) 凡是正常运行中能产生火花、高温的电气设备应放置在易燃易爆的危险场所之外。

(2) 在易燃易爆的危险场所内的电气设备，应根据场所的危险等级，合理选用防爆电气设备的类型（可查阅电气防火规程）。例如在正常情况下能形成爆炸性混合物的Q—1级及G—1级场所，应选用隔爆型或防爆通风充气型的电机电器和灯具。对于仅在不正常情况下形成爆炸性混合物的G—2级场所，可选用封闭式电机、防爆安全型携带式灯具。

(3) 电气设备和线路应有可靠的过载及短路保护装置，一旦发生故障，应能及时切断电源。

(4) 危险场所内，电力线路的额定电压在低压网络中不应低于500V。绝缘导线应敷设在钢管内，严禁明敷，导线连接处应接触良好。

(5) 危险场所内的所有电气设备的金属外壳应可靠接地或接零，以便在发生碰壳时能迅速切断电源，防止设备出现高温。

三、静电的防护

静电是由物体间的相互摩擦或感应而产生的。在工业生产中，液体、气体、粉尘在管道中输送和排出，当流速较大时，会产生静电。油罐车（若无接地链条）在行驶中，由于汽油和油罐摩擦，可产生数万伏的静电高电位。还有，在油漆的喷涂、液体的灌注冲击中，固体的粉碎、过筛过程中，也会产生危险的静电。

静电可能导致火灾、爆炸和人身触电。例如乙炔由钢瓶放出，煤气罐迅速放空时，静电火花曾引起爆炸燃烧，飞机因油料静电会引起油箱爆炸，万吨油轮曾因静电放电而爆炸起火。

静电防护的措施：一方面是减少静电的产生；另一方面是防止静电的积累。

1. 减少静电的产生

在易燃易爆的场所，应以齿轮传动或联轴器代替皮带传动，以避免摩擦，防止产生静电。灌注易燃液体时，应防止飞溅冲击，用导管导致容器的底部注入。降低气体、液体、粉状体在管道中的流速，限制静电的产生。

2. 防静电接地

凡能产生静电的容器、加工设备，采用金属或其他导电材料制成的，都必须可靠接地。油罐车应装设金属链条，垂挂于地面，以使静电泄入大地。为防止产生静电的设备之间有电位差而发生火花，应该用导线将邻近的设备连接起来——等电位连接。为了消除人身上所带的静电，在有爆炸危险的场所，其地板应采用导电的水泥地板或导电橡胶地板。

3. 静电泄漏法

在条件允许时，提高环境湿度（70％左右）使物质表面增加导电性。对于易产生静电的绝缘材料，表面上可喷涂导电漆。这些措施都可加快静电电荷的泄漏消失。

此外，还有一些方法，如静电中和法等。

第四节 节 约 用 电

一、节约用电的重要性

（1）缓和电力的供需矛盾。减少电能的损耗和浪费，相当于增加了发电能力，供电给更多用户。

（2）提高电能使用的经济效益。节电可减少单位产品的耗电量，降低生产成本。

（3）促进采用新技术，加速设备和工艺的革新。

二、节约用电的途径

多年来，我国的节电工作取得了很大成绩，积累了一定的经验。概括起来，有组织措施和技术措施两个方面。

1. 组织措施

建立科学的用电管理制度，实行计划供电，制定单位产品的电耗定额。限制低 $\cos\varphi$（功率因数）设备的用电，改革不合理的用电。利用经济手段处罚浪费，奖励节约，开展群众性的节电活动。

2. 技术措施

（1）采用新技术、新材料，革新用电设备。例如电车上采用可控硅脉冲调速代替电阻调速，可节电 20％。在电阻炉上，采用硅酸铝纤维代替多孔耐火砖作保温材料，可节电 30％。

（2）采用新工艺。如在铸造工艺中用精密铸造取代旧的铸造方法，可使铸件的耗电量减少 50％。

（3）提高电网的功率因数。采用各种功率因数补偿设备，如电容器、同步补偿机等。

（4）使用限电设备，限制使用各种电热器具，限制照明灯的浪费。

三、常用电气设备的节约用电

下面针对用电量较大的异步电动机，介绍一些节电的措施。

电动机是应用广泛的电气设备，其用电量约占全国的 60％，其中异步电动机又占绝大多数。异步电动机工作时，负载时重时轻，有时甚至空转，其节电的潜力是很大的。

1. 轻载节电装置

用于卷扬机的电动机，重载提升，轻载（空载）下降；金属切削机床用的电动机，切削负荷经常小于甚至远小于其额定功率；龙门刨床、铣床等既有工作行程和空行程之别，工作行程中也有轻载重载之分。凡上述具有"可变负载"的异步电动机，可以利用换接装置，轻载时电机接成 Y 形运行，重载时接成 △ 形运行。由于 Y 形接法时，每相绕组电压降为额定值的 $1/\sqrt{3}$，工作电流减小，电动机的铜耗及铁耗均减小，据有关工厂测试，△—Y 换接装置使轻载和空载异步机可节电 20％～40％。

△—Y换接装置的转换方式,有手动转换和自动转换两种。手动转换,麻烦、频繁且随意性很大。自动转换的继电控制电路样式甚多,国内多采用电流为控制参数,依据工作电流的大小,改变电机的运行状态。但在轻载时,负载改变引起的电流变化不很大,再加上电网电压变化和各相电流的不平衡,会影响转换值的稳定和可靠,甚至因转换值不稳定,会引起节电效果不理想或烧坏电机。

美英等国的节电器,大部分采用 $\cos\varphi$ 为控制参数,因为轻载时 $\cos\varphi$ 和负载呈线性关系。此外,美国某公司设计的以"滑差"为控制参量的节电器,在美国标准局(NBS)进行过3年半的可行性研究,获得了接近最佳的节电效果。

国内生产的一种"滑差转换器",是将一探测头固定在电机外壳,靠近轴端,利用滑差(转差)关系,取得转子电流频率 f_2 的信号,经放大后,得到和 f_2 成正比的电压信号以驱动转换器工作。因为电机负载大小和转差率成正比,这种转换较为稳定可靠。

2. 电动机空载要停转

用于一些机床上的电动机,在上、下工件时处于空载状态。据统计,这种空载耗电占电动机全部耗电的30%左右。考虑到一般电动机启动时的耗电量约为空载时20s的耗电量,若空载时间超过20s,则应切断电机电源,以避免空载时的耗电。

四、限电节电设备

对于像学生、职工的集体宿舍,为了限制电热器具的使用和安全供电,有效的办法是装置限电器。

每个房间装有一个限电器,当用电量超过规定瓦数时,由限电器断开该房间的电源,而不影响其他房间的供电。当除去过载负荷后,可恢复正常电压而继续供电。

整座楼房每个房间的限电器集中装置在管理室的限电柜中,以防破坏,也便于维护和管理。

习　　题

8-1　触电对人体的危害程度与哪些因素有关?如何预防触电?

8-2　触电类型有哪些?

8-3　什么叫保护接地?什么叫保护接零?它们的作用是什么?

8-4　为什么要节约用电?如何节约用电?

参 考 文 献

［1］ 任振辉，张丽娟，高亮．电工技术［M］．北京：中国水利水电出版社，2008．
［2］ 张秀然，张希志，蔡振江．电工技术［M］．北京：中国水利水电出版社，2001．
［3］ 秦曾煌，姜二勇．电工学．7版（上册）［M］．北京：高等教育出版社，2010．
［4］ 唐介．电工学．3版［M］．北京：高等教育出版社，2009．
［5］ 鹿晓力，曹卫锋，吴艳敏，等．电工技术［M］．北京：北京航空航天大学出版社，2011．
［6］ 张莉，张绪光．电工技术［M］．北京：北京大学出版社，2011．
［7］ 陆建遵．电工技术基础［M］．北京：清华大学出版社，2010．
［8］ 贾贵玺，姚海彬．电工技术［M］．天津：天津大学出版社，2013．
［9］ 任振辉，马永鹏，刘军．电气控制与PLC原理及应用［M］．北京：中国水利水电出版社，2008．
［10］ 任振辉，邵利敏．现代电气控制技术［M］．北京：机械工业出版社，2012．
［11］ 廖常初．PLC编程及应用．3版［M］．北京：机械工业出版社，2008．
［12］ 杜传奇，刘晓平．电工与电子技术习题集［M］．西安：西北工业大学出版社，2008．